# LE COMMERCE TRANSFRONTALIER À L'EST DE LA R.D. CONGO

## Une opportunité pour la paix et la stabilité dans la Région des Grands-Lacs

Princesse Odya KALINDA
et Gédéon INGONDE BOTSHINDO

# LE COMMERCE TRANSFRONTALIER À L'EST DE LA R.D. CONGO

## Une opportunité pour la paix et la stabilité dans la Région des Grands-Lacs

Préface de Joseph KABILA KABANGE

Postface de Rigobert MINANI BIHUZO

L'Harmattan

## Du même auteur

Princesse Odya KALINDA, *Ma terre, ma foi - Le réveil coûte que coûte*, Editions Universitaires Européennes, 2020, 116 p.

Princesse Odya KALINDA et Gédéon INGONDE BOTSHINDO, *La fraude et la contrebande minières en R. D. Congo*, collection Etudes africaines, L'Harmattan, 2021, 250 p.



**Rue de l'École-Polytechnique, 75005 Paris**

http://www.editions-harmattan.fr

ISBN : 978-2-343-25347-3
EAN : 9782343253473

Aux artisans de la paix, plus particulièrement aux femmes commerçantes transfrontalières à l'Est de la R. D. Congo.

# Epigraphe

*« L'effet naturel du commerce est de porter à la paix. Deux nations qui négocient ensemble se rendent réciproquement dépendantes : si l'une a intérêt d'acheter, l'autre a intérêt de vendre ; et toutes les unions sont fondées sur des besoins mutuels. »*

Montesquieu, *De l'esprit des lois*, 1758, p. 585 (XX, 2)

# Remerciements

Nous tenons à remercier vivement Son Excellence Monsieur le Président honoraire de la République Démocratique du Congo, Joseph Kabila Kabange, en raison de l'insigne honneur qu'il nous a fait de préfacer ce livre. Nos remerciements accompagnés de sentiment de gratitude s'adressent également au docteur Rigobert Minani pour avoir postfacé l'ouvrage ainsi qu'à tous ceux qui ont contribué à la conception et à l'écriture de cet ouvrage. Nous pensons au professeur Philémon Mwamba pour avoir corrigé le manuscrit, sans oublier le doctorant Bienvenu Malanda du fait d'avoir apporté son aide à la mise en forme du texte.

# Préface

Cher lecteur, j'avoue que lorsque j'ai lu le manuscrit du présent ouvrage, trois raisons m'ont poussé à le préfacer :

Primo, j'ai dirigé la République Démocratique du Congo à une époque sensible de son histoire. Plusieurs rébellions appuyées par les pays voisins agissant simultanément ont entraîné la fragmentation du territoire national. Il fallait consentir des efforts de réunification tout en restaurant l'autorité de l'Etat ainsi ébranlée. Les pistes de solution que les auteurs proposent afin que le commerce soit effectivement au service de la paix convergent vers les priorités de mon action politique, notamment : la réunification, la stabilisation de la vie politique, la réforme de l'armée, des services de sécurité, de la police et de la Justice, la redynamisation de l'économie nationale, etc.

Secundo, en tant qu'acteur principal à un moment difficile de l'histoire congolaise, beaucoup d'accords de paix furent signés pendant ma présidence. Il s'agit notamment de la déclaration de Dar-es-Salaam, du Pacte de Nairobi et surtout de l'Accord-cadre d'Addis-Abeba. Toutes ces circonstances plaçant la RDC au centre des préoccupations ont marqué le retour du pays sur la scène régionale et internationale par la normalisation de nos relations avec les partenaires étrangers.

Tertio, conformément à notre volonté de mieux maîtriser notre économie, j'étais convaincu qu'il valait la peine d'introduire des innovations avantageuses au peuple dans une série de réformes, à savoir le nouveau code minier, le code forestier, le code des assurances, le code agricole, le régime général des hydrocarbures, la loi relative au secteur de l'électricité (énergie), etc.

Après avoir déterminé l'économie générale du régime juridique international, régional et même bilatéral du commerce dans les relations entre la RDC et ses voisins, les auteurs ont établi l'état des lieux en relevant des facteurs qui affectent le commerce transfrontalier dans cet axe : l'enjeu politico-sécuritaire par l'absence de l'autorité de l'Etat, l'exploitation illégale des ressources naturelles. Le commerce et la paix s'influencent réciproquement dans la mesure où d'un côté, le commerce renforce la paix et la stabilité entre les peuples qui s'échangent des biens et services et qui montent des projets dans le respect des intérêts des uns et des autres.

De l'autre, l'absence de paix, de sécurité bloque la fluidité des activités commerciales. Aucun commerçant ou investisseur ne souhaiterait prendre des risques d'entreprendre dans une région marquée par l'insécurité, qu'elle soit liée aux conflits armés, juridique ou judiciaire. Comme je l'ai évoqué au début, il fallait enclencher des reformes pour faire rentrer le pays dans les normes. A cet effet, plusieurs textes relatifs à la protection des investissements furent adoptés et promulgués, la Justice fut renforcée. La recherche de la paix et de la stabilité dans la Région des Grands-Lacs ne fait pas seulement intervenir des solutions militaires. L'intégration économique joue aussi son rôle avec des projets d'intérêt commun (par exemple, l'exploitation du gaz du Lac Kivu) et la valeur ajoutée des exportations congolaises.

Il importe de dynamiser les exportations congolaises afin que nos produits intègrent les chaînes de valeurs régionales et mondiales. L'acquisition de ce pouvoir économique va influer sur les relations entre la RDC et les autres pays de la Région.

Je ne saurais terminer sans rendre un vibrant hommage à toutes ces femmes héroïques, commerçantes transfrontalières qui contribuent aux dynamiques de paix de par leurs activités nourricières vitales. Je souhaite que les pouvoirs publics continuent à prendre des initiatives de facilitation de ce commerce transfrontalier. Cet ouvrage offre encore aux congolais et congolaises une occasion de plus de méditation sur le rôle central que devrait jouer notre pays au cœur de la Région des Grands-Lacs.

**Joseph KABILA KABANGE**

**Président honoraire de la République Démocratique du Congo**

# Liste des sigles et abréviations

| | |
|---|---|
| ACAJ | : Association congolaise pour l'accès à la Justice |
| ACIDH | : Action Contre l'Impunité pour les Droits de l'Homme |
| ACP | : Afrique-Caraïbes-Pacifique |
| ACR | : Accords commerciaux régionaux |
| ADF | : Force Alliée de Défense |
| ALG | : Autorité de développement intégré de la communauté Liptako-Gourma |
| APE | : Accord de Partenariat économique |
| BAD | : Banque Africaine de Développement |
| BENELUX | : Belgique-Netherland-Luxembourg |
| BIVAC | : Bureau International de Vérification Avant Chargement |
| CAE | : Communauté de l'Afrique de l'Est |
| CEA | : Communauté Economique Africaine |
| CEDEAO | : Communauté Economique des Etats de l'Afrique de l'Ouest |
| CEEAC | : Communauté Economique des Etats de l'Afrique Centrale |
| CEGO | : Centre pour la Gouvernance |
| CEI | : Communauté des Etats Indépendants |
| CEMAC | : Communauté Economique et Monétaire des Etats de l'Afrique Centrale |
| CEN-SAD | : Communauté des Etats Sahélo-sahariens |
| CEPAS | : Centre d'Etudes Pour l'Action Sociale |
| CEPGL | : Communauté Economique des Pays des Grands-Lacs |
| CER | : Communauté Economique Régionale |
| CIJ | : Cour Internationale de Justice |
| CIRGL | : Conférence Internationale sur la Région des Grands-Lacs |

| | |
|---|---|
| CNUCED | : Conférence des Nations Unies sur le commerce et le développement |
| CODESRIA | : Conseil pour le Développement de la Recherche en Sciences sociales en Afrique |
| Coltan | : Colombo-tantalite |
| COMESA | : Marché Commun pour l'Afrique orientale et australe |
| CPSRGL | : Conférence pour la Paix et la Sécurité dans la Région des Grands-Lacs |
| DDR | : Démilitarisation, Démobilisation et Réinsertion |
| DFID | : Département pour le développement international |
| DGDA | : Direction Générale des Douanes et Accises |
| DGI | : Direction Générale des Impôts |
| DGM | : Direction Générale de Migration |
| FARDC | : Forces Armées de la République Démocratique du Congo |
| FDLR | : Forces Démocratiques pour la Libération du Rwanda |
| FEC | : Fédération des Entreprises du Congo |
| FPI | : Fonds pour la Promotion des Industries |
| GATT | : Accord Général sur le Commerce et le Tarif |
| GRIP | : Groupe de Recherche et d'information sur la Paix et la Sécurité |
| ICA | : Impôt sur le Chiffre d'Affaires |
| IGAD | : Agence intergouvernementale pour le Développement |
| IRES | : Institut de Recherche en Sciences sociales |
| LE | : Ligue des Electeurs |
| M. 23 | : Mouvement du 23 mars |
| MONUSCO | : Mission de l'Organisation des Nations Unies pour la Stabilisation au Congo |
| NEPAD | : Nouveau Partenariat pour le Développement en Afrique |
| NSCC | : Nouvelle Société Civile Congolaise |
| OBSAM | : Observatoire de conjoncture économique et de management |

OCC : Office Congolais de Contrôle

OCDE : Organisation pour la Coopération et le Développement Economique

OGEFREM : Office de Gestion de Fret Maritime

OGM : Organisme Génétiquement Modifié

OHADA : Organisation pour l'Harmonisation en Afrique du Droit des Affaires

OIC : Organisation Internationale du Commerce

OMC : Organisation Mondiale du Commerce

ONG : Organisation Non-Gouvernementale

ONU : Organisation des Nations Unies

OUA : Organisation de l'Unité Africaine

PARECO : Coalition des Patriotes Résistants Congolais

PFCGL : Programme de Facilitation du Commerce dans la Région des Grands-Lacs

PIB : Produit Intérieur Brut

PMA : Pays les Moins Avancés

PME : Petites et Moyennes Entreprises

RCA : République Centrafricaine

RDC : République Démocratique du Congo

RECOS : Régime Commercial Simplifié

RENADHOC : Réseau National des ONG des Droits de l'Homme de la RDC

Res. : Résolution

RODHECIC : Réseau d'Organisation Des Droits Humains et d'Education Civique d'Inspiration Chrétienne

SACU : Union Douanière de l'Afrique australe

SADC : Communauté de Développement de l'Afrique australe

SGP : Système Généralisé de Préférence

SNEL : société Nationale de l'Electricité

| | |
|---|---|
| SOCIGAZ | : Société mixte de Gaz Rwanda-RDC |
| SOFEPADI | : Solidarité Féminine pour la Paix et le Développement Intégral |
| SOFIGL | : Société Financière et d'Investissement des Pays de Grands Lacs Africains |
| STAREC | : Programme de Stabilisation et de Reconstruction des Zones sortant des Conflits armés |
| TSA | : Tout Sauf Armes |
| UA | : Union Africaine |
| UE | : Union Européenne |
| UEMOA | : Union Economique et Monétaire Ouest-Africaine |
| UFM | : Union du Fleuve Mano |
| UMA | : Union du Maghreb Arabe |
| UPDF | : Force de défense du Peuple Ougandais |
| USAID | : Agence des Etats-Unis pour le Développement international |
| USD | : Dollars des Etats-Unis |
| VSV | : Voix des Sans Voix |
| ZLE | : Zone de Libre-Echange |
| ZLECAF | : Zone de Libre-Echange Continentale Africaine |

# Introduction

Activité aussi vieille que l'homme, « le commerce est défini comme l'ensemble d'actes liés à la production et à l'échange des biens et services. Dans son acception usuelle, il ne se limite pas aux seules activités d'achat et de vente ; il y a des connotations qui dépassent le simple fait d'acheter et de vendre, et comprend l'ensemble des transactions, arrangements, et autres nécessaires à cette fin... »[1]. De ce fait, la notion du commerce pourrait être contiguë à celles de finances, de l'investissement qui l'accompagnent en vue de sa pleine réalisation.

L'article 3 de l'Acte uniforme de l'OHADA définit l'acte de commerce dont dépend la qualité de commerçant avant de les citer. L'acte de commerce par nature est « celui par lequel une personne s'entremet dans la circulation des biens qu'elle produit ou achète ou par lequel elle fournit des prestations de service avec l'intention d'en tirer un profit pécuniaire ». Ont, notamment, le caractère d'actes de commerce par nature :

- l'achat de biens, meubles ou immeubles, en vue de leur revente ;
- les opérations de banque, de bourse, de change, de courtage, d'assurance et de transit ;
- les contrats entre commerçants pour les besoins de leur commerce ;
- l'exploitation industrielle des mines, carrières et de tout gisement de ressources naturelles;
- les opérations de location des meubles ;

[1] CIJ, Affaire *des Plates-formes pétrolières*, arrêt du 12 décembre 1996, § 45 cité par Patrick DAILLIER et alii, *Droit international public*, p. 1241

- les opérations de manufacture, de transport et de télécommunication ;
- les opérations des intermédiaires de commerce, telles que la commission, le courtage, l'agence, ainsi que les opérations d'intermédiaire pour l'achat, la souscription, la vente ou la location d'immeubles, de fonds de commerce, d'actions ou de parts de société commerciale ou immobilière ;
- les actes effectués par les sociétés commerciales. Bref, ces actes portent sur des biens et services.

Cette disposition du droit des affaires répertorie de manière plus ou moins exhaustive les actes commerciaux. Tous ces actes sus mentionnés constituent le faisceau de ce que représente le commerce transfrontalier dans le chef des personnes aussi bien d'une part physiques, et morales que d'autre part, privées et publiques.

Le qualificatif « transfrontalier » signifie étymologiquement « au-delà de la frontière ». Celle-ci conçue dans une acception large comme la limite territoriale de la souveraineté d'un Etat. C'est ce qui justifie la présence des postes douaniers auprès de quels le commerçant paie les taxes de passage de sa marchandise.

Depuis les temps immémoriaux, les règles qui régissaient le commerce transfrontalier étaient constituées d'usages commerciaux entre les peuples connus sous la dénomination de la *lex mercatoria*, dont les traces subsistent encore de nos jours. Il en va d'affirmer l'absence d'uniformité dans l'application de ces règles. Peu à peu, commençaient à se former sur le plan bilatéral, des normes uniformes. Toutefois, certains principes avaient déjà pris naissance, c'est le cas du principe du libre-échangisme face au protectionnisme. Bon nombre de ses principes fondamentaux se retrouvent dans d'autres Accords de l'OMC: la non-discrimination, la prévisibilité de l'accès aux marchés, l'assistance technique et le traitement spécial et différencié en faveur des pays en développement pour la mise en œuvre[2].

---

[2] OMC, *Séries des accords de l'OMC. Obstacles techniques au commerce*, p. 11

Il faudra attendre jusqu'à l'avènement du nouvel ordre mondial pour que se trame un régime général du commerce international matérialisé par la signature du GATT en 1947 dont les amendements successifs conduisent à l'adoption du GATT 1994 et de la Déclaration de Marrakech. Après moult négociations sous forme de conférences internationales sur le commerce tenues à Tokyo, Uruguay et Marrakech, fut créée l'OMC sur base d'un acte constitutif complété de divers accords commerciaux multilatéraux, de mémorandums et décisions. C'est ainsi que l'accord instituant l'OMC dispose : « L'OMC servira de cadre institutionnel commun pour la conduite des relations commerciales entre ses Membres en ce qui concerne les questions liées aux accords et instruments juridiques connexes repris dans les Annexes du présent accord »[3].

Les règles du GATT 1947 et 1994 ainsi que celles de l'OMC régissent sur le plan multilatéral et plurilatéral les relations commerciales internationales, y compris le commerce dans la Région des Grands-Lacs. A celles-là s'ajoutent notamment des accords régionaux adoptés sur le plan continental africain comme l'accord ayant programmé la CEA[4] et, en date, la Zone de Libre-échange continentale africaine (ZLECAF). Sur le plan sous-régional parallèlement aux accords commerciaux entre les Etats membres de la CEPGL[5], de la Communauté de l'Afrique de l'Est, du COMESA, des instruments internationaux à objet de paix, de stabilité et de développement, mais à incidence économique, ont été adoptés dans le cadre de la CIRGL. Il s'agit par exemple de la Déclaration de Dar-es-Salaam, du Pacte de Nairobi, de l'Accord-cadre d'Addis-Abeba.

---

[3] Article II point 1

[4] L'article 4 point 2 d énonce entre autre objectif, « *la libéralisation des échanges par élimination, entre les Etats membres, des droits de douane à l'importation et à l'exportation des marchandises et l'abolition, entre les Etats membres, des barrières non-tarifaires en vue de la création d'une zone de libre &change au niveau de chaque communauté économique régionale* ».

[5] Le Traité créant la CEPGL dans son article 2 b point 2 et 3 affirme les objectifs de cette Organisation entre autres : de concevoir, de définir et de favoriser la création et le développement d'activités d'intérêts communs ; de promouvoir et d'intensifier les échanges commerciaux et la circulation des personnes et des biens.

Si l'initiative de l'institution de la CEPGL a relevé de la RDC, à l'époque le Zaïre, du Burundi et du Rwanda ; son élargissement en CIRGL en raison de l'insécurité et de l'instabilité structurelle, a été l'œuvre proposée par l'ONU et par l'UA aux fins de restaurer la paix dans cette Région.

Cette dernière porte en elle la vocation d'une économie émergente grâce à ses ressources potentielles. Une démographie chiffrée à plus de 370 millions de personnes et un PIB total de plus d'un milliard de dollars américains, sans cesse en progression, font de ladite Région un marché attrayant pour le commerce, l'investissement et surtout pour les consommateurs sous l'angle du commerce intra-régional[6].

Souvent réputée d'être la plaque tournante de l'insécurité et de l'instabilité dans laquelle écument des groupes armés et des forces armées républicaines des Etats voisins, la Région des Grands-Lacs connaît une riche activité économique au sein des Etats de la CIRGL : La République Démocratique du Congo, la République d'Angola, la République du Burundi, la République Centrafricaine, la République du Congo, la République de l'Ouganda, la République du Rwanda, la République du Soudan (Khartoum), la République du Soudan du Sud (Juba), la République unie de Tanzanie, la République de Zambie et la République du Kenya.

Auguste Mampuya la situe géographiquement en ces termes : « celle-ci s'étend, en gros de la pointe sud du Lac Tanganyika au Nil Bleu, de part et d'autre de l'axe « lacs Edouard-Albert-Kivu-Tanganyika-Moero » que surplombent des hauts plateaux du Katanga ainsi que la région des montagnes et des volcans du Ruwenzori, et comprenant les Etats situés à l'Est de cet axe ainsi que les provinces

[6] Nations Unies, *Investir dans la Région des Grands Lacs: document sur les opportunités d'investissement, Tome 1. Promouvoir l'augmentation des investissements du secteur privé dans la Région des Grands Lacs*, Marche 2015, p. 8

orientales du Congo-Zaïre »[7]. Cette région comme toute autre mise sur une forte intégration.

La notion de l'intégration est perçue suivant un double sens : un processus et une situation. « En tant que processus, elle est l'ensemble de mesures destinées à supprimer les discriminations entre les unités économiques appartenant à différents pays en vue de l'intensification des échanges et en tant que situation, l'intégration désigne l'absence de toute discrimination entre les économies nationales »[8].

Plusieurs communautés économiques régionales se chevauchent dans la même région aux fins d'assurer la réalisation de l'intégration régionale de ces Etats. La Communauté de l'Afrique de l'Est (CAE), dont sont membres le Burundi, le Kenya, le Rwanda, la Tanzanie et l'Ouganda, constitue sans doute la communauté non seulement la plus soudée, mais aussi la plus intégrée des huit communautés économiques régionales, en termes de garantie de franchise des marchandises et des tarifs douaniers. Au regard de toutes ces raisons, et surtout pour faire jouir les commerçants opérant à l'Est du pays, des avantages qu'offre la CAE, le Président de la RDC avait introduit auprès de l'instance ad hoc une demande d'adhésion en cours de traitement. De toute façon, le reste des Communautés en celles comprises le Marché commun de l'Afrique orientale et australe (COMESA) avec 7 membres de la Région des Grands-Lacs, la Communauté économique des États d'Afrique Centrale (CEEAC) détenant 5 membres de ladite Région, la Communauté de développement de l'Afrique australe (SADC) avec 5 membres et l'Autorité intergouvernementale pour le développement (IGAD) ayant en son sein 4 membres de la Région des Grands-Lacs, exécutent bien leur mandat d'intégration régionale[9].

---

[7] Auguste MAMPUYA KANUNK'a-TSHIABO, *Le droit international à l'épreuve du conflit des Grands-Lacs au Congo-Zaïre : guerre-droit, responsabilité et réparations*, A.MA.ED-Nancy-Kinshasa, 2004, p.1

[8] Michel KUMBU ki NGIMBI, *Législation en matière économique*, Manuel d'enseignement, Kinshasa, 2009, p. 197

[9] Nations Unies, *op. cit.*, p. 11

La ratification du traité instituant la Zone de libre-échange continentale africaine comme étape ayant pour point d'achèvement la Communauté économique africaine, apportera-t-elle une plus-value au commerce africain et surtout à la Région des Grands-Lacs ? Quelles sont les paramètres pertinents susceptibles de faire du commerce dans la Région des Grands-Lacs un instrument de paix et de stabilité? La réponse est que la ZLECAF constitue une étape dans le cheminement vers l'atteinte du point d'achèvement de l'intégration africaine sous la forme de Communauté économique africaine d'ici l'horizon 2063. Du moins, elle ne cesse de susciter des interrogations sur les retombées avantageuses qu'elle apporte aux Etats membres, plus particulièrement à la RDC. Il est sans doute vrai que grâce au commerce entre ces Etats frontaliers, des solutions à la paix et à la stabilité sont susceptibles d'être trouvées.

Tel que défini ci-haut, le commerce est un échange portant sur les biens et services contre de l'argent ou autres biens et services. Il représente un atout favorable et susceptible de contribuer à la résolution de problèmes régionaux dans le but d'assurer un meilleur climat de paix et de convivialité. Des flux commerciaux dans la Région représentent des richesses vitales pour ses habitants, partant de la chaîne de l'exploitation des minerais à la chaîne alimentaire, en passant par la petite et la grande industrie. Il conviendrait également de souligner les mouvements des capitaux.

D'ailleurs, les rédacteurs des accords, pactes, déclarations de paix dans et pour la Région des Grands-Lacs insèrent constamment des clauses sur le volet commercial. Quelque part, les Etats croient à l'influence positive de l'intégration des échanges commerciaux sur la construction d'une région paisible et pacifiée.

Plusieurs ateliers ayant eu lieu dans la Région ont dégagé des caractéristiques du commerce transfrontalier, plus spécialement à l'Est de la RDC:

- Les produits agro-pastoraux et miniers dominent les échanges ;
- Un commerce à prédominance informelle ;

- Un commerce informel exercé majoritairement par des femmes pour assurer la survie du foyer ;
- L'existence d'un lien dialectique entre la paix et le commerce en ce sens que la paix dépend du commerce autant que le commerce est tributaire à la paix.

L'examen de précédentes caractéristiques a permis de baliser la voie pour aborder la dernière. La plus belle fille du monde ne peut donner que ce qu'elle a, dit-on. C'est ainsi que la RDC a orienté sa politique commerciale vers la production et l'exportation des matières premières qu'elle regorge abondamment. Il s'agit de produits agro-pastoraux et miniers. Les zones stratégiques sur ce puzzle sont l'Est de la RDC et le Katanga en ce qui concerne principalement les minerais. La première zone située au flanc de la Région des Grands-Lacs s'est transformée depuis des crises d'immigration en un foyer de tension et d'insécurité à la base de guerres, au départ orchestrées par des Etats voisins pour être relayées par l'entremise des groupes armés écumant la Région. Cette situation endémique de violence paralysa les activités agro-pastorales au profit de l'émergence de l'exploitation illicite des matières premières, principalement les substances minérales.

Des enquêtes mettent notamment en cause certaines firmes multinationales, tireurs de ficelles de cette forme d'exploitation illégale des ressources naturelles. Toutefois, hormis le code de bonne conduite auquel elles souscrivent, un instrument juridique contraignant sur leur responsabilité pour violation des droits de l'homme traîne à se formaliser en raison notamment de leur réticence.

La destruction des moyens de production accroît les flux du commerce informel dans lequel les femmes se comptent en grand nombre. Loin d'être négligée, leur participation au petit commerce crée des dynamiques d'échange entre les commerçants et clients de diverse nationalité. Il vaudrait la peine de soulever que les petits commerçants affrontent plusieurs écueils de divers ordres lors de la traversée de la frontière. De fois, ils se compromettent avec les agents qui opèrent au niveau de postes-frontières.

Il n'existe pas de modèle monotone de commerce transfrontalier au point qu'il est susceptible de connaître de variations conjoncturelles, telle que la situation de conflits armés tout comme structurelles dépendant de la région servant de réseau des trafics. Le mouvement des refugiés ainsi que les interconnections ethniques entre les différentes zones frontalières sont à la base du développement de flux commerciaux dans la Région des Grands-Lacs[10], surtout dans son aspect informel. Il convient de souligner que dans le processus de la recherche de la paix par le commerce, cette étude met en relief le commerce intra-régional, mais transfrontalier entre les Etats de la même région quand bien même sont possibles des effets de contournement et d'origine des produits.

Le but assigné à cet ouvrage ne se résume pas à analyser le contenu matériel des accords commerciaux, mais plutôt à établir la corrélation entre le commerce et la paix dans la Région des Grands-Lacs, plus particulièrement dans l'axe RDC-Rwanda-Ouganda-Burundi-Tanzanie. Il est certes admis et reconnu qu'il existe un rapport étroitement réciproque entre la paix et le commerce : l'absence de paix et de sécurité affaiblit, handicape les échanges commerciaux autant que sans l'existence des échanges commerciaux, la paix risque d'être affectée.

A contrario, l'idée est de soutenir ce second volet : le commerce au-delà des frontières comme instrument de paix et de stabilité dans la région. Montesquieu (1748), dans *De l'esprit des lois*, soutient que « l'effet naturel du commerce est de porter à la paix, car, dit-il, deux nations qui négocient ensemble se rendent réciproquement dépendantes et, si l'une a intérêt à acheter, l'autre a intérêt à vendre (...) »[11]. Il s'agit d'une réflexion sur des thèses discutables et plus ou moins vérifiables sur le bénéfice du libre-échangisme à l'Est de la

---

[10] Kristof TITECA, *Pouvoir et commerce : l'Ouganda et le commerce transfrontalier avec la RDC et le Soudan, l'Afrique des Grands-Lacs*. Annuaire 2009-2010, p. 374

[11] François-Xavier MUREHA et Idrissa MOHAMED OUEDRAOGO, *Interdépendance économique et paix dans la Région des Grands Lacs africains*, CODESRIA, p. 185

République Démocratique du Congo, épicentre de violence et d'instabilité.

La littérature est plus ou moins abondante. Dans l'article scientifique intitulé « La mondialisation est-elle un facteur de paix ? », Philippe Martin et les autres co-auteurs ont principalement dressé l'échiquier de l'impact des conflits armés sur le commerce international et vice-versa. Ils ont démontré que l'ouverture commerciale d'un Etat, dans le cadre de la mondialisation, attenue les effets négatifs d'un conflit bilatéral. Un autre se borne à présenter la dimension économique de ce long conflit qu'a connu la RDC. Il s'agit de Cyril Musila dans "The DRC and its Neighbourhood: The political Economy of Peace". Un chercheur de l'université de Stanford (Etats-Unis) a globalement examiné les conditions en vertu desquelles le commerce soutient la coexistence pacifique entre les groupes ethniques usant de la violence[12]. François-Xavier Mureha et Idriss Mohamed Ouedraogo ont soutenu, pour leur part, que l'interdépendance économique entre pays est source de paix et de stabilité, notamment dans la Région des Grands-Lacs[13].

Qu'est-ce que la paix au juste? Dans leur ouvrage co-rédigé, Jean Combacau et Serge Sur avancent qu'il n'en existerait pas une définition juridique précise[14]. Retenons dans le cadre de cette étude son acceptation restrictive : l'absence de guerre et, par ricochet, de l'insécurité. Son frère siamois, la stabilité est identifiée à la paix

[12] SAUMITRA JHA, *Trading for Peace*, in European Commission, Economic Policy, 66th Panel Meeting, Brussels, 19-20 October 2017, disponible sur www.economic-policy.org/2017/10, consulté le 15 mai 2020

[13] François-Xavier MUREHA et Idriss MOHAMED OUEDRAOGO, « Interdépendance économique et paix dans la Région des Grands Lacs africains », *in Paix, sécurité et reconstruction post-conflit dans la Région des Grands lacs*, CODESRIA, 2017

[14] Jean COMBACAU et Serge SUR, *Droit international public*, Paris, Montchrestien, 2010, p. 617 cité par Mamadou MEITE, *La juridicité des droits de solidarité en droit international : cas du droit à la paix et du droit au développement*, Thèse présentée et soutenue publiquement le 1er juin 2017 en vue de l'obtention du doctorat de Droit public de l'Université Paris Nanterre, p. 12

positive. Celle-ci se définit par « la présence des attitudes, institutions et structures qui créent et soutiennent les sociétés pacifiques »[15].

Dès le début de la création de la CIRGL par le Pacte de Nairobi, la Déclaration de Dar-es-Salaam insiste sur l'économie dans la recherche de la paix dans la Région. L'auscultation de cet état des lieux fait ressortir l'influence aussi bien des enjeux politiques et sécuritaires que du caractère illégal et non-conjoint de l'exploitation des ressources.

L'économie de guerre basée sur les minerais alimente des conflits armés. Privant de ce fait l'Etat des recettes lui revenant de droit. Là où régnait l'autorité de l'Etat, ce sont les seigneurs de guerre qui font la loi jusqu'à percevoir des impôts et taxes dans des contrées sous leur contrôle.

Malgré toutes les intempéries dues à un climat malsain, les commerçants poursuivent leurs activités pour subvenir aux besoins de leurs familles. Ils se maintiennent en contact avec leurs clients d'autres nationalités dans le cadre de réseaux commerciaux mis en place depuis des lustres.

La RDC, les ONG et les instances internationales onusiennes (Conseil de Sécurité, CIJ) ont dénoncé le pillage des ressources dont souffre ce pays de la part de ses voisins. Jusqu'ici, soit aucune responsabilité n'est engagée, soit la réparation tarde. En outre, les Etats ayant en partage certaines richesses comme les cours d'eaux, ne s'emploient pas à les exploiter communément dans l'optique de renforcer leurs liens en tournant la triste page de leur passé.

Pour tous ces motifs constatés et pour que le commerce soit réellement au service de la paix, nous avons formulé deux propositions : la première consiste à encourager la sécurité des personnes, des biens et des ressources selon des mécanismes appropriés. A cet effet, l'Etat congolais devrait s'atteler à restaurer l'autorité de l'Etat sur l'ensemble du territoire national. Ceci passe par

---

[15] Institute for Economics and Peace, 2015 cité par Bernard RESPAUT, « Les ressources d'hydrocarbures : une source potentielle de stabilisation du pays ? », *Conjonctures congolaises*, 2016, p. 1

le fonctionnement efficace des services publics comme l'armée, la police et l'immigration lesquelles sont mises en évidence, notamment par la lutte sans merci contre la corruption sous toutes ses formes. Le mécanisme adapté de la sécurisation des ressources naturelles passe par leur certification avant toute exportation.

Le volet commercial n'est pas à négliger. C'est ainsi que pour accroître la dépendance économique des Etats voisins vis-à-vis de la RDC, celle-ci est invitée, avec ordre intimé, à miser sur la dynamisation de ses exportations par la diversification de son économie et par le passage de son économie à prédominance informelle à l'économie formelle de croissance.

Constituent un intérêt à la fois théorique et pratique de cet ouvrage, l'interprétation des tableaux et des diagrammes sur base des statistiques import-export des pays voisins de l'Est de la RDC (Rwanda, Burundi, Ouganda, Tanzanie) ainsi que la démonstration selon laquelle le renforcement de la dépendance économique entre deux Etats est un facteur plus réducteur de la conflictualité que le fait pour ces deux Etats d'être liés par des accords multilatéraux. Il nous a paru aisé, au regard de cette influence réciproque entre la paix et le commerce, de faire usage de la dialectique, méthode transversale à plusieurs disciplines scientifiques. Sous cet angle, l'approche utilisée est interdisciplinaire. Dans ce cadre, l'on exploite deux ou plusieurs disciplines (en l'occurrence le droit et l'économie), mais plutôt que de développer des points de vue successifs et parallèles dans une quelconque discipline, ces dernières s'intègrent, quant à leur utilisation, dans une perspective unique qui les relie de manière cohérente[16]. Il est rédigé au confluent entre le droit et l'économie.

Il comporte deux chapitres dont le premier s'évertue à établir le régime juridique du commerce transfrontalier dans la Région des Grands-Lacs, plus précisément à l'Est de la RDC. Le second chapitre se livre à l'exercice de démontrer en quoi le commerce pourrait jouer le rôle dans la pacification de la Région.

---

[16] Olivier CORTEN, *Méthodologie du droit international public*, éditions de l'Université de Belgique, Bruxelles, 2017, p. 39

## Carte 1 : Les Etats membres et cooptés de la CIRGL

Source : www.icglr.org

**Carte 2 : Carte de l'Est de la République Démocratique du Congo**

Source : Department for International Development, *Mettre la réforme à l'ordre du jour. Le commerce au service de la paix : Instauration de la sécurité et réduction de la pauvreté par la commerce des ressources naturelles dans la Région des Grands Lacs*, Mars 2009, p. 4

# Chapitre I.
# Régime juridique du commerce transfrontalier dans la Région des Grands-Lacs

En luminaire, il fut établi que la Région des Grands-Lacs ne déroge pas à l'application des normes sur le commerce international, coulées le plus formellement dans des accords aussi bien internationaux que régionaux et bilatéraux. Les mécanismes autorégulateurs du marché mondial, non encadré par des règles inter étatiques sont susceptibles d'être à la base d'abus de position dominante, de pratiques illicites tout court. A partir de la fin de la Seconde Guerre Mondiale, les nations par le truchement des grandes puissances, ont proclamé le nouvel ordre économique international uniformisant les règles séculaires appliquées par les Nations dans leurs échanges commerciaux[17].

Faute d'instituer l'Organisation internationale du Commerce, elles adoptèrent dès 1947, l'Accord Général sur le Commerce et le Tarif, appelé communément GATT (de l'anglais General Agreement for Trade and Tariff). Dans la suite de moult négociations, fut élaboré le GATT de 1994 dont l'aboutissement atteignit la création de l'Organisation Mondiale du Commerce. Son acte constitutif indique les différents autres actes complémentaires au Statut et relevant de son régime juridique. Il s'agit des accords commerciaux multilatéraux ou plurilatéraux (la nuance est de taille), des décisions, des mémorandums.

Sur le plan continental africain, plusieurs accords à caractère commercial ont vu le jour, partant de l'institution des Communautés économiques régionales déclarées compatibles avec l'Acte constitutif de l'Union africaine et/ou de la Charte de l'OUA jusqu'à l'installation de la ZLECAF. Entre les deux extrémités, se classent d'autres

[17] MEHDI ABBAS, « Du GATT à l'OMC : un bilan de soixante ans de libéralisation des échanges. Les Cahiers français : documents d'actualité », *La Documentation Française*, 2007, p. 3

instruments juridiques promouvant la paix et la sécurité dans la Région des Grands-Lacs et traitant incidemment des aspects liés à l'économie, à la bonne gouvernance et au commerce. Tels sont les cas de la Déclaration de Dar-es-Salaam sur la Paix, la Sécurité, la Démocratie et le Développement dans la Région des Grands-Lacs, des protocoles au Pacte sur la Sécurité, la Stabilité et le Développement dans la Région des Grands-Lacs (Pacte de Nairobi), l'Accord-cadre pour la paix, la sécurité et la coopération en République Démocratique du Congo et dans la Région, dit Accord-cadre d'Addis-Abeba.

L'axe RDC-Burundi-Ouganda-Rwanda-Tanzanie étant au cœur de cette étude implique d'autres caractéristiques propres à la sous-région en ce qui concerne le commerce transfrontalier à l'Est de la RDC. De ce fait, il conviendrait d'établir à haut débit ce régime juridique partant des accords internationaux, régionaux (Section I) et des aménagements bilatéraux (Section II).

## Section I. Accords internationaux et régionaux sur le commerce dans les Grands-Lacs

Conformément à l'article 2 de la Convention de Vienne sur le droit des traités du 23 mai 1969, le traité est un accord international conclu entre les Etats, portant sur un ou plusieurs documents, quelle qu'en soit la dénomination[18]. C'est ainsi qu'un traité pourrait être dénommé convention, concordat, acte constitutif, charte, protocole. L'accord international passe pour une appellation générique.

Un auteur présente la complexité dans le chevauchement des accords internationaux : « Parallèlement aux initiatives d'intégration régionale déjà complexes, les pays d'Afrique se sont engagés, individuellement ou collectivement, mais simultanément, dans une large palette de négociations commerciales allant des arrangements

[18] L'article 2 point 1 a dispose : « *L'expression « traité » s'entend d'un accord international conclu par écrit entre Etats et régi par le droit international, qu'il soit consigné dans un instrument unique ou dans deux ou plusieurs instruments connexes, et quelle que soit sa dénomination particulière* »

commerciaux bilatéraux dans le contexte de leurs relations avec l'Europe, à des accords commerciaux multilatéraux, actuellement négociés sous l'égide de l'Organisation mondiale du commerce (OMC) »[19].

Les Etats africains s'alignent au milieu de ceux qui négocient des accords bilatéraux et multilatéraux dans le cadre de l'OMC et du groupement ACP. Le commerce dans la Région des Grands-Lacs est régi autant par des normes universelles (Paragraphe I) que régionales (Paragraphe II).

### Paragraphe I. Les accords internationaux

La fin de la Seconde Guerre mondiale marqua un tournant décisif dans l'histoire du commerce mondial. Elle voit naître une forme de règlementation et d'uniformisation des principes sur le commerce international. Dorénavant, quelle que soit la particularité de chaque Etat dans la sphère internationale, il est régi, dans ses relations économiques avec l'extérieur, par des règles internationales. D'un accord institutionnalisé appelé GATT (A) à la création d'une organisation internationale du nom de l'OMC (B), s'entremettent une série des négociations.

#### A. GATT comme premier accord du nouvel ordre économique international

Acronyme anglais signifiant *General Agreement for Trade and Tariffs*, le GATT est un accord général que les Etats ont signé pour règlementer le commerce ainsi que les tarifs douaniers. Adopté en 1947, il fut considéré comme le premier instrument d'ordre

---

[19] Cheikh TIDIANE DIEYE, « L'Afrique et le chevauchement des accords régionaux », *Revue Interventions économiques* [En ligne], 55 | 2016, mis en ligne le 29 juin 2016, consulté le 14 juin 2019. URL : http://journals.openedition.org/interventionseconomiques/2815 ; DOI : 10.4000/interventionseconomiques.2815, p. 3

international sur le commerce mondial. Il conviendrait de distinguer le GATT de 1947 du GATT de 1994 marquant l'évolution du premier.

### *1. GATT de 1947*

Adopté le 30 octobre 1947, l'Accord général sur le commerce et les tarifs douaniers est un accord en forme simplifiée, entré en vigueur le 1er janvier 1948. Il était décidé par les Hautes Parties Contractantes qu'il devrait être appliqué de manière provisoire, en attendant la ratification de la Charte de la Havane de 1948 portant création de l'Organisation internationale du Commerce (OIC). Ce projet prétentieux à l'époque n'ayant pas abouti et son Acte Constitutif n'étant pas entré en vigueur, le GATT est demeuré le seul accord de portée générale en matière commerciale jusqu'en 1995, date de l'établissement de l'OMC. Toutefois, aux fins de suppléer à l'absence d'une structure organisationnelle, l'accord fut institutionnalisé de façon pragmatique juste pour un besoin minimal et essentiel[20].

Signé avant l'accession à la souveraineté nationale et internationale des Etats africains, le GATT de 1947 a cependant produit ses effets sur les colonies. En effet, chaque puissance colonisatrice, au moment de la signature de l'accord, a stipulé au moyen d'une clause coloniale pour les territoires dépendant de son administration. C'est pourquoi la Belgique l'a ainsi fait pour le Congo dont le bassin hydrographique représentait un enjeu stratégique sur le commerce à cette époque.

L'Acte de Berlin a établi l'accès équitable au bassin du Congo en faveur de toutes les puissances signataires. Celles-ci ont été investies du droit de naviguer le long du fleuve, de ses affluents et tributaires et de trafiquer de manière pacifique. L'institution de cette liberté de navigation créa une situation jugée objective en droit international à charge du nouvel Etat indépendant contraint de l'accepter bon gré mal gré, mais sous bénéfice d'inventaire. A cet effet, la RDC devrait

[20] Patrick DAILLIER et al., *op. cit.*, pp. 1243-1244

estimer en détail les avantages et les inconvénients contenus dans les clauses du GATT de 1947.

Auguste Mampuya analyse minutieusement l'attitude de méfiance des autorités congolaises au regard de cette question. Il soutient qu'en vertu de l'article 2 de la loi fondamentale du 19 mai 1960 prévoyant que « les lois, décrets et ordonnances législatives, leurs mesures d'exécution ainsi que toutes dispositions règlementaires existant au 30 juin 1960, restent en vigueur tant qu'ils n'auront pas été expressément abrogés », tous les autres actes par lesquels avaient été ratifiés ou acceptés des accords internationaux y étaient inclus[21]. Ce qui est intéressant, c'est justement la déclaration de Patrice Emery Lumumba devant le sénat congolais, selon laquelle « la reprise ou la dénonciation des engagements de l'Etat belge étendus au territoire du Congo belge (par la clause coloniale telle que nous en avons parlé plus haut) ne pourra intervenir qu'après examen préalable approfondi »[22]. Cette affirmation ne vient pas de lui, mais plutôt relève de la résolution n°13 relative aux relations futures entre la Belgique et le Congo, plus précisément au point 3 : « Dans les matières visées par les traités conclus par la Belgique et qui demeureront applicables pour le Congo, une consultation préalable entre les deux gouvernements aura lieu chaque fois qu'elle sera nécessaire »[23]. Il conviendrait de rappeler qu'avec la décolonisation, la République Démocratique du Congo est automatiquement lié par le GATT sur simple notification de succession définie comme l'acte par lequel un Etat successeur établit sur le plan international son consentement à être lié par un traité multilatéral sur la base du lien juridique établi avant la date de la succession d'Etats entre le traité et le territoire auquel la succession se rapporte.

En ce sens, l'article 24 du GATT stipule : « Les dispositions du présent Accord s'appliqueront au territoire douanier métropolitain des

---

[21] Auguste MAMPUYA KANUNK'a-TSHIABO, *Traité de Droit international public*, MediasPaul, Kinshasa, 2016, p. 387

[22] Déclaration du Premier- ministre du 12 juillet 1960, in Congo-1960, Crisp, Bruxelles cité par Auguste MAMPUYA KANUNK'a-TSHIABO, *op. cit.*, p. 387

[23] Résolutions adoptées à la Table Ronde Politique du 20 février 1960 à Bruxelles

parties contractantes ainsi qu'à tout autre territoire douanier à l'égard duquel le présent Accord a été accepté aux termes de l'article XXVI ou est appliqué en vertu de l'article XXXIII ou conformément au Protocole d'application provisoire. Chacun de ces territoires douaniers sera considéré comme s'il était partie contractante, exclusivement aux fins de l'application territoriale du présent Accord, sous réserve que les stipulations du présent paragraphe ne seront pas interprétées comme créant des droits ou obligations entre deux ou plusieurs territoires douaniers à l'égard desquels le présent Accord a été accepté aux termes de l'article XXVI ou est appliqué en vertu de l'article XXXIII ou conformément au Protocole d'application provisoire par une seule partie contractante ».

Sous le statut de colonie, le Congo belge était considérée à cet égard et au moment de la ratification du GATT par la Belgique, comme un territoire douanier dépendant de la métropole, elle-même membre du Benelux. C'est au titre de cette clause que la colonie était censée avoir accepté l'accord comme partie contractante.

En complément à la disposition sus évoquée, l'annexe C à l'Accord cite nommément le Congo belge parmi les territoires relevant de l'union douanière entre la Belgique, le Luxembourg et les Pays-Bas (BENELUX). Aux termes du Projet d'articles sur la succession d'Etats en matière des traités et commentaires y relatifs, l'expression « succession d'Etats » s'entend de la substitution d'un Etat à un autre dans la responsabilité des relations internationales du territoire[24].

Les commentateurs dudit Projet fixe la définition des Etats venant d'accéder à leur indépendance au regard de la succession d'Etat : « Un Etat nouvellement indépendant désigne un Etat issu d'une succession d'Etats portant sur un territoire qui, immédiatement avant la date de la succession d'Etats, était un territoire dépendant dont l'Etat prédécesseur avait la responsabilité des relations internationales »[25].

---

[24] Commission du droit international, *Projet d'articles sur la succession d'Etats en matière de traités et commentaires*, 26ème session, Annuaire de la Commission du droit international, 1974, vol. II (1), p. 179

[25] Commission du droit international, *op. cit.*, p. 180

La solution est pourvue en la disposition de l'article 16 dudit projet : « … un Etat nouvellement indépendant peut, par une notification de succession, établir sa qualité de partie à tout traité multilatéral qui, à la date de la succession d'Etats, était en vigueur à l'égard du territoire auquel se rapporte la succession d'Etats ». La RDC est supposé avoir accompli ladite formalité rendant applicable le GATT dans ses relations commerciales avec le reste du monde.

Le régime juridique du GATT de 1947 consiste à affirmer certains principes d'ores et déjà appliqués par les Nations. Tels sont les cas de la liberté de commerce et de navigation, du libre-échangisme, de l'interdiction du protectionnisme, de l'antidumping, du contingentement.

En quoi cet accord a-t-il profité aux Etats de la Région des Grands Lacs ? Cette question représente le centre d'intérêt, la raison d'être de cette partie. Les principes du GATT que sont la liberté de commerce, la non-discrimination avec les corollaires de la clause de la nation la plus favorisée en vertu de laquelle tout avantage commercial accordé à un membre doit être appliqué à l'ensemble des pays partenaires membres de l'accord, la réciprocité, le traitement national qui stipule que les produits importés et les produits domestiques doivent être traités de façon identique, le désarmement douanier, ont été appliqués dans les relations commerciales impliquant les Etats de la Région des Grands-Lacs, colonies d'antan.

A-t-il prévu des préférences d'ordre commercial en faveur des pays de la Région du fait qu'ils sont en voie de développement ou sont les moins avancés ? Au moment de la décolonisation et de l'accession à leur indépendance, l'économie des anciennes colonies bien que plus ou moins extravertie était en bonne posture. Toutefois, l'échec de politiques économiques postcoloniales implémentées sur le continent ainsi que l'instabilité politique et sécuritaire dans la perspective des guerres hégémoniques, ont enlisé la situation au point que les indicateurs économiques en général, et commerciaux en particulier étaient en rouge vers les années 70.

Avec la création de la CNUCED, des voix de revendication ont tonné aux Nations Unies sur la situation des pays les moins avancés en prise avec une économie mondiale ultra concurrentielle. A vrai dire, les Etats africains s'étaient rendu compte qu'ils ne tiraient pas une bonne part de l'institution du nouvel ordre économique international, plus spécifiquement dans le cadre des échanges commerciaux. Depuis lors, la CNUCED, conférence instituée par résolution de l'Assemblée générale des Nations Unies et servant de lance-voix aux revendications de pays du tiers-monde, a pris et continue de prendre des initiatives à cet effet.

### *2. GATT de 1994*

Devenant moins adaptable aux circonstances actuelles de par l'élargissement du droit matériel applicable dans le cadre du commerce international, le GATT de 1947 fut complété par celui de 1994, juste à la veille de la création de l'Organisation Mondiale du Commerce annoncée d'ores et déjà dans la Déclaration de Marrakech, annexé au GATT de 1994. Les aspects innovants du nouvel accord tiennent de l'extension matérielle des règles du précèdent. De ce fait, il a repris le GATT de 1947, ses amendements ainsi que divers accords et autres instruments juridiques étant entrés en vigueur en vertu du GATT, mais avant l'entrée en vigueur du traité instituant l'OMC : protocoles et certifications concernant les concessions tarifaires, protocoles relatifs à l'application de la partie II du GATT de 1947, décisions sur les dérogations, divers mémorandums,…

Si le GATT de 1947 fut adopté alors que la quasi-totalité des peuples d'Afrique étaient encore sous la colonisation, le GATT de 1994 arriva après l'accession de tous les pays africains à la souveraineté nationale et internationale. Il y a lieu de mentionner que la touche particulière est qu'ils sont devenus, de ce fait, des acteurs à part entière dans le commerce international dotés du pouvoir de décision si minime soit-il. L'on pourrait affirmer avec audace que le texte de 1947 était devenu obsolète et qu'il aurait fallu une adaptation à l'évolution des réalités aussi bien dans le contenu des normes que dans la diversité des partenaires. Les soucis commerciaux des Etats en voie de développement parmi lesquels se comptent les pays de la Région des Grands Lacs ont demeuré au menu des négociations.

### B. Application des règles de l'OMC

Plusieurs conférences eurent lieu dans différentes villes à travers le monde, au courant desquelles des représentants et experts des Etats négociaient sur la conclusion des accords commerciaux internationaux. De la Conférence de La Havane et de Tokyo, ils sont passés par le cycle d'Uruguay avant d'atterrir sur la Déclaration de Marrakech qui se clôtura avec l'adoption du traité instituant l'OMC ainsi que d'autres accords internationaux, à l'issue de la Conférence de Marrakech : « S'étant réunis pour achever les négociations commerciales multilatérales du Cycle d'Uruguay, les représentants des Gouvernements et des Communautés européennes, membres du Comité des négociations commerciales, conviennent que l'Accord instituant l'Organisation mondiale du commerce (dénommé dans le présent acte final de l'Accord sur l'OMC), les Déclarations et Décisions ministérielles ainsi que le Mémorandum d'accord sur les engagements relatifs aux services financiers, joints en annexe, reprennent les résultats de leurs négociations et font partie intégrante du présent acte final »[26]. En d'autres termes, lors de la conclusion des travaux de l'Uruguay Round, les plénipotentiaires avaient décidé que tous les instruments énumérés ci-haut soient intégrés suivant une approche unique dans l'acte final de Marrakech.

L'OMC est un système de règles négociées entre les différents Gouvernements dont les accords régissent le commerce des marchandises, des services et de la propriété intellectuelle. L'économie générale de ces accords consiste à énoncer les principes sur la libéralisation des échanges et à les assortir d'exceptions

[26] Point 1 de l'Acte final reprenant les résultats des négociations commerciales multilatérales du cycle d'Uruguay, Marrakech, 15 avril 1994

autorisées (clause de sauvegarde, l'ordre public,...), à reproduire les engagements pris par chaque pays pour réduire les droits de douane et d'autres obstacles au commerce, et pour ouvrir et maintenir ouverts les marchés de services, à définir les procédures de règlement des différends, à prévoir un traitement spécial en faveur des pays en développement, à obliger les Gouvernements d'assurer la transparence de leur politique commerciale en notifiant à l'OMC les lois en vigueur et les mesures adoptées, parallèlement aux rapports périodiques établis par le Secrétariat au sujet des politiques commerciales des pays[27].

### *1. Les pays en développement au cœur des négociations*

Bien avant la création de l'OMC, les pays en voie de développement opérant en bloc ont exprimé de vive voix leurs soucis concernant le traitement leur infligé dans le commerce international. Ils revendiquaient le fait qu'ils ne devraient pas être traités égalitairement dans le cadre d'un partenariat économique et sollicitaient des inégalités compensatrices (discrimination positive) en raison de leur situation économique. Cela coïncida avec la prévalence d'une crise sans précèdent parmi les pays africains à laquelle les institutions de Bretton Woods ont répondu avec le plan d'ajustement structurel dans les années 70.

En 1967, le groupe de 77 devenu celui de 90 avait adopté la Charte d'Alger des droits économiques du Tiers-monde pour exprimer leurs différentes préoccupations : « La communauté internationale a l'obligation de corriger ces tendances défavorables et de créer les conditions dans lesquelles toutes les nations pourront jouir du bien-être économique et social et disposer des moyens nécessaires pour développer leurs ressources de manière à permettre à leurs peuples de mener une existence libérée du besoin et de la peur »[28].

[27] www.wto.org

[28] Charte d'Alger des droits économiques du Tiers-monde, in *Revue économique de Madagascar*, p. 322

Pour y donner suite, l'Assemblée générale des Nations Unies créa par voie de résolution un cadre d'entente et de négociation, la Conférence des Nations Unies sur le Commerce et le développement, CNUCED en sigle. Les acquis résultant des recommandations et vœux d'intention de cet organe subsidiaire en faveur de cette catégorie de pays sont substantiellement faibles. Il en demeure un processus.

### 2. *Les avantages en faveur des pays les moins avancés*

La RDC au même titre que la majorité des Etats de la Région des Grands-Lacs bénéficie du SGP (Système Généralisé de Préférences) et de l'accès en franchise sur le marché Européen sous le régime de l'initiative TSA (Tout Sauf les Armes). Cet accès est automatique pour les pays ayant le statut de PMA (Pays les Moins Avancés)[29] comme exception à l'interdiction de la clause de la nation la plus favorisée[30].

Les PMA ne sont fatalement condamnés à porter cette robe de l'opprobre. L'évolution de leur économie, sur base de certains indicateurs, les fera passer d'un statut à un autre : pays en développement, pays émergents, pays développés. Les prouesses réalisées par les uns à l'instar de la Corée du Sud ne dispensent pas les autres d'y croire.

Wikipédia définit le SGP comme « un programme de préférences commerciales pour les biens provenant des pays en développement, mis en place par plusieurs pays développés, en dérogation du système de la nation la plus favorisée telle qu'organisée dans le cadre de l'OMC. Sans négociation ni réciprocité, il ne s'applique pas sur les droits de douanes des pays pauvres, mais seulement sur leur exportation. C'est donc un système d'aide pour les pays les moins avancés pour les soutenir dans leurs échanges commerciaux ».

---

[29] Ministère du commerce, petites et moyennes entreprises de la République Démocratique du Congo, *op. cit.*, p. 45

[30] Voir Michel KUMBU ki NGIMBI, *op. cit.*, p. 167

De nos jours, ce système est revu chaque année dans les relations entre les PMA et l'UE[31]. Tout importateur de marchandises provenant de PMA, désireux de jouir de ces avantages douaniers, doit exhiber aux services douaniers des Etats européens un certificat d'origine de Format A. Il s'agit d'un document spécifique selon les pays (d'origine) et les valeurs (en douane des marchandises). En faveur d'un pays ou d'un groupe de pays ou encore de l'ensemble des pays du Tiers-monde, l'UE fixe des contingents tarifaires aux fins de permettre aux importateurs en provenance de ces pays de bénéficier de réduction ou exonération des droits de douane pour une certaine durée et une certaine quantité[32]. La doctrine classe ces mesures dans la rubrique des inégalités compensatrices ou de discrimination positive.

Dans l'application du système préférentiel, les Ministres du commerce réunis au sein de l'OMC ont convenu en outre de faire en sorte que tout accord se rapportant à des crédits à l'exportation de produits agricoles prévoie de manière appropriée un traitement différencié en faveur des pays les moins avancés et des pays en développement importateurs nets de produits alimentaires[33]. A toutes fins utiles, l'article 16 de l'Accord de l'OMC sur l'agriculture dispose : « Les pays développés Membres prendront les mesures prévues dans le cadre de la Décision sur les mesures concernant les effets négatifs possibles du programme de réforme sur les pays les moins avancés et les pays en développement importateurs nets de produits alimentaires »[34].

Exprimant son dépit, Cheikh Tidiane Dieye fait remarquer : « l'Afrique souffre moins d'un déficit d'intégration que d'une mauvaise intégration dans l'économie mondiale. 43 des 54 pays africains sont Membres de l'OMC. Ils ont presque tous largement libéralisés et

[31] Laurence LUCIAS et Joselyne STUDER-LAURENS, *Vendre plus, acheter mieux à l'international*, Vuibert, coll. Guid'Utile, Paris, 2003, p.113

[32] Laurence LUCIAS et Joselyne STUDER-LAURENS, *op. cit.*, p. 114

[33] Point 4 de la Décision sur les mesures concernant les effets négatifs possibles du programme de réforme sur les pays les moins avancés et les pays en développement importateurs nets de produits alimentaires

[34] Article 16 de l'Accord sur l'agriculture

consolidés leurs tarifs alors que nombre d'entre eux, les Pays les Moins Avancés (PMA) en particulier, ne sont nullement obligés de le faire. Enfin, ils sont presque tous engagés, simultanément, dans une panoplie de négociations multilatérales, bilatérales et régionales destinées à les ouvrir davantage au marché mondial. Nul ne peut donc, rigoureusement, contester l'ouverture de l'Afrique au marché mondial »[35]. Dans la même veine, un rapport de la CNUCED confirme d'ailleurs que l'Afrique est un acteur marginal du commerce mondial des marchandises[36]. Il est évident que le continent africain s'ouvre de plus en plus au commerce mondial, mais il conviendrait en même temps d'admettre que son poids eu égard à la valeur de ses exportation, est faible.

Telle est la raison pour laquelle le continent africain est appelé à se relever, à se prendre intégralement en charge et à prendre conscience. Sur base d'une analyse critique qu'ont entrepris l'OCDE et la BAD sur les évolutions constatées dans vingt-deux pays africains dans la période 1950-2000, il s'est dégagé un constat amer publié le 5 janvier 2002 à Paris, lequel renseigne que, malgré une démographie en pleine augmentation, le poids de l'Afrique dans l'économie mondiale a diminué au cours des cinquante dernières années dans des proportions inquiétantes, aussi bien du point de vue du PIB, de ses exportations que des investissements internationaux[37].

C'est ainsi qu'ont été rendus licites certaines dérogations au commerce international entre autres. Les Etats ont reconnu que certains d'entre eux, dans leurs relations commerciales bilatérales et multilatérales, peuvent accorder aux autres, en raison de leur statut, des préférences, concessions, aides et autres. A cet effet, l'Union européenne a signé avec les ACP (Afrique Caraïbes et Pacifique) des accords sur le commerce en contrepartie des exigences des droits de l'homme. Tel est par exemple le cas de l'Accord de Cotonou conclu le

[35] Cheikh TIDIANE DIEYE, *op. cit.*, p. 2

[36] Conférence des Nations Unies sur le commerce et le développement, *Le développement économique en Afrique*, rapport 2019, Nations Unies, p. 21

[37] Oswald NDESHYO RUHIROSE, *op. cit.*, p. 133

23 juin 2000 entre l'Union européenne et 71 Etats de la zone économique ACP[38].

Les Etats africains en général et de la Région des Grands-Lacs en particulier sont appelés à améliorer leur capacité en vue d'accéder à un partenariat économique égalitaire. Plus question de préférence, de financement ou de subvention. Dans cette perspective, l'Union européenne avec les régions d'Afrique, des Caraïbes et du Pacifique ont conclu l'Accord de Partenariat Économique (APE), accord de libre-échange devant remplacer les conventions successives de Lomé et de Cotonou qui leur accordaient des préférences non réciproques.

Le premier objectif des APE est de rendre le régime commercial UE-ACP compatible avec les règles de l'OMC, notamment l'article XXIV du GATT qui organise les accords commerciaux régionaux (ACR)[39]. Il appert que certains Etats de cet ensemble s'avouent jusqu'ici incapables d'intégrer le nouvel accord paritaire.

De toute façon, la Convention de Cotonou étant arrivée à terme avec l'atteinte de l'horizon 2020, le changement de paradigme dans les relations entre l'UE et les ACP auxquels fait partie la RDC est rendue inévitable. Tous les pays ACP dont la RDC, sont engagés depuis de nombreuses années dans des négociations avec l'Union Européenne pour la conclusion d'APE (Accords de Partenariat Economique). Pour rappel, ces accords se substitueront à l'ancienne Convention de Cotonou, elle-même héritière de la Convention de Lomé, qui, n'étant pas réciproque, contrevenait aux règles de l'OMC. Les APE, quant à eux, sont des accords de libre-échange réciproques[40].

Derrière ce corridor, les pays de la région ont aussi bénéficié de ces avantages. Leurs produits agricoles et miniers jouissaient de mesures favorables au sein de l'Union européenne. L'impulsion économique,

---

[38] Patricia ROSIAK, *Les transformations du droit international économique. Les Etats et la société civile face à la mondialisation économique*, collection Logiques juridiques, L'Harmattan, Paris, 2003, p. 164

[39] Cheikh TIDIANE DIEYE, *op. cit.*, pp. 4-5

[40] Ministère du Commerce, petites et moyennes entreprises de la République Démocratique du Congo, *op. cit.*, p. 45

le maximum d'efforts de gouvernance fera en sorte que les Etats de la région deviennent de véritables partenaires économiques des grandes puissances. Au niveau bilatéral, chaque Etat de l'ACP négocie son Accord de partenariat économique couvrant les biens et services avec l'Union européenne.

Nous lirons dans le second chapitre en quoi les préférences que les Etats appartenant à une même zone s'accordent, ont une incidence sur la conflictualité dans le commerce bilatéral et multilatéral. Pour ce faire, les accords régionaux jouent un rôle pertinent.

**Tableau 1 : Cycles de négociations vers l'OMC**

| CYCLES | DATES | DECISIONS |
|---|---|---|
| 1e cycle : Genève | Oct. 1947 | 104 accords de réduction des droits de douane |
| 2e cycle : Annecy | Avril - août 1949 | 147 accords de réduction des droits de douane |
| 3e cycle : Torquay | Septembre 1950 - avril 195 | Réduction des droits de douane de 25 % par rapport au niveau de 1948 (une centaine d'accords) |
| 4e cycle : Genève | Janvier - mai 1956 | Réduction des droits de douane (environ 60 concessions tarifaires) |
| 5e cycle : Dillon Round | Septembre 1960 - juillet 1962 | 49 accords bilatéraux de réduction des droits de douane |
| 6e cycle : Kennedy Round | Mai 1964 - juin 1967 | Réduction des droits de douane de 35 % Mesures anti-dumping |
| 7e cycle : Tokyo (ou Nixon) Round | Septembre 1973 - avril 1979 | Baisse des protections tarifaires de 34 % Mesures non tarifaires Mise au point des codes anti-dumping |
| 8e cycle : Uruguay Round | Septembre 1986 - avril 1994 | Réduction des droits de douane, Mesures non tarifaires, Agriculture, Services, Droits de propriété intellectuelle, Préférences commerciales pour les pays en développement et Création de l'OMC |
| 9e cycle : Doha Round | Nov. 2001 à nos jours | Amélioration de l'accès aux marchés des pays riches en faveurdes produits agricoles des pays en développement. |

[41]

[41] Adrien BRONDEL, *Sécurité alimentaire et agriculture dans les accords de libre-échange de l'Union européenne avec les pays du sud, partie 1 : contexte et panorama des accords de libre-échange*, Paris, mai 2010, p. 35

Ce tableau comporte trois colonnes qui présentent respectivement par ordre chronologique les cycles, lieux, dates et décisions prises dans le processus de création de l'OMC

**Paragraphe II. Accords régionaux sur le commerce**

L'article XXIV §4 du GATT de 1994 reconnaît l'existence des accords régionaux matérialisés en la constitution d'une zone de libre-échange ou d'une union douanière si et seulement si l'une ou l'autre a « pour objet de faciliter le commerce entre les territoires constitutifs et non d'opposer des obstacles au commerce avec d'autres parties contractantes avec ces territoires »[42]. Etant une dérogation au principe de la clause de la nation la plus favorisée promue dans les relations commerciales internationales, cette disposition est notamment acceptée dans le cadre de l'OMC.

Le contexte de conflit (crise) prévalant dans la Région des Grands-Lacs a fait en sorte que les préoccupations d'ordre commercial fassent l'objet non seulement des accords spécifiques sur le commerce, mais aussi des accords de paix. Les initiateurs des mécanismes de paix, les Etats et les Organisations internationales, ont compris pertinemment bien que la restauration de la qualité de la paix dépend à bien d'égards du commerce transfrontalier.

Etant des ensembles régionaux auxquels appartiennent des Etats indistinctement et de manière tous azimuts, les CER jouent le rôle moteur pour une intégration accélérée du continent africain. Il en découle que des accords sur le commerce adoptés au sein de ces communautés soient pléthoriques et légion. C'est pourquoi, dans le cadre de cet ouvrage, le choix pédagogique consiste à présenter des projets d'intégration d'envergure continentale (A). Comme il est question de la Région des Grands-Lacs, il s'avère important d'étaler les principaux accords et déclarations à incidence économique (B) tels qu'adoptés dans la région sous examen.

---

[42] Patricia ROSIAK, *op. cit.*, p. 160

### A. Accords spécifiquement commerciaux à l'échelle continentale

Depuis l'accession à l'indépendance des Etats africains en général et ceux des Grands-Lacs en particulier, plusieurs accords ont été signés et ratifiés. Les exigences de simplification de la compréhension nous amène à ne pas se focaliser sur l'analyse des accords commerciaux spécifiques à la Région des Grands-Lacs au motif que plusieurs CER chevauchent les pays de cette Région.

**Figure 1 : Pyramide de construction de la CEA**

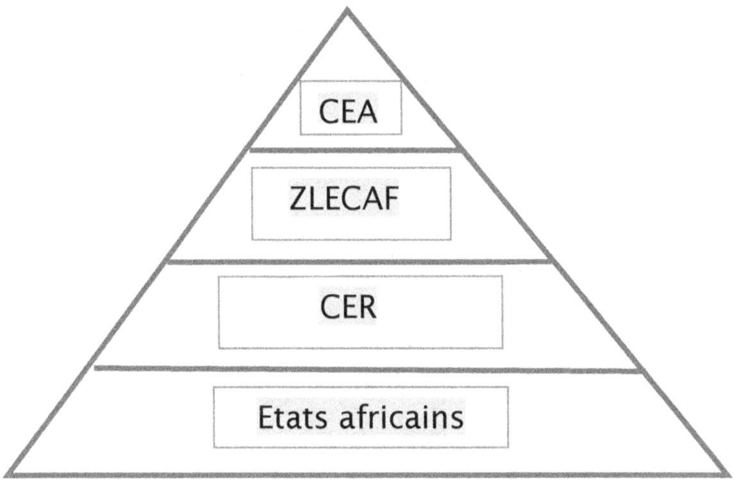


Cette pyramide illustre les différents niveaux de construction de la Communauté économique africaine : la base est occupée par des Etats africains qui sont regroupées en communautés économiques régionales sur base de la contiguïté géographique. Les CER ont coordonné leurs actions en vue de la mise en œuvre de la ZLECAF. Le succès de celle-ci permettra de déboucher sur une Communauté économique.

Donc, il y a lieu de se concentrer sur des projets continentaux dont la Région des Grands-Lacs constitue un sous-ensemble. Le contenu essentiel de ces accords ne s'attelle qu'à proposer un programme, un agenda de construction économique partant de la Zone de libre-échange à l'intégration politique et économique du continent entier avec la mise en place de la Communauté économique africaine d'ici l'horizon 2063.

### *1. La Zone de libre-échange continentale africaine, solution ou échec ?*

Historiquement, l'idée d'une intégration économique poussée dont la ZLECAF marque une étape n'est pas récente. Elle est l'œuvre des pères fondateurs de l'Unité africaine lors de la Conférence des Peuples africains tenue du 5 au 13 décembre 1958 à Accra. A l'issue de ladite conférence, fut adoptée la résolution n°2 qui détermine pour la première fois et de manière claire le principe d'une intégration du continent par étapes et divise l'Afrique en plusieurs régions[43]. Telle fut la conception du Groupe de Monrovia face à celui de Casablanca qui prônait un continentalisme immédiat.

Trois ans plus tard, la résolution CM/Res. 5 (I) relative aux groupements régionaux, adoptée par le Conseil des ministres de l'OUA lors de sa première session ordinaire tenue à Dakar du 2 au 11 août 1963, précisa les critères du régionalisme africain, à savoir :

- La contiguïté géographique ;
- L'existence des affinités économiques, sociales, et culturelles au niveau de la région ;
- La généralité des compétences en matière économique, sociale et culturelle au niveau de la région.
- La conformité à la Charte de l'OUA dans la lettre et dans l'esprit, c'est-à-dire l'idéal de l'intégration et de l'unité panafricaine[44] ;

[43] Oswald NDESHYO RUHIROSE, *op. cit.*, pp. 172-173
[44] *Idem*, p. 173

**Figure 2 : Les Communautés économiques régionales**

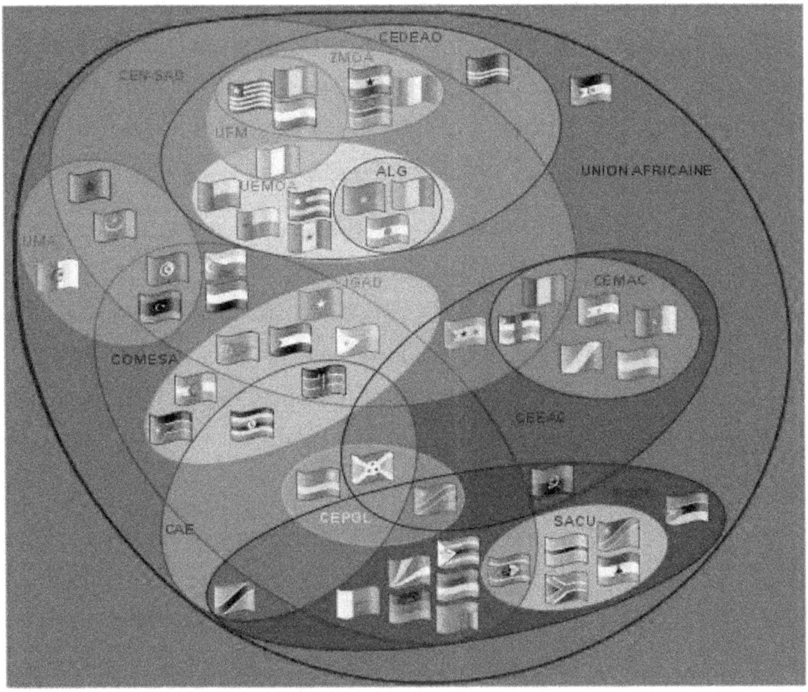


Source : Wikipédia

Ainsi, c'est sur base de ces critères que sont formées les CER dans les cinq régions qui composent l'Afrique parmi lesquelles ne se compte pas la Région des Grands-Lacs. Cette Région est transversale à plusieurs CER. Il s'agit d'un critère spécifiquement géographique plutôt que politique.

L'on observe un chevauchement d'organisations sous-régionales en forme concentrique auxquelles les Etats de la région ont adhéré tous azimuts. Par exemple, la RDC est membre de la CEPGL au même titre que le Rwanda. Par contre, l'Ouganda n'y est pas. L'Ouganda et le Rwanda sont tous deux au sein de la CAE alors que la RDC vient à peine d'exprimer sa volonté d'adhésion. Tous les trois (RDC, Rwanda et Ouganda) sont membres du COMESA.

Bela Balassa jouissant de l'autorité scientifique sur l'énumération du criterium relatif aux étapes de l'intégration économique, cite la zone de libre-échange, l'Union douanière, le marché commun, l'Union économique et l'intégration économique parfaite[45]. Trente ans après la signature du Traité d'Abuja, les Etats africains ont constamment en tête les préoccupations sur les négociations à entamer afin de franchir au moins l'une des grandes étapes de l'intégration régionale telle qu'envisagée par des pères fondateurs panafricanistes[46].

Il y a lieu d'admettre sans ambages que « les Communautés économiques régionales africaines ont progressé à un rythme inégal sur la voie de l'intégration et de la consolidation régionales, et la Zone de libre-échange continentale africaine est l'occasion de réduire les droits de douane et les coûts du commerce entre ces communautés »[47]. C'est un pas de géant augurant de l'espoir de croire à la finalisation d'une intégration régionale continentale.

L'article XXIV 8 b du GATT définit la zone de libre-échange comme « des groupes de deux ou plusieurs territoires douaniers entre lesquels les droits de douane et les autres règlementations commerciales restrictives sont éliminées pour l'essentiel des échanges commerciaux portant sur des produits originaires des territoires constitutifs »[48].

Ouvert à la signature et ratification, le traité constitutif de la ZLECAF est déjà entré en vigueur. Il constitue un outil de suppression des barrières tarifaires entre les Etats africains quelle que soit la zone économique ou la CER à laquelle appartient les uns et les autres. C'est le cas en particulier de la décision d'accélérer la construction de la ZLECAF par la création de la ZLE tripartite entre le COMESA, la CAE et la SADC comme première étape. Dans le second chapitre, est effectuée sur base des statistiques du commerce extérieur une analyse

---

[45] Oswald NDESHYO RUHIROSE, *op. cit.*,pp. 191-192
[46] Conférence des Nations Unies sur le Commerce et le Développement, *op. cit.*, p. 5
[47] *Idem*, p. 6
[48] Patrick DAILLIER et al., *op. cit.*, p. 1253

de la situation de la RDC au regard des échanges avec ses voisins orientaux de la Région des Grands-Lacs.

Il est fort regrettable que le processus de l'intégration en Afrique ne respecte pas à la rigueur les échéances fixées. Considérant les indicateurs économiques généralement au rouge pour la plupart d'Etats africains, l'heure n'est plus à consacrer à la récitation des litanies normatives et institutionnelles, mais plutôt aux actions concrètes et pragmatiques.

Le cycle des négociations relatives à la Zone de libre-échange continentale africaine est arrivé à son terme avec la signature de 54 Etats africains. L'article 23 du traité dispose : « Le présent Accord et les Protocoles sur le commerce des marchandises, le commerce des services, les règles et procédures relatives au règlement des différends entrent en vigueur trente (30) jours après le dépôt du vingt-deuxième (22ème) instrument de ratification ». Il est déjà entré en vigueur à l'égard des Etats ratificateurs.

L'accord portant création de la ZLECAF entra en vigueur le 30 mai 2019 suite à sa ratification par 22 Etats africains sur un total de 54 signataires dont la RDC représentée par son ministre des affaires étrangères. Etant donné qu'il ne s'agit pas d'un accord en forme simplifiée entrant directement en vigueur par la signature du plénipotentiaire, sa ratification par le Président de la République s'impose[49].

Conformément à l'article 214 alinéa 1er de la Constitution de la République Démocratique du Congo, les traités de commerce figure parmi des matières dont la ratification est conditionnée par le vote au parlement d'une loi d'autorisation de la ratification[50]. Joseph Kazadi souligne dans sa thèse : « La catégorie des traités de commerce vise à

---

[49] Patrick DAILLIER et al., *op. cit.*, pp. 152-159

[50] L'article 214 alinéa 1er dispose en ces termes : « *Les traités de paix,* ***les traités de commerce****, les traités et accords relatifs aux organisations internationales et au règlement des conflits internationaux, ceux qui engagent les finances publiques, ceux qui modifient les dispositions législatives, ceux qui sont relatifs à l'état des personnes, ceux qui comportent échange et adjonction de territoire ne peuvent être ratifiés ou approuvés qu'en vertu d'une loi* »

protéger la compétence douanière du Parlement et que ceux-ci se définissent comme traités relatifs aux tarifs douaniers pour les importations… »[51].

Il s'ensuit qu'en date du 22 janvier 2021, l'Assemblée nationale de la RDC a adopté le projet de loi autorisant la ratification par la RDC de l'accord portant création de la ZLECAF. Sur 340 députés présents, 330 ont voté pour, 8 contre et 2 abstentions. D'après le ministre du commerce extérieur soutenant ledit projet, « la ZLECAF ambitionne de faire de l'Afrique le plus grand marché unique du monde. Selon les projections de la commission économique de l'UA, la mise en œuvre de la ZLECAF facilitera le développement des échanges commerciaux entre Africains, la hausse des salaires réels des travailleurs et la transformation de l'Afrique »[52]. Par la suite, ledit projet est envoyé au Sénat pour une seconde lecture. Malgré les critiques assaillantes provenant de tout bord, la loi n°02/002 du 14 avril 2021 autorisant la ratification par la RDC de l'Accord portant création de la ZLECAF fut promulguée et publiée au Journal Officiel du 1er mai 2021.

Ce projet ambitieux défrayant la chronique constitue un tournant décisif en vertu duquel l'Afrique détient la plume d'or pour écrire une nouvelle page de son histoire en perspective de l'Agenda 2063. Par ailleurs, le véritable défi réside dans certains aspects pratiques de l'implémentation de la zone tels que le détail des négociations, des arrangements particuliers ainsi que la résolution des difficultés que posera la mise en œuvre de la Zone[53], principalement sous l'angle des avantages comparatifs en faveur des Etats.

Les hésitations et les peurs hantent les esprits des dirigeants africains sur les avantages comparatifs qu'apporte l'adhésion à la ZLECAF. Une économie nationale dominée par une balance

---

[51] Joseph KAZADI MPIANA, *La position du droit international dans l'ordre juridique congolais et l'application de ses normes*, thèse, Université Sapienza Universita di Roma, année académique 2011-2012, p.110

[52] Compte Facebook du ministère du commerce extérieur

[53] Conférence des Nations Unies sur le Commerce et le Développement, *op. cit.*, p.11

commerciale déficitaire dans le rapport import-export est encline à la réserve.

De l'avis des experts, la Zone de libre-échange continentale africaine pourra être porteuse de nombreux avantages, mais ceux-ci ne sont pas automatiques. L'un de ses principaux objectifs est de favoriser le commerce intra-africain[54] représentant seulement 15 % du commerce en Afrique face à 70 % du commerce intra-européen. Toutefois, ce n'est pas une panacée aux problèmes qui handicapent le commerce intra-africain. Avant qu'un Etat s'engage, il est appelé à évaluer les trois grandes catégories d'obstacles au commerce intra-africain :

**1^er^ obstacle** : Le manque de capacités productives et le déficit de diversification économique, qui restreignent la gamme de biens intermédiaires et finaux commercialisables et qui peuvent compromettre le développement des chaînes de valeur régionales. La RDC, avec une capacité productive réduite et une industrie nonchalante en raison des guerres et de la mauvaise gouvernance, sera de plus en plus une aubaine pour les grands exportateurs au sein de la ZLECAF en leur offrant un marché de consommation à la hauteur d'un sous-continent. La différence d'avec les pays développés est que ceux-ci peuvent rendre élastiques leurs ressources grâce à des industries de base, des cadres scientifiques et techniques dont ils disposent, créant la flexibilité d'adaptation à une nouvelle demande internationale[55].

**2^ème^ obstacle** : Les coûts commerciaux liés aux droits de douane sont associés à la lenteur d'application des engagements tarifaires à la base des accords de libre-échange. A défaut de la diversification de l'économie congolaise, les revenus miniers, fiscaux, parafiscaux et

---

54 *Idem*, p. 31

55 TSHIUNZA MBIYE, « Fonds de stabilisation des changes et d'égalisation des budgets, diversification économique comme gage de stabilité de la monnaie zaïroise », in *Cahiers économiques et sociaux (IRES)*, volume XV, n°3, septembre 1977, p. 308

douaniers s'entichent une part largement majoritaire du Budget de l'Etat;

**3ème obstacle** : Les coûts commerciaux non tarifaires freinent la compétitivité des entreprises et des économies africaines. Les coûts commerciaux élevés, liés à l'activité des entreprises et à la facilitation du commerce, peuvent s'expliquer par le manque d'infrastructures matérielles et immatérielles, qui influe sur les coûts de transport et de transit ainsi que sur les coûts intérieurs et à la frontière[56]. La construction, la réhabilitation des infrastructures de transport et de l'énergie ainsi que les subventions publiques aux investissements nationaux demeurent un palliatif à ce défi. Il convient de rappeler que la ZLECAF ne constitue qu'une étape dans la construction de la Communauté économique africaine, projet perçu comme ambitieux pour l'Afrique.

**Tableau 2 : Part du commerce africain dans le monde**

| Part du commerce africain dans le monde (en milliards de dollars US et en pourcentage) | | | | | |
|---|---|---|---|---|---|
| Année | 2013 | 2015 | 2017 | 2018 | 2019 |
| Importation | 640.57 (3,4) | 554.57 (3,3) | 515.87 (2,9) | 576.14 (2,9) | 569.05 (3,0) |
| Exportation | 590,75 (3,1) | 391,83 (2,4) | 423.88 (2,4) | 484.16 (2,5) | 462.17 (2,4) |

Source : Base de données de l'OMC cité par Union africaine, *Statistiques du commerce international africain*, Annuaire 2020, Août 2020, p. 24

[56] Conférence des Nations Unies sur le Commerce et le Développement, *op. cit.*, p. 32

**Tableau 3 : Importation et exportation de la R. D. Congo au sein de l'Union africaine**

| R. D. Congo, 20ème grand importateur et 10ème grand exportateur de l'Union africaine (en millions de dollars américains et en pourcentage | | | | | |
|---|---|---|---|---|---|
| Année | 2013 | 2015 | 2017 | 2018 | 2019 |
| Importation | 12.279 (2,0) | 49.907 (8,4) | 4160.9 (0,8) | 5587.7 (1,0) | 6843.2 (1,2) |
| Exportation | 7701.8 (1,3) | 10.230.5 (2,5) | 11.750.3 (2,7) | 18.989.3 (3,9) | 13.133.8 (2,8) |

Source : base de données Africatrade citée par Union africaine, *op. cit.*, pp. 20-21

En prévision du début de fonctionnement de la ZLECAF à partir du 10 juillet 2020, l'heure était à la mise en place des organes politiques, administratifs et techniques : la Conférence, le Conseil des ministres, le Comité des hauts fonctionnaires du commerce et le Secrétariat. L'élection du Secrétaire général de la Zone a une incidence positive sur la maîtrise des orientations politiques et structurelles qu'un Etat membre pourrait prendre au cas où son national occupe ce poste en dépit du caractère indépendant du fonctionnaire international. Suzanne Basdevant pense qu'« est fonctionnaire international, tout individu chargé par les représentants de plusieurs Etats ou par un organisme agissant en leur nom, à la suite d'un accord inter-étatique et sous le contrôle des uns ou de l'autre, d'exercer, en étant soumis à des règles spéciales, d'une façon continue et exclusive, des fonctions dans l'intérêt de l'ensemble des Etats en question »[57].

[57] Suzanne BASDEVANT, *Les fonctionnaires internationaux*, Sirey, Paris, 1931, p.53, cité par Mario BETTATI, *« Article 97 »*, in Jean-Pierre COT, Alain PELLET

Le Secrétaire général, à l'instar de tout autre chef de la fonction publique internationale au sein d'une Organisation internationale, est investi de plusieurs compétences en vertu du dédoublement fonctionnel. En tant qu'autorité politico-administrative, il mène la diplomatie auprès des gouvernements des Etats membres. Il n'a rien d'un super-ministre des Affaires étrangères : il ne peut se mettre en opposition avec les Gouvernements, mais ne peut que tenter d'exprimer ce qui serait le commun dénominateur des politiques nationales[58], le Secrétariat occupe une position unique, en ce sens qu'il ne représente évidemment aucun pays.

L'article 13 alinéa 1er de l'Accord portant création de la ZLECAF dispose : « La Conférence crée le Secrétariat, décide de sa nature, de sa localisation et approuve sa structure ainsi que son budget ». C'est en marge du 33ème sommet des Chefs d'Etats et des Gouvernements de l'Union africaine que le premier secrétaire général a été élu, plus précisément le 9 février 2020. Après le passage au crible, trois candidatures ont survécu peu avant de se confronter : le sud-africain Wamkele Mene, la nigériane Cecilia Akintomide et le congolais Faustin Mukela Luanga. Tous sont dotés d'un background solide et incontestable, toutefois cela ne suffit pas.

L'Afrique du Sud a joui de la prédilection de la majorité des Etats membres. Ce choix tel quel serait subséquent à un certain nombre de facteurs entre autres le poids économique, l'influence diplomatique et la réputation de bonne gouvernance. Ce sont-là des éléments devant soutenir et accompagner le lobbying auprès de l'électorat.

Il y a lieu de tirer une leçon de cet échec : Avant d'avoir le contrôle sur la gestion des organes d'une Organisation internationale, il importe

---

et Mathias FORTEAU, *La Charte des Nations Unies : commentaire article par article, 3è éd., Tome II, Paris, Economica, 2005,* pp. 2026-2027; Jean SALMON (dir), *Dictionnaire de droit international public*, Bruxelles, Bruylant, 2001, p.508. Cet auteur définit le fonctionnaire international comme : Personne chargée, en vertu d'un accord entre Etats ou par une organisation internationale d'exercer pour leur compte et sous leur contrôle, sur une base statutaire, une activité d'intérêt international d'une durée déterminée ou indéterminée

[58] Michel VIRALLY, « Le testament politique de Dag Hammarskjöld », in *Annuaire Français du Droit International*, volume 7, 1961, pp. 366 et 372

de remplir ces conditions sus évoquées. De ces trois Etats, la RDC occupe la troisième marche du gradin. Le « gentlemen agreement » appliqué aux Nations Unies selon lequel le Secrétaire général des Nations Unies devrait être ressortissant d'un Etat moins influent pour un équilibre de forces entre les grandes puissances, n'est pas toujours observé, ni suivi dans toutes les Organisations internationales. Il conviendrait d'admettre avec sincérité que l'apport de la RDC dans le cadre de la ZLECAF est moindre et, à sens unique, bénéfique aux Etats les plus industrialisés du continent. Notre pays offre au marché un grand nombre de consommateurs alors qu'il ne contribue pas à la chaîne des valeurs de par sa production non encore diversifiée.

Initialement prévue le 10 juillet 2020, l'entrée en vigueur de la ZLECAF est intervenue le 1er janvier 2021 à cause de la pandémie de la Covid-19. Cette décision d'ajournement fut adoptée à l'issue de la 13ème session de la Conférence des Chefs d'Etat et de Gouvernement de l'Union africaine tenue par visioconférence sous la présidence de la République Sud-africaine.

Eu égard à ce qui précède, il n'y a pas lieu de parier sur un possible échec de fonctionnement de la ZLECAF. Seul le non-respect du timing pourrait laisser présager l'indice de la défaillance. Plus de temps à perdre, pas de retard à accumuler. Toutefois, les intérêts nationaux requièrent des Etats de la circonspection avant tout engagement. Dans la même veine, Paul Krugman et Maurice Obstfeld soutiennent : « le libre-échange est assurément un choix politique qui permet d'accroître le revenu global »[59]. En définitive, les responsables du pays peuvent décider autrement. En l'état actuel de la RDC, les indicateurs révèlent qu'elle n'est pas encore prête à emprunter cette voie.

[59] Paul KRUGMAN et Maurice OBSTFELD, *op. cit.*, p. 68

**Carte 3 : Les Etats ayant signé et/ou ratifié l'Accord portant création de la Zone de Libre-échange Continentale Africaine**

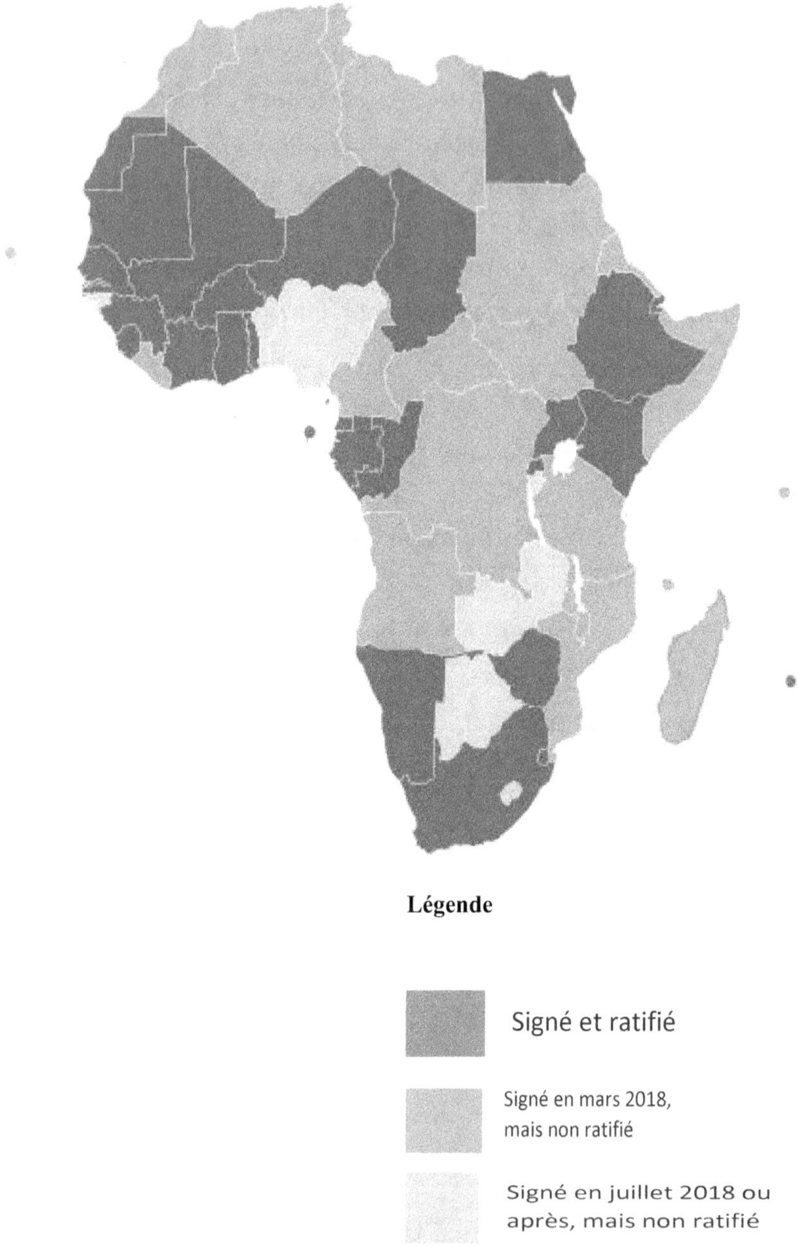


Source: Wikipédia

## *2. La Communauté économique africaine*

De par l'expérience, la multiplication tous azimuts des accords régionaux en vigueur sur le continent africain ne rend pas toujours aisée la poursuite cohérente de l'agenda de l'intégration régionale et continentale. De l'avis de la majorité d'acteurs du continent africain (Etats, Organisations internationales, entrepreneurs, société civile), les pays africains sont obligés à transformer leurs petites économies fragmentées en un ensemble économique structuré et cohérent dans l'optique de faire face aux contraintes que génère la mondialisation et pour en saisir les opportunités. D'où, la création des Communautés économiques régionales (CER) au sein des régions africaines a eu pour objectif de construire la charpente institutionnelle de l'intégration et d'organiser la mutualisation des ressources et des projets[60].

Certains esprits sceptiques doutent de l'existence du droit communautaire économique africain qui est défini de manière extensive et matérielle comme « l'ensemble des normes relatives aux échanges interafricains, la suppression des barrières douanières, entraves tarifaires et non tarifaires, les tarifs intérieur et extérieur commun, la libre circulation des biens, des marchandises, des services, des capitaux, le droit de résidence et d'établissement. Il s'étend même aux normes communautaires régissant la coopération économique, sociale et technique interafricaine dans les domaines économique et social. En cela sont compris les ressources humaines africaines, la science et la technologie, la production alimentaire et l'industrie, les transports et communications, les ressources naturelles, l'emploi, la protection de l'environnement pour le développement, la planification du développement, le financement, les mesures concernant les pays les moins avancés, l'énergie, les femmes et développement, les statistiques de la population »[61]. Le soubassement de cette définition

[60] Cheikh TIDIANE DIEYE, *op. cit.*, pp. 1-2

[61] Plan d'action de Lagos pour le développement économique de l'Afrique, OUA, 1985 cité par Oswald NDESHYO RURIHOSE (dir), *Manuel de droit communautaire africain*, pp. 82-83

plus ou moins kilométrique résulte du fait que la Communauté africaine est transversale à tous les aspects de la vie sociale, un cap vers l'union politique et économique.

La Communauté Economique Africaine fut instituée par l'accord d'Abuja en 1991. Il proposait aux Etats du continent un agenda de construction de l'intégration par étape. Certains émettent des critiques négatives sur l'échec et la nonchalance de cette intégration économique africaine tandis que d'autres demeurent optimistes quant à ce.

Cet accord reconnaît conformément au Plan d'action de Lagos, le rôle de premier plan que doivent jouer les Communautés économiques régionales pour parvenir après un certain temps à l'intégration continentale structurée en six étapes que l'on pourrait résumer de la manière suivante :

**1ère étape** : renforcement du cadre institutionnel des CER et création de nouvelles là où il n'y en a pas (en 5 ans) ;

**2ème étape** : stabilisation, puis élimination des barrières tarifaires et non- tarifaires dans chaque CER, intégration sectorielle à travers les régions et le continent (en 8 ans) ;

**3ème étape** : Mise en place d'une zone de libre échange et d'une union douanière pourvue d'un tarif extérieur commun au niveau de chaque CER (en 10 ans) ;

**4ème étape** : Coordination et harmonisation des systèmes tarifaires et non-tarifaires entre les différentes CER en vue de la formation d'une union douanière continentale dotée d'un tarif extérieur commun (en 2 ans);

**5ème étape** : Etablissement d'un marché commun par l'adoption de politiques communes par secteur (agriculture, énergie, recherche scientifique,...) et la promotion de la libre circulation des personnes et des capitaux (en 4 ans) ;

**6ème étape** : renforcement du marché commun devant aboutir à l'union économique et monétaire et à l'élection des membres du Parlement africain au suffrage universel direct (en 5 ans)[62].

Pour faire renaître de ses cendres l'ambitieux agenda de la Communauté Economique Africaine, une décision capitale consistant en une feuille de route fut adoptée lors du Sommet des Chefs d'État et de Gouvernement de l'Union africaine tenu en juillet 2012 à Addis-Abeba. Ladite feuille de route retrace les trois étapes pour atteindre la CEA:

**1ère étape** : création d'une zone de libre-échange à l'échelle continentale à l'horizon 2017 ;

**2ème étape** : création du marché commun africain au plus tard en 2023 ;

**3ème étape** : la matérialisation de la Communauté Economique Africaine.

Comparativement aux six étapes contenues en l'article 6 du Traité d'Abuja, cette feuille de route a la particularité d'avoir déterminé avec précision le chronogramme (deadline). Pour ce faire, ils ont décidé qu'une commission de haut niveau composée des présidents de chacune des Communautés économiques régionales (CER) et de celui de la Commission de l'UA soit mise sur pied. Il lui fut attribué comme rôle d'accélérer le processus de suppression des barrières commerciales aussi bien au niveau des régions que du continent, de se pencher sur l'ensemble des obstacles, en veillant au respect de la mise en œuvre de la feuille de route et de proposer des solutions aux problèmes identifiés. Cette commission se réunira deux fois par an. Malgré la tardiveté dans le processus d'intégration africaine, la ZLECAF constitue une étape de réalisation de cet agenda économique.

[62] Article 6 du Traité instituant la Communauté Economique Africaine, adopté le 3 juin 1991 à Abuja, au Nigéria

## Tableau 4 : Etapes de construction de la CEA

| ape | nombre d'années | Date | Phase | Procédure | Niveau |
|---|---|---|---|---|---|
| | 5 | 1994-98 | Avant la zone de libre-échange | CER, renforcement des organes existants et création de nouveaux organes | Intra-CER |
| | 8 | 1999-2006 | Zone de libre-échange | Barrières tarifaires, stabilisation et suppression du calendrier | Intra-CER |
| | | | Zone de libre-échange | Barrières non-tarifaires, stabilisation et suppression du calendrier | Intra-CER |
| | | | Union douanière | | |
| | 10 | 2007-2016 | Zone de libre-échange | Barrières tarifaires, suppression progressive | Intra-CER |
| | | | Zone de libre-échange | Barrières non-tarifaires, suppression progressive | Intra-CER |
| | 2 | 2017-2018 | Zone de libre-échange/Union douanière | Barrières tarifaires, coordination et harmonisation | Intra-CER |
| | | | | Barrières non-tarifaires, coordination et harmonisation | Intra-CER |
| | | | Zone de libre-échange/Union | Tarif extérieur commun, adoption | |
| | 4 | 2019-2022 | Marché commun | Secteur, adoption de politique commune | Intra-CER |
| | | | Marché commun | Harmonisation de politique: monétaire, fiscale et financière | Intra-CER |
| | 5 | 2023-2027 | Marché commun, Afrique | Structure, consolidation et renforcement | CEA |
| | | | Marché commun | Intégration du secteur: économique, politique, sociale et culturelle | CEA |
| | | | Marché commun, unique | Établissement, étape initiale | CEA |
| | | | | Établissement, étape initiale | CEA |
| | | | Union économique et monétaire, Panafricaine. | Établissement, étape initiale | CEA |
| | | | Union économique et monétaire, Panafricaine | Établissement, étape initiale | CEA |
| | | | | Établissement, étape initiale | CEA |
| | | | Union monétaire africaine | Création finale | CEA |
| | | | | Établissement et élection, étape finale | CEA |
| | | | Banque centrale africaine unique | Harmonisation et coordination, étape finale | Intra-CER |
| | | | Monnaie africaine unique | Établissement de structures dans tous les secteurs, étape finale | CEA |
| | | | Parlement panafricain | Établissement de structures, étape finale | CEA |
| | | | Communautés économiques régionales | | |
| | | | Entreprises multinationales africaines | | |
| | | | Organes exécutifs de la CAE | | |

Source: Traité instituant la communauté économique africaine, Abuja, 1991

Il est récurrent de constater que la préoccupation économique dans son volet commercial figure dans la quasi-totalité des instruments juridiques internationaux adoptés dans le cadre des initiatives de paix au sein de la CIRGL.

## B. Autres instruments internationaux à incidence économique dans la Région des Grands-Lacs

Une bonne part d'initiatives de paix pour la Région, formalisées en accords et déclarations, contient des clauses sur le développement économique en général et du commerce en particulier. De ces accords et déclarations, nous retenons à titre indicatif la déclaration de Dar-es-Salaam, le Pacte de Nairobi et l'Accord-cadre d'Addis-Abeba. Ces trois instruments constituent le socle même de la CIRGL.

### *1. Déclaration de Dar-es-Salaam sur la paix, la sécurité, la démocratie et le développement dans la Région des Grands-Lacs*

N'étant pas un véritable accord au vrai sens du mot, la Déclaration de Dar-es-Salaam n'est qu'une déclaration, c'est-à-dire un acte unilatéral d'un ensemble d'Etats réunis au sein ou sous les auspices d'une Organisation internationale. Non seulement est-elle à l'origine de la création de la CIRGL avec le Pacte de Nairobi, mais aussi elle contient des clauses se rapportant aux aspects économiques et de gouvernance. Rigobert Minani, spécialiste de la Région des Grands-Lacs soutient qu'elle est considérée comme le principal document d'orientation du pacte de stabilité de 2006[63]. Elle fut signée par neuf personnalités dont le Secrétaire général des Nations Unies, le Président de la Commission de l'Union africaine, les Présidents d'Afrique du Sud, du Malawi, de la Namibie, du Zimbabwe, le Premier-ministre du Gabon, le Président en exercice de l'Union africaine et le Président du Nigeria. La CIRGL en constitue le cadre de mise en œuvre.

La Conférence Internationale sur la Région des Grands-Lacs (CIRGL) est une organisation intergouvernementale des pays africains de la Région des Grands-Lacs. Au départ une simple conférence, elle s'est institutionnalisée avec la création des organes de gestion et

---

[63] Robert MINANI BIHUZO, *Du Pacte de stabilité de Nairobi à l'acte d'engagement de Goma : enjeux et défis du processus de paix en RDC*, éd. CEPAS/RODHECIC, Kinshasa, 2008, p. 27

d'administration. Son histoire commence en 2000 lorsque le Conseil de Sécurité des Nations Unies, tel qu'il est mentionné dans ses résolutions 1291 et 1304, a exigé une conférence internationale sur la paix, la sécurité, la démocratie et le développement dans cette Région. Plus tard, au cours de cette année-là, le Secrétariat de la Conférence internationale est mis en place à Nairobi au Kenya, sous l'égide de l'Organisation des Nations Unies et de l'Union Africaine. Le Secrétariat exécutif de la CIRGL a célébré son inauguration en mai 2007 à son siège de Bujumbura au Burundi. Sa responsabilité est de coordonner, de faciliter, de surveiller et d'assurer ainsi la mise en œuvre du Pacte de Nairobi pour réaliser l'objectif de paix, de sécurité, de stabilité politique et de développement dans la Région des Grands Lacs. L'organisation est constituée de douze États membres, à savoir: l'Angola, le Burundi, la République Centrafricaine, la République du Congo, la République Démocratique du Congo, le Kenya, l'Ouganda, le Rwanda, la République du Soudan du Sud, le Soudan, la Tanzanie et la Zambie[64].

Initiée au départ en 2003 sous la dénomination de la Conférence pour la paix et la sécurité pour la Région des Grands Lacs (CPSRGL), la CIRGL a pris corps avec l'avènement de deux instruments juridiques internationaux : la Déclaration de Dar-es-Salaam sur la paix, la sécurité, la démocratie et le développement dans la Région des Grands Lacs et le Pacte sur la sécurité, la stabilité et le développement dans la Région des Grands Lacs, dit Pacte de Nairobi. Pour sa part, la Déclaration de Dar-es-Salaam contient les programmes d'action prioritaires résultant de quatre principales thématiques de la Conférence, à savoir : la sécurité, la démocratisation, l'économie et le social. Le point 45 de ladite déclaration stipule notamment la promotion de la coopération régionale dans le secteur du commerce, des politiques monétaires, de l'énergie, du transport et autres.

[64] Nations Unies, *op. cit,* p. 15

### *2. Le Pacte sur la sécurité, la stabilité et le développement dans la Région des Grands Lacs, dit Pacte de Nairobi*

Couvrant quatre domaines couplés de préoccupation que sont la paix et la sécurité, la démocratie et bonne gouvernance, le développement économique et intégration régionale et les questions sociales et humanitaires, le Pacte de Nairobi est composé de dix protocoles :

- Protocole sur la non-agression et la défense mutuelle et la résolution pacifique des conflits ;
- Protocole sur la démocratie et la bonne gouvernance ;
- Protocole sur la coopération judiciaire ;
- Protocole sur la lutte contre l'exploitation illégale des ressources naturelles ;
- Protocole sur la prévention et la répression du crime de génocide, des crimes contre l'humanité et de toutes formes de discrimination ;
- Protocole sur la zone spécifique de reconstruction et de développement ;
- Protocole sur la prévention et la répression de la violence sexuelle à l'égard des femmes et des enfants ;
- Protocole sur la protection et l'assistance aux personnes déplacées ;
- Protocole sur les droits à la propriété des rapatriés ;
- Protocole sur la gestion de l'information et de la communication.

De tous ces protocoles, celui qui intéresse le plus cette étude est le protocole sur la lutte contre l'exploitation illégale des ressources auquel tout un paragraphe du second chapitre est consacré. Le Pacte prévoit aussi les mécanismes régionaux de suivi et le Fonds spécial de reconstruction et de développement[65].

À côté de ses ambitions en matière d'intégration régionale, la CIRGL a fait ses preuves dans les règlements pacifiques des différends interétatiques entre certains de ses États membres au cours de ces dernières années. C'est le cas principalement de la rébellion du M. 23 à laquelle a fait face la RDC d'avril 2012 à novembre 2013. Pendant son existence, cette rébellion a été considérée comme une interface du conflit entre la RDC et ses deux voisins les plus immédiats à savoir le Rwanda et l'Ouganda[66].

### *3. Accord-cadre pour la paix, la sécurité et la coopération en République Démocratique du Congo et dans la Région, dit Accord-cadre d'Addis-Abeba*

Signé le 24 février 2013 dans la ville lui ayant donné son nom, l'Accord-cadre d'Addis-Abeba demeure un instrument de retour à la paix, à la stabilité et à la coopération. Vu l'extension des acteurs et d'outils (Etats signataires, garants, mécanismes), il est doté des atouts nécessaires pour ce faire.

L'Accord-cadre fut signé à Addis-Abeba en marge de l'Assemblée Générale de l'Union africaine, par neuf pays de la CIRGL qui sont la République Démocratique du Congo, le Burundi, la République Centrafricaine, la République du Congo, l'Ouganda, le Rwanda, le Soudan du Sud, la Tanzanie et la Zambie et deux de la SADC qui sont l'Afrique du Sud et l'Angola. Il a permis au Gouvernement de la République Démocratique du Congo, dans un contexte plus ponctuel et spécifique, de reprendre le contrôle de Goma, chef-lieu du Nord-Kivu et de stopper la progression des troupes rebelles du M. 23 vers le Sud-Kivu. L'Accord a également posé les bases d'une solution globale au

[65] Rigobert MINANI BIHUZO, *op. cit.*, p. 29
[66] A. KILOMBA SUMAILI, *op.cit.*, p. 206

conflit qui affecte l'Est de la RDC depuis 1996[67]. Tel est le contexte global de l'accord.

La signature de cet Accord-cadre augure de l'espoir comme il se dégage de cette réaction du Conseil de Sécurité : « Se félicitant également de la signature à Addis-Abeba, le 24 février 2013, de l'Accord-cadre pour la paix, la sécurité et la coopération en République Démocratique du Congo et dans la Région (« l'Accord-cadre »), sous les auspices de ses garants, à savoir le Secrétaire Général de l'Organisation des Nations Unies, la Présidente[68] de la Commission de l'Union africaine, le Président de la SADC et le Président de la Conférence internationale sur la Région des Grands-Lacs (CIRGL)… »[69]. Certains engagements à plusieurs degrés contractés par la RDC, les Etats de la Région et ceux de la Communauté internationale se rapportent à la réglementation du commerce transfrontalier entre les Etats de la Région.

Une analyse soutenue des différents accords de paix signés sous l'égide des CER fait identifier un conflit silencieux qui ne dit pas son nom entre les blocs d'Etats. Cyril Musila est parvenu à établir l'existence d'un conflit politico-militaire entre deux zones de la Région des Grands-Lacs : le bassin de l'Afrique de l'Est et celui de l'Afrique du Sud. Les deux représentent des facteurs économiques caractérisant cette lutte entre les deux bassins régionaux sur lesquels la RDC se trouve à cheval. L'Ituri et les deux Kivu constituent le point d'ancrage de la RDC au flanc Est vers l'Océan indien pendant que le grand Katanga s'agrippe aux ports de l'Afrique du Sud par son appartenance au bassin du sud. Les facteurs économiques de ces deux bassins sur un contexte des profits réalisés sur base de l'exploitation des ressources naturelles et du commerce entre le Kivu auquel se rattachent ses corridors régionaux

---

[67] G. GEROLD, « RD Congo: un an après l'accord-cadre d'Addis-Abeba, où en sont les reformes et la réconciliation ? », *Observatoire des Grands-Lacs en Afrique*, note n°9-2013, Décembre 2013, p. 4

[68] L'on parle du Président au féminin, car lors de la signature de cet Accord, c'est madame Koizama Zuma qui tenait les rênes de l'Union africaine en tant que chef de l'Administration de l'Organisation.

[69] Résolution 2098 (2013) du Conseil de Sécurité de l'ONU du 28 mars 2013

et le grand Katanga avec ses corridors à la traîne[70], sont au cœur de l'instabilité dans la Région.

L'on pourrait supposer que l'implication de la SADC dans la résolution de crise en RDC se justifierait par la nécessité de sauvegarder ces intérêts stratégiques face au flanc du bassin oriental. Les accords de paix ne sont pas exclusivement des résultats des négociations politiques. Ils dépendent de plusieurs paramètres, lesquels influencent les cours des négociations et leurs résultats. Le cas de la RDC démontre les deux facteurs économiques et la dimension régionale du conflit, en vertu desquels des accords de paix sont alors les résultats du Realpolitik (des intérêts des Etats dans la diplomatie) entre les différents groupes d'Etats voisins[71]. D'ailleurs, le Forum CIRGL-OCDE-Groupe d'experts des Nations Unies sur les chaînes d'approvisionnement en minerais responsables a apporté de l'éclairage sur les dimensions économiques de l'Accord pour la paix, la sécurité et la coopération et a pu constater que l'intégration économique joue un rôle dans le processus de paix[72].

Voici la présentation des engagements et actions que le Comité d'appui Technique, organe du Mécanisme Régional de suivi et de supervision de l'Accord-cadre, suit à la loupe sur base de cet Accord et de son Plan d'action :

- Les engagements à caractère politique et sécuritaire :

Ces engagement tendent à sauvegarder la souveraineté des Etats (engagement n°3) de la Région par l'interdiction d'immixtion dans les affaires intérieures des pays voisins (engagement n°1), de tolérer, ni fournir une assistance ou un soutien quelconque à des groupes armés (engagement n°2), et de respecter les préoccupations et les intérêts légitimes des pays voisins, notamment en matière de sécurité (engagement n°5).

---

[70] Cyril MUSILA, "The DRC and its Neighbourhood: The Political Economy of Peace", *Policy briefing* 109, October 2014, p. 2

[71] Cyril MUSILA, *op. cit.*, p. 4

[72] Rapport de synthèse du 6ème forum CIRGL-OCDE-Groupe d'experts des Nations Unies sur les chaînes d'approvisionnement en minerais responsables tenu à Kigali du 13 au 15 novembre 2013, p. 3

- Les engagements de coopération judiciaire :

Les Etats signataires s'offrent l'entraide judiciaire, l'extradition et la poursuite des personnes accusées d'avoir commis des crimes les plus graves, à l'exclusion des crimes d'insurrection amnistiés.

- L'engagement de coopération économique régionale :

Il ne concerne que l'engagement n°4 visant à renforcer la coopération régionale en approfondissant l'intégration économique avec un accent particulier sur l'exploitation des ressources naturelles. Dans ce sens, est intervenue l'organisation, à Kinshasa, de la conférence sur les investissements privés dans la Région des Grands-Lacs, en février 2016, dans la perspective de l'intégration économique dans ladite région.

Lors d'une réunion de haut niveau, le Mécanisme Régional de suivi avait approuvé les propositions en vue d'organiser la Conférence d'investissement sur le secteur privé dans la Région des Grands Lacs[73]. D'où, la tenue de ladite conférence à Kinshasa, du 24 au 25 février 2016[74] a constitué un évènement-clé dans les efforts tendant à promouvoir le développement économique devant soutenir la paix et la stabilité dans la Région[75].

Le quatrième engagement concernant la coopération régionale, y compris l'intégration économique avec un accent particulier sur l'exploitation des ressources naturelles, a du mal à se réaliser. D'un côté, l'enveloppe de la Banque Mondiale destinée à financer les projets et initiatives locaux demeure floue dans la répartition entre les Etats de la Région. De l'autre, en dépit du processus de certification des

[73] Communiqué de la cinquième Réunion de haut niveau du Mécanisme régional de suivi de l'Accord-cadre pour la paix, la sécurité et la coopération pour la République Démocratique du Congo et la Région, Addis-Abeba, 31 janvier 2015, p.4 ; Rapport de la douzième réunion du Comité d'appui technique de l'Accord-cadre pour la paix, la sécurité et la coopération pour la République Démocratique du Congo et la Région, Nairobi, le 14 janvier 2016, p.5

[74] Rapport de la Conférence sur les investissements du secteur privé dans la Région des Grands Lacs, les 24 et 25 février 2016 à Kinshasa, RDC

[75] Point 13 of the Status report on the implementation of the Peace, security and cooperation framework for the Democratic Republic of the Congo and the region, 14 October 2016

minerais, des réseaux bien organisés de contrebande minière dans des Etats limitrophes continuent d'organiser la fraude minière en RDC, en plus de la lenteur du processus de qualification des sites miniers en raison des opérations de neutralisation des forces négatives.

La fraude et la contrebande minières annihilent les effets positifs dont est porteuse la Covid-19 sur la montée en flèche de la demande en or. Au plus fort de la crise économique résultant de la prise des mesures publiques exceptionnelles face à la pandémie, le métal jaune continue d'assumer son rôle d'étalon.

Ainsi, le World Gold Council soutenait-il le 14 juillet 2020 : « La pandémie aura probablement un effet durable sur l'allocation des actifs. Elle renforcera également la valeur de l'or en tant qu'actif stratégique »[76].

Vers le 5 août 2020, l'or coté en bourse avait atteint le plus haut prix jamais enregistré, soit 2048 dollars américains l'once (1 once = 28, 35 grammes). Cependant, ce prix en bourse ne reflète pas la réalité qui sévit dans les mines artisanales où règnent la fraude et la contrebande minières.

La dernière nouvelle est relative à l'interception et à la saisie par la douane kenyane, d'un stock de 4 tonnes d'or en provenance de l'Est de la République Démocratique du Congo vers Dubaï. A vrai dire, c'est la preuve qui démontre qu'en dépit de l'établissement de la certification régionale des ressources naturelles et des incriminations contenues dans le nouveau code minier, la contrebande persiste encore[77]. Cette question n'est pas le propre exclusif de l'Accord-cadre. Elle a été au cœur de toutes les négociations résultant de fait de guerre à l'Est du pays.

Les Etats disposent librement de leurs ressources naturelles en vertu de leur souveraineté sur le sol et le sous-sol. Chaque Etat exerce ce droit

---

[76] Patrick SMITH, « Artisanat, contrebande…La nouvelle ruée vers l'or africain », in *Jeune Afrique*, 24 novembre 2020 à 13 heures 55 (www.jeuneafrique.com)

[77] L'article 311 quater dispose : « *Est passible d'une amende dont le montant s'élève à l'équivalent en francs congolais de 100000 à 1000000 USD, quiconque, par tout acte, tout autre fait, entrave à la transparence et à la traçabilité dans l'industrie minière* ».

dans l'intérêt exclusif des populations. En aucun cas, elles ne peuvent en être privées[78]. L'exploitation illégale des ressources naturelles constitue une violation du droit de souveraineté permanente des Etats sur leurs ressources naturelles et reste contraire à l'esprit et aux principes de la Charte des Nations Unies sur le droit au développement, de l'Acte constitutif de l'Union africaine, de la Charte africaine des droits de l'homme et des peuples[79].

D'ailleurs, le nouveau code minier de la République Démocratique du Congo réprime en son article 311 ter la fraude et le pillage des ressources naturelles minières en ces termes : « Est puni d'une peine de servitude pénale de dix à vingt ans et d'une amende dont le montant s'élève à l'équivalent en francs congolais de 250000 à 500000 USD, quiconque aura, par tout acte généralement quelconque, tout accord, toute convention, tout arrangement ou tout autre fait, qui a pour conséquence de priver la nation, les personnes physiques ou morales de tout ou partie de leurs ressources ou richesses minières, outre la confiscation des biens et avoirs issus du délit »[80].

---

[78] Article 3 point 1 du protocole sur la lutte contre l'exploitation illégale des ressources naturelles de la CIRGL, 30 novembre 2006

[79] Article 4. Par exemple, l'article 21 de la Charte africaine des droits de l'homme et des peuples dispose :

« 1. Les peuples ont la libre disposition de leurs richesses et de leurs ressources naturelles. Ce droit s'exerce dans l'intérêt exclusif des populations. En aucun cas, un peuple ne peut en être privé.

2. En cas de spoliation, le peuple spolié a droit à la légitime récupération de ses biens ainsi qu'à une indemnisation adéquate

3. La libre disposition des richesses et des ressources naturelles s'exerce sans préjudice de l'obligation de promouvoir une coopération économique internationale fondée sur le respect mutuel, l'échange équitable, et les principes du droit international.

4. Les États parties à la présente Charte s'engagent, tant individuellement que collectivement, à exercer le droit de libre disposition de leurs richesses et de leurs ressources naturelles, en vue de renforcer l'unité et la solidarité africaines.

5. Les États parties à la présente Charte s'engagent à éliminer toutes les formes d'exploitation économique étrangère, notamment celle qui est pratiquée par des monopoles internationaux, afin de permettre à la population de chaque pays de bénéficier pleinement des avantages provenant de ses ressources nationales.

[80] Loi n°18/001 du 9 mars 2018 modifiant et complétant la loi n°007/2002 du 11 juillet 2002 portant Code minier de la République Démocratique du Congo

L'arsenal répressif mêlant de fortes peines d'emprisonnement, d'amende et des confiscations reflète l'intérêt vital que représentent les ressources naturelles au profit du peuple. En outre, sur fond de la règlementation internationale et régionale du commerce se tissent des relations bilatérales de plus en plus variées entre la RDC et ses voisins orientaux.

## Section II. Aménagements des relations commerciales bilatérales

Hormis les accords internationaux et régionaux produisant des effets multilatéraux, il y a lieu de considérer les relations commerciales bilatérales entre les Etats de la Région en ce qui concerne le commerce transfrontalier. Elles gravitent autour du projet de facilitation du commerce transfrontalier dans la Région des Grands-Lacs. L'embryon de cette initiative dans la Région remonte à l'ère de la création de la CEPGL qui vise notamment la promotion, l'intensification des échanges et la coopération dans tous les domaines, économique y compris[81]. La bilatéralisation des droits, obligations et effets de ce traité multilatéral touche aux relations commerciales entre les pays concernés.

A cet effet, la RDC a conclu avec l'Ouganda, le Rwanda et la Tanzanie des accords bilatéraux sur la coopération. Il est clairement établi dans l'Accord de Ngurdoto que la RDC et l'Ouganda s'engagent à collaborer dans le cadre de l'assistance mutuelle en matière douanière aux fins de la prévention et de la répression des infractions y relatives[82]. En octobre 2016, elle a conclu avec la Tanzanie un accord portant sur l'exploitation commune des ressources pétrolières sur les gisements off-shore et on-shore du Lac Tanganyika[83].

Ce qui nous intéresse le plus dans cette étude, c'est l'axe RDC-Burundi-Rwanda-Ouganda-Tanzanie (Paragraphe I) considéré comme l'épicentre de la violence chronique dans la Région avec les activités commerciales qui se déroulent à travers les frontières (Paragraphe II).

[81] Le Traité créant la CEPGL dans son article 2 b point 2 et 3

[82] Art. 4 alinéa 2 de l'Accord de Ngurdoto (Tanzanie) portant sur la coopération bilatérale entre la RDC et la République de l'Ouganda, 8 septembre 2007

[83] Bernard RESPAUT, *op. cit.*, p. 20

## Paragraphe I. Axe République Démocratique du Congo-Burundi-Rwanda-Ouganda-Tanzanie

Il est précédemment affirmé que cet axe constitue le centre névralgique de l'instabilité de la Région. En termes plus clairs, c'est la zone la plus vulnérable de la Région des Grands-Lacs. Certains auteurs le qualifient de noyau dur de la Région des Grands Lacs[84]. Malgré cet état des lieux sécuritaire, le commerce s'intensifie au-delà des frontières. Il conviendrait de présenter les différentes caractéristiques de ce commerce (A) avant d'en identifier les produits (biens et services) au cœur des échanges (B).

### A. Caractéristiques de ce commerce transfrontalier

Des enquêtes renseignent que le commerce transfrontalier dans cet axe sous examen présente plusieurs caractéristiques entre autres le caractère informel dominé par les femmes, une économie de conflit, etc.

#### *1. Les résultats des enquêtes*

A vrai dire, nous ne sommes pas les premiers à aborder la question du commerce transfrontalier. Plusieurs ateliers organisés à l'Est de la RDC ont porté sur le même thème. De ce fait, les conclusions enrichissantes auxquelles parviennent ces concerts d'experts précisent que ce commerce transfrontalier est plus dominé par le petit commerce des femmes évoluant dans l'informel[85].

L'Ordonnance de 1979 définit le petit commerce comme : « le commerce de toutes denrées, marchandises ou objets de consommation courante effectué par la vente ou l'offre de vente à l'acheteur, soit au domicile même du vendeur, soit de porte en porte ou de place en place,

---

[84] François-Xavier MUREHA et Idrissa MOHAMED OUEDRAOGO, *op. cit.*, p. 186

[85] International Alert, *Traversées sur la voie de la paix*, 2015, 34 p. (www.international-alert.org); Paul BRENTON et al., *Faciliter le commerce transfrontalier entre la RDC et les voisins dans la Région des Grands Lacs en Afrique : Améliorer les Conditions des Commerçants Pauvres*, juin, 2011, Banque Mondiale, 38 p.

soit encore sur la voie publique ou sur les marchés publics sauf si l'échoppe ou l'étal placé sur la voie publique constitue le prolongement d'un magasin ».

La même Ordonnance poursuit : « Sont assimilés au petit commerce et soumis aux dispositions de la présente Ordonnance-loi, le petit transport de personnes ou de marchandises ainsi que toute entreprise artisanale se situant dans les limites fixées par arrêté conjoint du Ministre des Finances et du Ministre de l'Economie, industrie et Commerce »[86]. Cette définition matérielle du petit commerce est recadrée dans la plupart d'enquêtes portant sur l'exercice du commerce transfrontalier. Le petit commerce transfrontalier est défini comme « toute activité transfrontalière commerciale génératrice de revenus dont la valeur des transactions commerciales journalières ne dépasse pas 100 dollars américains (USD) par commerçant »[87].

Dès lors que l'on parle du petit commerce ou du commerce au détail, il est question du commerce de type « bazar » consistant à faire écouler « une variété d'articles allant de l'alimentation au petit équipement (radios, ustensiles, outillage,…) en passant par l'habillement ; sont donc exclus les commerces spécialisés (hôtellerie, pièces de rechange, transports multimodaux,…) ou les bazars de grande surface »[88] à l'instar des supermarchés.

Ce petit commerce, exercé dans un contexte de conflit et suspicion, est dominé par l'informel. Ces femmes font des va-et-vient de débrouillardise juste pour faire survivre leur petit foyer.

Une enquête menée à Goma sur base d'un échantillon de 19 commerçants est parvenue à des résultats ci-après :

---

[86] Article 2 de l'Ordonnance-loi n°79-021 du 2 août 1979 relative à la règlementation du petit commerce, in www.Droit-Afrique.com

[87] Kristof TITECA et Célestin KIMANUKA, *Marcher dans l'Obscurité : Le commerce informel transfrontalier dans la Région des Grands Lacs*, international Alert, septembre 2012, p. 7

[88] F. MUNKENI LAKUP-TIER, « Pour une domination durable de l'entreprenariat congolais dans le secteur du petit commerce en République Démocratique du Congo », in *Congo-Afrique*, n°460, Décembre 2011, p. 744

### Tableau 5 : Qu'achètes-tu au Rwanda ?

| Denrées | Fréquence | Pourcentage (%) |
|---|---|---|
| Farine de froment | 1 | 5,3 |
| farine de maïs | 1 | 5,3 |
| Fruits | 1 | 5,3 |
| Huile domestique | 1 | 5,3 |
| Les œufs | 2 | 10,5 |
| Les plastiques | 1 | 5,3 |
| Œuvre d'art | 1 | 5,3 |
| Pomme de terre | 1 | 5,3 |
| Produits en plastique | 1 | 5,3 |
| Riz, farine, savons | 1 | 5,3 |
| Saucisson | 1 | 5,3 |
| Saucisson, tomate, fruits | 1 | 5,3 |
| Savons à poudre | 1 | 5,3 |
| Souliers à plastique | 3 | 15,8 |
| Tomates | 1 | 5,3 |
| Tomates | 1 | 5,3 |
| **Total** | 19 | 100 |

Commentaire : La première question de l'enquête fait ressortir que ces échanges tournent autour des produits vivriers, agro-alimentaires et d'usage courant.

**Figure 3 : Types des marchandises échangées aux frontières**

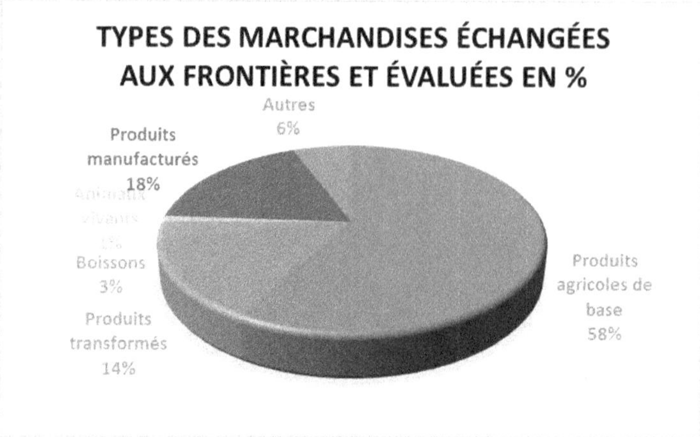


Source : Ministère du commerce extérieur, *Projet de facilitation du commerce dans la Région des Grands-Lacs*, rapport annuel, 2017, p. 44

**Tableau 6 : Quel poste-frontière traverses-tu ?**

| Poste-frontière | Fréquence | Pourcentage (%) |
|---|---|---|
| Grande barrière | 5 | 26,3 |
| Petite Barrière | 14 | 73,7 |
| **Total** | 19 | 100 |

Commentaire : Les résultats de ce tableau montrent que 13 personnes soit 73,7 % de personnes-ressources affirment qu'elles traversent le poste-frontière de la Petite barrière tandis que 5 personnes soit 23,3 % nous ont dit le contraire, qu'eux passent via la Grande barrière.

**Tableau 7 : De quel côté de la frontière payez-vous plus de taxes ou des taxes plus coûteuses?**

| Pays | Fréquence | Pourcentage (%) |
|---|---|---|
| RDC | 15 | 78,9 |
| Rwanda | 4 | 21,1 |
| **Total** | 19 | 100 |

Commentaire : Il ressort de ce tableau que 15 personnes soit 78,9 % de nos enquêtés prouvent que c'est en RDC où les taxes sont plus coûteuses. 4 personnes soit 21,1 % affirment que c'est plutôt au Rwanda.

**Tableau 8 : Existe-t-il un bureau d'informations aux postes frontières sur l'accès au financement, les conditions, la procédure de la traversée de la frontière?**

| Réponse | Fréquence | Pourcentage (%) |
|---|---|---|
| Non | 13 | 68,4 |
| Oui | 6 | 31,6 |
| **Total** | 19 | 100 |

Commentaire : Il ressort de ce tableau que 13 personnes soit 68,4 % de nos enquêtés allèguent qu'ils n'y a pas de bureau d'informations au poste-frontière. 6 personnes soit 31,6 % affirment que le bureau existe.

**Tableau 9 : Combien de taxes payez-vous?**

| Nombre de taxes | Fréquence | Pourcentage (%) |
|---|---|---|
| 1 | 1 | 5,3 |
| 2 | 1 | 5,3 |
| 3 | 5 | 26,3 |
| 4 | 2 | 10,5 |
| 5 | 9 | 47,4 |
| 8 | 1 | 5,3 |
| **Total** | 19 | 100 |

Commentaire : Il ressort de ce tableau que les taxes perçues aux postes-frontières varient entre une à huit taxes. La majorité se rallie à cinq taxes.

**Tableau 10 : Qui perçoivent ces taxes ?**

| Percepteur | Fréquence | Pourcentage (%) |
|---|---|---|
| Agents de la DGM | 16 | 84,2 |
| N'importe qui | 3 | 15,8 |
| **Total** | 19 | 100 |

Commentaire : Il ressort de ce tableau que 16 personnes soit 84,2 % de nos enquêtés affirment que ce sont les agents de la D.G.M qui perçoivent les taxes au niveau de la frontière et 3 personnes soit 15,8 % avancent que n'importe qui perçoit cet argent.

**Tableau 11 : Quels sont des abus auxquels vous êtes souvent confrontés à la traversée de la frontière?**

| Abus | Fréquence | Pourcentage (%) |
|---|---|---|
| Multiple taxe | 7 | 36,8 |
| Tracasserie | 8 | 42,1 |
| Intimidation | 1 | 5,3 |
| Embouteillage | 3 | 15,8 |
| **Total** | 19 | 100 |

Commentaire : Les résultats de ce tableau montrent que 8 personnes soient 42,1 % de nos enquêtés sont menacés par la tracasserie au poste-frontière tandis que 7 personnes soit 36,8 % nous ont relatés qu'ils sont victimes de la perception de multiples taxes au poste frontalier.

**Tableau 12 : Existe-t-il des organisations qui vous réunissent?**

| Réponse | Fréquence | Pourcentage (%) |
|---|---|---|
| Non | 10 | 52,6 |
| Oui | 9 | 47,4 |
| **Total** | 19 | 100 |

Commentaire : Il ressort de ce tableau que 10 personnes soit 52,6 % de nos enquêtés admettent qu'il n'existe pas d'organisation qui les réunisse tandis que 9 personnes soit 47,4 % affirment que ces organisations existent.

### Tableau 13 : Statistiques descriptives

| Question | Nombre | Minimum | Maximum | Moyen | Ecart |
|---|---|---|---|---|---|
| De combien est ton fonds de commerce? | 1 à 9 | $ 10 | $ 9.000 | $ 1.251,53 | $ 2.275,534 |
| Combien de taxes payez-vous? | 1 à 9 | 1 | 8 | 4,16 | 1,537 |

Commentaire : Il ressort de ce tableau que le fonds de commerce de nos enquêtés est de 10 $ minimum et de 9000 $ maximum. La moyenne est évaluée à 1, 251,53$.

### Tableau 14 : Quel document les agents de la douane vous délivrent-ils comme preuve de paiement?

| Réponse | Fréquence | Pourcentage (%) |
|---|---|---|
| Aucun | 16 | 84,2 |
| Quittance | 3 | 15,8 |
| **Total** | 19 | 100 |

Commentaire : Il ressort de ce tableau que 16 personnes soit 84,2 % de nos enquêtés prouvent qu'ils n'existent aucun document qu'on délivre comme preuve de payement tandis que 3 personnes soit 15,8 % affirment qu'on leur délivre la quittance.

**Figure 4 : Enquête sur la délivrance de la quittance**

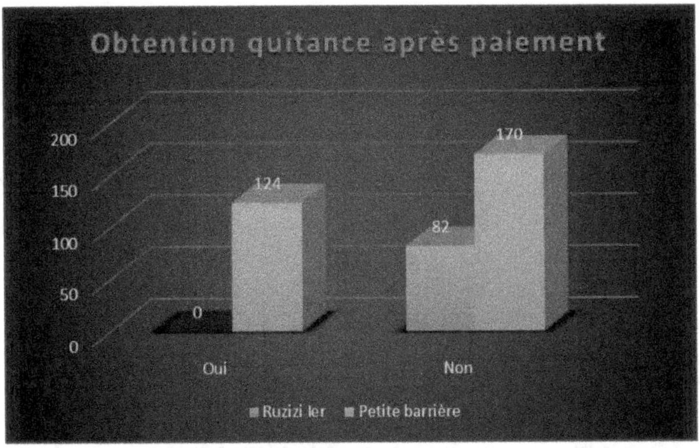


Source : Ministère du commerce extérieur, *op. cit.*, p. 46

**Tableau 15 : Par quel signe ou marque identifiez-vous les agents qui interviennent aux postes-frontières?**

| Signe distinctif | Fréquence | Pourcentage (%) |
|---|---|---|
| Carte de service | 2 | 10,5 |
| carte de visibilité | 1 | 5,3 |
| Tenue | 16 | 84,2 |
| **Total** | 19 | 100 |

Commentaire : Il ressort de ce tableau que 16 personnes soit 84,2 % de nos enquêtés prouvent qu'ils identifient les agents intervenant au poste-frontière par leur tenue tandis que 3 personnes soit 15,8 % affirment qu'ils les identifient par leur carte de service.

**Tableau 16 : Quel climat prévaut-il entre les agents de la douane de différents pays frontaliers?**

| Réponse | Fréquence | Pourcentage (%) |
|---|---|---|
| Bon | 8 | 42,1 |
| Mauvais | 11 | 57,9 |
| **Total** | 19 | 100 |

Commentaire : Les résultats de ce tableau montrent que 8 personnes soit 42,1 % de nos enquêtés affirment qu'un bon climat est observé au poste frontalier tandis que 11 personnes soit 57,9 % de nos enquêtés nous ont dit au contraire que le climat au poste-frontière n'est pas favorable.

**Tableau 17 : Y a-t-il des produits ou services qui coûtent plus cher au Rwanda qu'en RDC et vice-versa?**

| Réponse | Fréquence | Pourcentage (%) |
|---|---|---|
| Non | 11 | 57,9 |
| Oui | 8 | 42,1 |
| **Total** | 19 | 100 |

Commentaire : Il ressort de ce tableau que 11 personnes soit 57,9 % de nos enquêtés prouvent qu'au Rwanda, les produits et services sont moins coûteux qu'en RDC tandis que 8 personnes soit 42,1 % affirment le contraire.

**Tableau 18 : Quels sont les facteurs qui peuvent faire en sorte que tu vendes un produit à un prix supérieur au prix habituel?**

| Facteurs | Fréquence | Pourcentage (%) |
|---|---|---|
| Multiples taxes | 3 | 15, 8 |
| Tracasserie | 3 | 15,8 |
| Taux de change | 13 | 68,4 |
| **Total** | 19 | 100 |

Commentaire : Les résultats de ce tableau montrent que 13 personnes soit 68,4 % de nos enquêtés affirment que le taux de change est la principale cause de la hausse de prix au marché tandis que 6 personnes soit 31,6 % de nos enquêtés nous ont parlé de multiples taxes et de la tracasserie des agents affectés à la douane.

**Tableau 19 : Y a-t-il des avantages d'être commerçant congolais que d'être commerçant rwandais?**

| Réponse | Fréquence | Pourcentage (%) |
|---|---|---|
| Aucun | 4 | 21,1 |
| Oui | 15 | 78,9 |
| **Total** | 19 | 100 |

Commentaire : Les résultats de ce tableau montrent que 15 personnes soit 78,9 % de nos enquêtés affirment qu'ils y a beaucoup d'avantages d'être commerçant de la RDC que d'être celui du Rwanda tandis que 4 personnes soit 21,1 % de nos enquêtés nous ont dit le contraire.

## *2. Prédominance informelle*

Le secteur informel est défini comme « tout secteur animé par des opérateurs économiques n'ayant pas une formation requise et dépourvus de moyens financiers et techniques, échappant à une structure organisée du secteur formel, à la législation, à la réglementation et enfin à la protection sociale »[89]. Aux postes-frontières, le constat est que la majorité des commerçants qui traversent les frontières du Rwanda, de l'Ouganda, du Burundi et de la Tanzanie transportent des marchandises ne représentant qu'une valeur minimale. Il s'agit simplement d'une activité de subsistance familiale.

En 2007, Tegera et Johnson font l'observation suivante : « Aujourd'hui, l'exploitation artisanale de l'or et les exportations informelles d'or constituent une branche majeure de l'économie de l'Est de la RDC. Il est possible qu'ils représentent la plus grande valeur des biens d'exportation de la Région (…). Les exportations d'or huilent l'économie locale, et la lutte pour le contrôle de la filière pourrait devenir un des plus grands conflits dans la Région »[90].

L'attirance flatteuse de l'or et de tant d'autres minerais provoque la ruée dans le chef des populations autochtones. Par souci de maintenir l'emprise sur cette richesse, une société paisible risque de sombrer dans le chaos : les jeunes gens flirtés par le gain rapide et facile

---

[89] David KATUMBI, « Le rôle de l'informel », *in Ressources, frontières et gouvernance : Partager les problèmes et les solutions dans la sous-Région des Grands Lacs*, Regards croisés n°22, Revue trimestrielle, août 2008, p. 29

[90] A. TEGERA, D. JOHNSON, « Rules for sale: Formal and informal cross-border trade in Eastern DRC, Goma », *Regards Croisés*, 2007, Pole Institute, p. 75 (notre traduction), cité par S. GEENEN, and G. KAMUNDALA BYEMBA (2009) « Qui cherche, trouve? Opportunités, défis et espoirs dans le secteur de l'or à Kamituga », in : S. MARYSSE, F. REYNTJENS and S. VANDEGINST, (2009) *L'Afrique des Grands Lacs, Annuaire 2008-2009,* Paris, L'Harmattan, p.230

deviennent la proie des groupes armés. C'est ce qui fut fait. L'informel joue un rôle plutôt néfaste sur l'économie nationale et même sur le commerce sous-régional. Contrairement aux autres Etats africains dont le commerce informel transfrontalier représente plus ou moins 70 % de leurs économies, le gouvernement rwandais a reconnu son importance au point de l'intégrer dans son programme de développement économique. Pour preuve, il dispose d'une base des données pour suivre de près l'évolution des flux du commerce informel transfrontalier[91].

Selon les données statistiques fournies par la Banque Centrale de l'Ouganda, en 2006, le commerce informel entre l'Ouganda et la République Démocratique du Congo représentait près du double du montant issu du secteur formel (80 millions de dollars contre 44 millions, respectivement). La crise financière mondiale en 2008 lui fait atteindre le paroxysme (le niveau le plus élevé) avec 198 millions contre 129 millions pour le secteur formel. En tout état de cause, il est évident que les conflits en République Démocratique du Congo entraînent une perte considérable d'opportunités en matière de commerce, de création d'emplois et de croissance, à la fois pour le pays et pour ses voisins[92].

---

[91] Commission économique pour l'Afrique, *La Zone de libre-échange continentale (Zlec) en Afrique vue sous l'angle des droits de l'homme*, Rapport, octobre 2017, p. 68

[92] Commission économique pour l'Afrique, *Conflits en République Démocratique du Congo. Causes, impact et implications pour la Région des Grands Lacs*, Nations Unies, Addis-Abeba, 2015, p. 4 (www.uneca.org)

**Tableau 20 : Données statistiques sur les valeurs d'importations informelles enregistrées de 2012 à 2016**

Valeurs d'importations informelles/ poste frontière, 2012-2016

| Pays/ poste douanie | Année/ valeurs en dollars US | | | | | Part du pourcentage | | | | |
|---|---|---|---|---|---|---|---|---|---|---|
| | 2012 | 2013 | 2014 | 2015 | 2016 | 2012 | 2013 | 2014 | 2015 | 2016 |
| Rép. Dém. du Congo | 20.3 | 17.7 | 21.3 | 18.3 | 20.3 | 38.3 | 33.0 | 32.4 | 28.4 | 31.2 |
| Bunagana | 1.9 | 1.0 | 0.7 | 3.1 | 1.3 | 3.6 | 1.8 | 1.0 | 4.8 | 2.0 |
| Goli | 0.8 | 0.3 | 1.1 | 0.5 | 1.1 | 1.6 | 0.6 | 1.6 | 0.8 | 1.7 |
| Ishasha River | 0.2 | 0.1 | 0.1 | 0.3 | 0.2 | 0.3 | 0.2 | 0.2 | 0.4 | 0.3 |
| Mpondwe | 9.2 | 9.0 | 11.8 | 6.3 | 6.6 | 17.3 | 16.7 | 17.9 | 9.9 | 10.1 |
| Ntoroko | 0.3 | 0.3 | 0.1 | 0.4 | 0.4 | 0.6 | 0.6 | 0.2 | 0.6 | 0.6 |
| Odramachaku | 1.8 | 1.4 | 1.1 | 1.9 | 3.0 | 3.3 | 2.6 | 1.7 | 3.0 | 4.7 |
| Paidha | 4.6 | 4.0 | 5.3 | 4.3 | 6.4 | 8.7 | 7.5 | 8.0 | 6.7 | 9.9 |
| Vvura | 1.5 | 1.6 | 1.2 | 1.5 | 1.3 | 2.8 | 2.9 | 1.8 | 2.3 | 1.9 |

Source: Bank of Uganda, Informal Cross Border Trade Report 2016, August, 2017, p. 27

Ce tableau ci-dessus présente en détail les valeurs en millions de dollars américains et en pourcentage des quantités d'importations de l'Ouganda en provenance de la RDC au niveau de différents postes-frontières. Rien qu'en 2016, le montant total des importations ougandaises en provenance de la RDC était de plus de 20 millions de dollars représentant plus de 31 % des importations informelles de l'Ouganda. Cette proportion demeure consistante, mais s'inscrit dans une forme désorganisée du commerce. Il en découle que les Etats concernés prennent des initiatives de part et d'autre de leur frontière en vue d'une réduction substantielle de l'économie informelle.

Le poste-frontière de Mpondwe bat le record de la quantité des échanges. S'il importe au Gouvernement congolais de veiller à la fiabilité des échanges transfrontaliers avec l'Ouganda, c'est au poste-frontière de Mpondwe qu'il devra stratégiquement renforcer la sécurité douanière. La maximisation des recettes publiques en dépend d'autant plus qu'il est vrai que les prélèvements à titre de droits douaniers contribuent dans une large mesure au tableau budgétaire de l'Etat. La vétusté de l'infrastructure routière s'érige en obstacle non-tarifaire dans cet axe. Heureusement, les deux Gouvernements ont pris, au haut sommet, l'engagement de réhabiliter notamment cette route transnationale en vue de fluidifier les activités commerciales. D'ailleurs, en 'article 5 de l'Accord de Ngurdoto, la RDC et l'Ouganda reconnaissent que les infrastructures constituent notamment un gage de promotion de l'intégration régionale et du développement socio-économique.

**Tableau 21 : Données statistiques sur le commerce informel entre l'Ouganda et la RDC**

Le commerce informel entre l'Ouganda et la RDC/ poste frontière, 2012-2016 (millions de dollar

| Pays/ poste douanie | Année/ valeurs d'exportation en dollars US | | | | | Année/ Valeurs d'importation en dollars américains | | | | |
|---|---|---|---|---|---|---|---|---|---|---|
| | 2012 | 2013 | 2014 | 2015 | 2016 | 2012 | 2013 | 2014 | 2015 | 2016 |
| Rép. Dém. du Congo | 157.9 | 135.0 | 139.5 | 182.1 | 221.3 | 20.3 | 17.7 | 21.3 | 18.3 | 20.3 |
| Bunagana | 6.7 | 4.9 | 8.2 | 9.5 | 10.0 | 1.9 | 1.0 | 0.7 | 3.1 | 1.3 |
| Cyanika | - | - | - | 1.8 | 7.0 | 0.8 | 0.3 | 1.1 | 0.5 | 1.1 |
| Goli | 0.6 | 0.7 | 0.7 | 1.6 | 2.0 | 0.2 | 0.1 | 0.1 | 0.3 | 0.2 |
| Ishasha River | 1.8 | 2.1 | 2.7 | 3.7 | 3.8 | 9.2 | 9.0 | 11.8 | 6.3 | 6.6 |
| Katuna | - | - | - | 7.2 | 12.0 | 0.3 | 0.3 | 0.1 | 0.4 | 0.4 |
| Mpondwe | 102.4 | 95.9 | 96.2 | 118.4 | 137.1 | 1.8 | 1.4 | 1.1 | 1.9 | 3.0 |
| Ntoroko | 9.4 | 7.4 | 6.9 | 13.6 | 14.3 | 4.6 | 4.0 | 5.3 | 4.3 | 6.4 |
| Odramachaku | 15.7 | 9.9 | 11.1 | 12.5 | 14.7 | 1.5 | 1.6 | 1.2 | 1.5 | 1.3 |
| Oraba | 0.1 | - | - | - | - | - | - | - | - | - |
| Paidha | 15.6 | 8.9 | 7.6 | 8.6 | 16.0 | - | - | - | - | - |
| Vvura | 5.6 | 5.1 | 6.0 | 5.2 | 4.6 | - | - | - | - | - |

Source: Bank of Uganda, *op. cit.*, p. 28

Le tableau synoptique ci-dessus compare les exportations et importations informelles entre la RDC et l'Ouganda. Il s'en dégage que la RDC exporte informellement plus vers l'Ouganda qu'il en importe. Par voie de conséquence et sous réserve de mettre en doute ces chiffres statistiques, l'exagération et la prédominance des exportations informelles constituent un danger pour l'économie nationale dont elles sont la preuve éloquente de son manque d'organisation.

Les statistiques antérieures, particulièrement celles de 2011 renseignent selon Sabwa et Mukhebi, que « le commerce informel est presque 5 fois supérieur au commerce formel en RDC alors qu'il est de 0,26 fois au Rwanda et 0,56 fois en Ouganda. Ceci montre la gravité des statistiques du commerce informel en RDC par rapport aux deux autres pays. En plus, le commerce informel des produits alimentaires en RDC a une grande ampleur par rapport à d'autres pays non seulement en termes de quantités, mais aussi en termes de nombre des ménages qui le pratiquent »[93].

C'est pourquoi dans le second chapitre, quelques pistes de solution sont proposées dans l'optique de formaliser les activités commerciales à l'Est du pays. Cela vaut autant pour l'ensemble du territoire national.

### B. Produits de base de ce commerce

Dans la pratique, des Etats engagés dans le processus d'intégration et de coopération commerciale établissent souvent une liste indicative des produits bénéficiant des régimes préférentiels ou de franchise douanière. Par exemple, lors de la signature du protocole d'accord sur le RECOS entre la RDC et le Rwanda, les deux Etats confiants en l'importance du commerce, ont établi une liste d'une centaine des produits. Le produit comprend les biens et services.

Cet accord exerce de l'influence positive dans les relations commerciales entre les deux peuples. Ces échanges contribuent au

[93] Stany VWYMA, *op. cit.*, p. 8

renforcement et à l'élargissement de la coopération économique bilatérale à travers le commerce transfrontalier entre le Rwanda et la RDC.

La mise en exécution du RECOS s'inscrit dans le projet de facilitation du commerce dans la Région des Grands Lacs. Etant sous la supervision du COMESA, le PFCGL est un projet quinquennal mis en œuvre par la RDC, le Rwanda, l'Ouganda. Son objectif principal est d'accroître la capacité commerciale et à réduire substantiellement les coûts liés au commerce transfrontalier[94]. Dans la terminologie de l'OMC, la facilitation des échanges renvoie à la simplification, la modernisation et l'harmonisation des processus d'exportation et d'importation des biens et services[95]. La définition matérielle et explicite est celle que propose l'économiste Zacki : « La facilitation des échanges comprend cinq éléments principaux :

- La simplification des procédures et de la documentation commerciales ;
- L'harmonisation des pratiques et des règles commerciales ;
- L'amélioration de la transparence des renseignements et des procédures se rapportant aux flux internationaux ;
- Le recours aux nouvelles technologies pour promouvoir le commerce international ;
- L'accès à des moyens de paiement plus sûrs pour le commerce international[96].

Au niveau national, la tâche incombe au Comité de facilitation du Commerce extérieur rattaché au ministère du Commerce extérieur de la RDC. Il conviendrait de souligner que les listes communes

---

[94] Blaise MUHIRE, *Etude sur le commerce et les opportunités pour un dialogue transfrontalier dans la Région des Grands-Lacs: RD Congo, Rwanda, Burundi, Ouganda, Tanzanie et Zambie*, Konrad Adenauer Stiftung, février 2020, p. 60

[95] OMC, *Rapport sur le commerce mondial 2015 : Accélérer le commerce : avantages et défis de la mise en œuvre de l'Accord de l'OMC sur la facilitation des échanges*, p. 36

[96] OMC, *op.cit.*, p. 38

bénéficiant de la franchise douanière ne sont pas exhaustives. De ce fait, le comité conjoint tiendra tous les six mois des réunions périodiques aux fins d'évaluation et d'actualisation. Conformément au RECOS du COMESA, un produit figurant sur la liste ne bénéficie de la franchise que s'il représente une valeur ne dépassant pas deux cents dollars américains. Outre l'existence de la liste commune et le respect du seuil de 200 $ (deux cents dollars), ce régime est basé sur la simplification de la déclaration en douane et sur la délivrance du certificat d'origine simplifié du COMESA. Par voie de conséquence, les commerçants bénéficiaires du RECOS ne sont plus appelés « commerçants informels », mais plutôt « petits commerçants ». En effet, le régime formalise le commerce informel[97]. Auparavant, l'import-export était une activité réservé à de grandes entreprises spécialisées. De ce fait, tout opérateur économique désireux d'exercer ladite activité, en plus d'être commerçant, doit souscrire à un numéro import-export que délivre le secrétariat général du ministère du Commerce extérieur. En contrepartie, l'opérateur paie une taxe annuelle. Cette régulation rigide méconnaissant l'aspect informel de ce commerce incita les pouvoirs publics à mettre en place les conditions formelles de son organisation par l'entremise du RECOS[98].

### 1. Biens : Produits agricoles, d'élevage, manufacturiers et miniers

Dans le contexte d'une relance économique, Rostow affirme que le processus de croissance dépend largement de l'offre des denrées alimentaires issues de l'agriculture et de l'élevage[99] a fortiori, pour un Etat doté des faveurs climatiques à l'instar de la RDC. Sa vocation agricole demeure indubitable eu égard à ses énormes potentialités.

---

[97] Commission économique pour l'Afrique, *op. cit.*, p. 70

[98] Jules MUILU MBO, *Orientations stratégiques pour la promotion du commerce transfrontalier dans la Région des Grands Lacs*, Projet de facilitation du commerce dans la Région des Grands Lacs, février 2021, p. 13

[99] W.W ROSTOW., *Les étapes de la croissance économique*, éditions du Seuil, Paris, 1960, p. 36

Il ne fait l'ombre d'aucun doute que l'économie congolaise est plus rurale qu'industrielle dans la mesure où le secteur agricole demeure la base de l'économie. Sa part dans le revenu national a même atteint jusqu'à 50 % dans les années 1990, situation due en partie à l'effondrement des autres secteurs de l'économie (par exemple, la dégringolade des cours des minerais).

Avant les années 90, ce pourcentage était même revu à la hausse avec la surproduction agricole sous l'égide des entreprises publiques à caractère agricole, dissoutes en 2008 dans le cadre de la transformation des entreprises publiques. Le législateur a motivé sa décision en avançant que le fonctionnement non-productif de ces entreprises occasionnait des décaissements inutiles d'une part du budget national, juste pour pourvoir aux frais de fonctionnement et aux rémunérations des agents alors que les activités agricoles étaient tombées en déliquescence. Conformément aux articles 11 et 12 de la loi n°08/007 du 7 juillet 2008, toute entreprise publique en état de cessation de paiement et/ou dont l'activité économique ne se justifie plus, est dissoute et liquidée par Décret du Premier Ministre délibéré en Conseil de Ministres.

Même après le début du processus de restauration de la paix à partir de l'année 2002, cette part a graduellement baissé entre autre en raison des populations déplacées du fait des guerres, mais le secteur agricole fournissait encore 40,3 % du PIB (contre environ 13 % pour le secteur minier) et employait les trois quarts de la population active en 2006. La RDC possède la réserve de terres arables la plus importante d'Afrique, un climat propice à l'agriculture et des ressources hydrauliques abondantes tout au long de l'année. Contrairement à d'autres régions du monde, qui recourent à des techniques d'irrigation, la plus grande partie des cultures en RDC sont alimentées par les eaux pluviales. Malgré toutes ces faveurs de la nature, seuls 10 % des 80 millions d'hectares de terres arables sont exploitées. Avec l'exploitation à fond de ses terres arables, la RDC a la capacité, selon les estimations des experts, de nourrir à satiété toute l'Afrique.

A ce niveau, la dynamisation du secteur agricole passe par l'organisation de différents paysans en coopératives pour qu'ils bénéficient des subventions au sens de l'article 6 point 2 de l'Accord de l'OMC sur l'agriculture disposant : « Les mesures d'aide, directe ou indirecte, prises par les pouvoirs publics pour encourager le développement agricole et rural font partie intégrante des programmes de développement des pays en développement, les subventions à l'investissement qui sont généralement disponibles pour l'agriculture dans les pays en développement Membres et les subventions aux intrants agricoles qui sont généralement disponibles pour les producteurs qui, dans les pays en développement Membres, ont de faibles revenus ou sont dotés de ressources limitées seront exemptées des engagements de réduction du soutien interne qui leur seraient autrement applicables… »[100]. Les aides apportées dans ledit secteur sont tolérées en droit du commerce international dans des pays en voie de développement. Donc, il n'est pas question de s'en inquiéter.

Récemment, la Banque mondiale a prévu un portefeuille agricole devant soutenir les efforts du Gouvernement en ce sens, par le soutien aux chaînes de valeur de l'agriculture commerciale, la promotion des investissements dans le développement de ces chaînes de valeur et la création d'un environnement favorable au développement de l'agroalimentaire[101]. Dommage que le projet du parc agro-industriel de Bukanga Lonzo n'ait pas atteint son objectif initial. L'Etat congolais tirera grand profit des activités agricoles s'il les associe, quelle que soit leur échelon à une industrie agroalimentaire de grande échelle. Cette opération garantira la valeur ajoutée dans des chaînes de valeurs au plan national et régional.

Le secteur de l'élevage est encore à majorité extensif avec des têtes de bétail moins nombreuses alors que les pâturages sont abondants et

[100] Article 6 point 2 de l'Accord de l'Organisation mondiale du Commerce

[101] Banque mondiale, *République Démocratique du Congo : Diagnostic systématique pays, Priorités de politiques pour réduire la pauvreté et promouvoir la prospérité partagée dans un pays fragile sortant d'un conflit*, Mars 2018, p. 65

de bonne qualité. Près de la moitié des ménages ruraux élève du bétail afin de diversifier les revenus familiaux.

La pêche demeure encore artisanale au bénéfice de l'importation des poissons congelés (mpiodi, chinchard, dorade...). Cependant, les ressources halieutiques de l'Océan atlantique, du fleuve Congo, des rivières et des lacs sont immenses au point qu'il est raconté que certains poissons meurent de vieillesse. La rénovation ou l'achat des bateaux de pêche industrielle (chalutier) permettra de booster le secteur.

Plusieurs biens traversent les frontières. Les produits de l'agriculture, de l'élevage et de la manufacture restent au cœur des besoins économiques de subsistance des masses populaires. Cependant, les produits miniers sont source d'instabilité et d'insécurité dans la Région. « La province du Nord-Kivu a toujours été considérée comme l'un des greniers du pays pour les marchés internes en RDC et pour les pays voisins. Les produits agropastoraux tels que les haricots, la pomme de terre, la viande et les légumes se vendaient sur les marchés de Kisangani, Lubumbashi et Kinshasa. Le tabac, le sorgho, la banane, le maïs et d'autres produits laitiers atteignaient les marchés du Rwanda et du Burundi »[102].

Selon les statistiques, la RDC ne figure plus parmi les grands exportateurs de ces deux Etats. C'est une faute lourde injustifiable dans le chef de l'Etat congolais aussi bien en vertu des considérations géostratégiques qu'économiques. La contiguïté entre Etats est facteur d'accroissement d'échanges économiques, politiques, sociaux et culturels. Il dépasse l'entendement humain que la RDC ne tire pas profit de cet aménagement naturel vis-à-vis du Rwanda et du Burundi.

---

[102] Aloys TEGERA et Dominic JOHNSON, « Ressources naturelles et flux du commerce transfrontalier dans la Région des Grands Lacs », *Regards Croisés* n° 19, Juillet 2007, p. 14

**Figure 5 : Principaux pays fournisseurs du Burundi au 1er trimestre 2017**

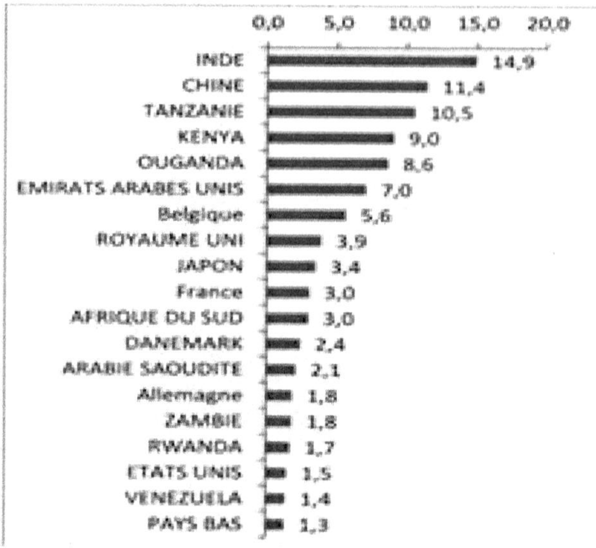


**Figure 6 : Principaux pays fournisseurs du Burundi au 1er trimestre 2016**

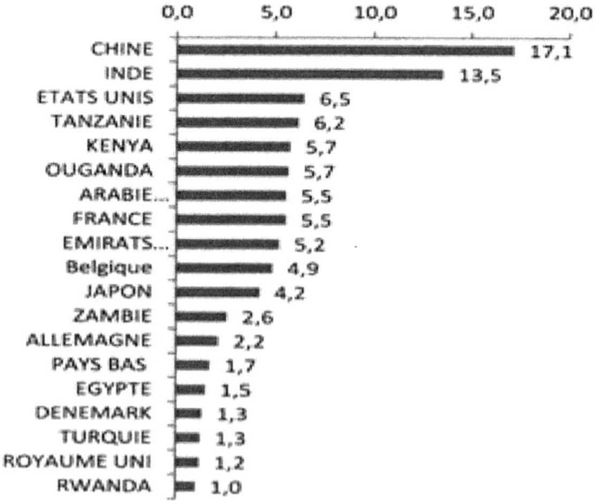


Source : Office Burundais des Recettes, *op. cit.*, p. 16

La RDC, le voisin le plus stratégique pour le Rwanda en raison de sa taille d'un sous-continent, ne figure même pas parmi les 20 premiers exportateurs de cet Etat alors que l'Ouganda et la Tanzanie parviennent à se trouver une place sur le gradin (voir tableau ci-dessous). Ces statistiques devraient normalement interpeller les congolais en quoi leur pays est utile à ses voisins. A supposer qu'une crise politique ou diplomatique éclate, nos institutions manqueront sans doute des moyens servant à prendre des mesures de représailles ou de rétorsion en matière commerciale. Bien au contraire, nous en subirons les effets. D'ailleurs, les marchands opérant dans la ville de Goma au Nord-Kivu ont exprimé leur inquiétude sur le risque d'enregistrement d'une pénurie de produits de première nécessité à l'annonce de fermeture de la frontière entre la République Démocratique du Congo et le Rwanda à la suite de la découverte d'un premier cas de la pandémie de Covid-19.

**Tableau 22 : Importations du Rwanda à partir de l'Ouganda et de la Tanzanie**

Importations du Rwanda à partir de l'Ouganda et de la Tanzanie ( Valeurs en millions de dollar

| Année/ Période | 2016 Q.1 | 2016 Q.2 | 2016 Q.3 | 2016 Q.4 | 2017 Q.1 | 2017 Q.2 | 2017 Q.3 | 2017 Q.4 | 2018 Q.1 | 2018 Q.2 |
|---|---|---|---|---|---|---|---|---|---|---|
| Estimations totales | 666, 43 | 660, 60 | 644, 46 | 633, 55 | 635, 79 | 660, 30 | 855, 75 | 724, 15 | 695, 17 | 662, 55 |
| Ouganda | 48, 66 | 49, 7 | 53, 68 | 52, 34 | 48, 03 | 46, 40 | 57, 26 | 58, 01 | 55, 57 | 59, 40 |
| Tanzanie | 19, 65 | 25, 22 | 24, 01 | 27, 16 | 23, 45 | 24, 49 | 29, 14 | 29, 10 | 26, 97 | 31, 86 |

Source : Office Burundais des Recettes, *op. cit.*, p. 16

**Tableau 23 : Exportations du Rwanda vers la RDC et l'Ouganda**

exportations du Rwanda vers la RDC et l'Ouganda ( Valeurs en millions de dollars US)

| Année/ Période | 2016 Q.1 | 2016 Q.2 | 2016 Q.3 | 2016 Q.4 | 2017 Q.1 | 2017 Q.2 | 2017 Q.3 | 2017 Q.4 | 2018 Q.1 | 2018 Q.2 |
|---|---|---|---|---|---|---|---|---|---|---|
| Estimations totales | 92, 10 | 93, 29 | 112, 41 | 109, 50 | 92, 02 | 117, 44 | 149, 65 | 157, 63 | 138, 15 | 164, 03 |
| Rép. Dém. du Congo | 9, 51 | 10, 60 | 12, 13 | 10, 79 | 11, 62 | 13, 31 | 16, 10 | 21, 81 | 20, 18 | 16, 35 |
| Ouganda | 4, 60 | 2, 13 | 4, 69 | 1, 52 | 4, 21 | 12, 42 | 7, 04 | 5, 61 | 10, 45 | 11, 21 |

Source : Institut National des Statistiques du Rwanda

Par contre, le tableau ci-dessus indique clairement que la RDC demeure parmi les grands importateurs du Rwanda, de loin par rapport à l'Ouganda dont les valeurs d'importation sont inférieures. A titre d'exemple, au deuxième trimestre de l'année 2018, la RDC a importé des biens et services d'une valeur estimée à 164,03 millions de dollars à partir du Rwanda. Cependant, l'Ouganda n'a importé que d'une valeur de 11,21 millions de dollars américains durant la même période.

Notre pays constitue, tel que le montre le tableau ci-dessous, la principale destination des réexportations rwandaises, c'est-à-dire des quantités de marchandises importées de la RDC, puis transportées, souvent après transformation, vers un autre pays, y compris la RDC. Un Etat ne pourrait être capable de réexporter que si son industrie est diversifiée au point d'accroître la chaîne des valeurs de ses produits. Dans le cas d'espèce, le Rwanda importe de la RDC des matières brutes qu'il transforme avant de réexpédier les produits finis ou semi finis vers le pays d'importation des matières premières.

**Tableau 24 : Principales réexportations du Rwanda**

| Principales réexportations du Rwanda ( Valeurs en millions de dollars US) | | | | | | | | | | |
|---|---|---|---|---|---|---|---|---|---|---|
| Année/ Période | 2016 Q.1 | 2016 Q.2 | 2016 Q.3 | 2016 Q.4 | 2017 Q.1 | 2017 Q.2 | 2017 Q.3 | 2017 Q.4 | 2018 Q.1 | 2018 Q.2 |
| Estimations totales | 38, 94 | 57, 56 | 49, 15 | 57, 93 | 63, 01 | 74, 39 | 74, 34 | 77, 70 | 84, 90 | 86, 48 |
| Rép. Dém. du Congo | 34, 04 | 40, 71 | 41, 45 | 43, 74 | 48, 35 | 58, 91 | 55, 98 | 60, 25 | 68, 44 | 67, 51 |
| Burundi | 3, 04 | 8, 40 | 4, 95 | 7, 04 | 3, 81 | 4, 70 | 5, 13 | 3, 80 | 2, 91 | 3, 34 |
| Ouganda | 0, 02 | 0, 11 | 0, 20 | 0, 58 | 0, 46 | 1, 34 | 0, 55 | 0, 63 | 0, 79 | 0, 93 |
| Tanzanie | 0, 09 | 0, 00 | 0, 02 | 0, 08 | 0, 12 | 0, 13 | 0, 00 | 0, 00 | 0, 08 | 0, 05 |

Source : Institut national des Statistiques du Rwanda

La situation des échanges commerciaux entre la RDC et la Tanzanie reflète encore le déséquilibre ahurissant de la balance commerciale congolaise. Près de 3,7 % des exportations tanzaniennes vont vers la RDC. Toutefois, l’on constate une chute vertigineuse des échanges entre les deux pays, surtout en 2017 (voir les trois tableaux ci-dessous).

**Tableau 25 : Importations de la R. D. Congo à partir de la Tanzanie et de l'Ouganda**

| Importations de la R. D. Congo (en millions de dollars américains | | |
|---|---|---|
| Pays/Année | Tanzanie | Ouganda |
| 2013 | 374.31 | 302.62 |
| 2014 | 2.170.96 | 371.02 |
| 2015 | 633.57 | 374.39 |
| 2016 | 53.35 | 57.07 |
| 2017 | 53.24 | 53.63 |
| 2018 | 106.27 | 61.87 |
| 2019 | 115.76 | 67.40 |

Source: Base de données Africatrade citée par Union Africaine, *op. cit.* , p. 88

**Figure 7 : Exportations de la Tanzanie vers la RDC**

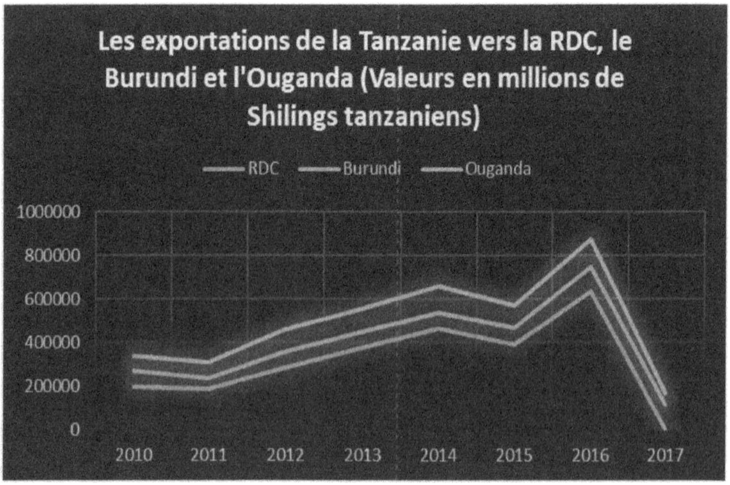

**Tableau 26 : Exportations de la R. D. Congo vers la Tanzanie et l'Ouganda**

| Exportations de la R. D. Congo (en millions de dollars américains | | |
|---|---|---|
| Pays/Année | Tanzanie | Ouganda |
| 2013 | 1.183.42 | 24.43 |
| 2014 | 65.56 | 11.98 |
| 2015 | 2271.23 | 76.16 |
| 2016 | 747.03 | 1.95 |
| 2017 | 405.80 | 3.98 |
| 2018 | 1254.04 | 5.52 |
| 2019 | 1664.60 | 8.39 |

Source: Base de données Africatrade citée par Union africaine, *op. cit.*, p. 90

**Tableau 27 : Origine des importations de la Tanzanie à partir des pays voisins**

Origine des importations de la Tanzanie ( Valeurs en millions de Shillings tanzaniers)

| Année | 2010 | 2011 | 2012 | 2013 | 2014 | 2015 | 2016 | 2017 |
|---|---|---|---|---|---|---|---|---|
| Rép. Dém. du Cong | 1.569 | 2.649 | 1.414 | 159 | 1.363 | 1.253 | 777 | 26 |
| Burundi | 840 | 873 | 6.066 | 2.442 | 931 | 2.121 | 1.685 | 521 |
| Ouganda | 24.750 | 25.121 | 169.013 | 83.917 | 79.316 | 78.309 | 66.848 | 76.481 |

Source: Bank of Tanzania, *op. cit.*, p. 211

Le graphique en courbe présente mieux ce déséquilibre : la courbe de couleur bleue retrace l'évolution insignifiante des exportations de la RDC vers la Tanzanie.

**Figure 8 : Origine des importations de la Tanzanie à partir des pays voisins**

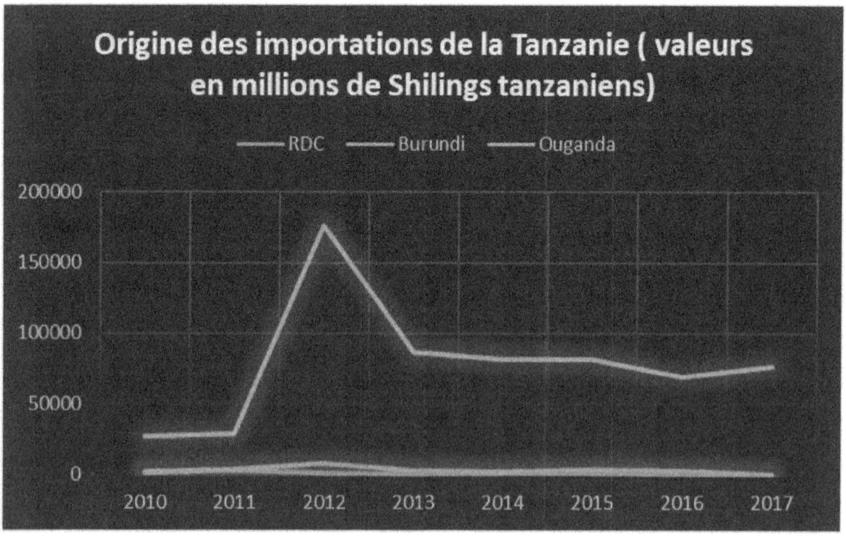

La RDC est appelée à revitaliser le cadre de son secteur agricole, non seulement afin d'éradiquer la pauvreté et la faim, mais aussi pour assurer la stabilité sociale des zones caractérisées par les déplacements en masse et les attaques armées[103]. Selon un rapport, le commerce transfrontalier pourrait jouer un rôle important dans la réduction des différences de prix par rapport au barème des prix et à la volatilité des prix des produits agricoles s'il est effectué une comparaison des prix des produits alimentaires dans un ensemble des marchés dans les trois pays (RDC, Rwanda, Ouganda)[104].

La nouvelle stratégie agricole que le Gouvernement a adoptée en mars 2010 prévoit quatre grandes initiatives: l'amélioration de l'efficience de la commercialisation, l'accroissement de la productivité des petits agriculteurs traditionnels, la recapitalisation du secteur agricole et de l'élevage par des investissements dans les exploitations et la fourniture des services de vulgarisation décentralisés et déconcentrés à une large gamme d'initiatives conduites par les communautés. Fort dommage qu'en dépit de cette stratégie et bien que le pays ait progressé dans la voie de sa réforme économique, très peu de ressources ont été allouées jusqu'ici au soutien de la croissance du secteur[105].

La légende en rayure sur cette carte agricole montre clairement que la RDC est dotée d'un potentiel agricole élevé, des terres arables où le seul effort à fournir est celui de planter et la nature se charge du reste. L'état des routes en général ne facilite pas la jonction entre les centres agricoles et les marchés d'écoulement des produits. Ce potentiel ne se limite pas seulement à la production agro-pastorale. Il touche aussi les richesses en minerais.

---

[103] Department For International Development, *op. cit.*, p. 12

[104] Caroline SHENAZ HOSSEIN et Paul BRENTON, *Facilitating Cross-Border Trade between the DRC and Neighbors in the Great Lakes Region of Africa: Improving Conditions for Poor Traders*, World Bank, Research Gate, June 2011, p. 3

[105] Ministère du Commerce, petites et moyennes entreprises de la République Démocratique du Congo, *Etude diagnostique sur l'intégration du commerce, programme cadre intégré renforce*, Kinshasa, juillet 2010, p. 5

**Carte 4 : Domaines de développement agricole en RDC**

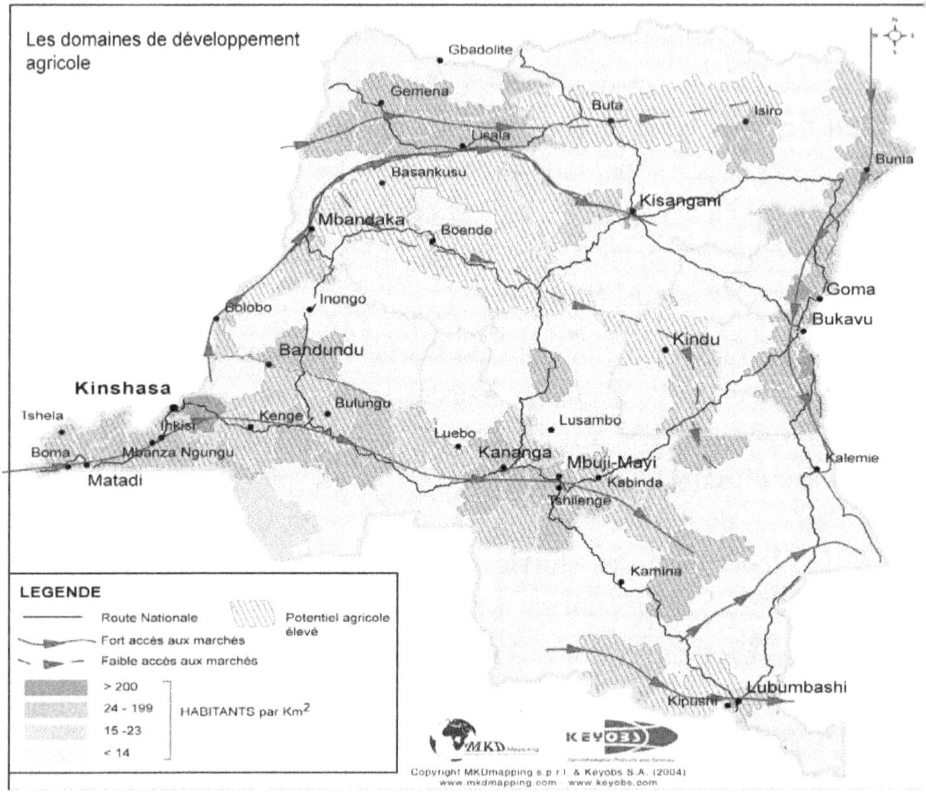


Source : Ministère du Commerce, petites et moyennes entreprises de la République Démocratique du Congo, *op. cit.,* p. 147

Le tantale domine le commerce transfrontalier du minerai à l'Est de la RDC. C'est un métal extrêmement lourd et relativement rare que l'on trouve dans le sous-sol du Nord et du Sud-Kivu, sous forme de « coltan » (colombo-tantalite), mélangé à de la « cassitérite » (minerai d'oxidetain). Très prisé pour son extrême résistance à la chaleur, le tantale trouve son utilisation dans les télécommunications, dans la construction des fusées, des satellites et dans l'armement, etc. Depuis un temps, ce minerai contribue à la miniaturisation des téléphones mobiles, ce qui explique que son cours mondial ait connu récemment un accroissement considérable[106].

La RDC et ses voisins orientaux ne s'adonnent pas à ce secteur avec le même empressement. L'extraction des minerais et le secteur des industries extractives n'occupent pas une place de premier plan dans le tableau économique de l'Ouganda bien qu'il n'en manque pas de potentiel. À présent et sur le court à moyen terme, le secteur n'est pas encore répertorié dans sa manière de s'intégrer dans le développement économique national pour jouer un rôle significatif[107].

Contrairement à l'Ouganda, « le Rwanda a placé les minerais comme second objectif d'exportation après le tourisme dans son prochain cycle de développement économique. Cela a changé de façon spectaculaire la dynamique de l'extraction locale et du secteur de l'exportation des minerais, et a le potentiel pour transformer les politiques régionales toxiques associées aux minerais »[108].

Il y a peu, le secteur des industries extractives rwandais était considéré comme naissant avec ses premiers balbutiements, par le Gouvernement rwandais et par les institutions économiques internationales. Largement informelle, l'industrie extractive n'apparaissait pas comme un facteur significatif de croissance. Les autorités rwandaises et les négociants locaux et internationaux basés au Rwanda ont eu l'astuce rentable de l'utiliser comme une stratégie de dissimuler des pratiques bien établies pour faire passer les minerais de l'Est de la RDC vers les marchés internationaux.

L'extraction minière au Rwanda est caractérisée par un volume minime. La grande proportion des minerais sont obtenus par le moyen informel, et même de contournement en ce qui concerne le commerce

---

[106] Stephen JACKSON, « Nos richesses sont pillées!» Économies de guerre et rumeurs de crime au Kivu », *Politique africaine*, n° 84 - décembre 2001, p. 123

[107] Organisation pour la Coopération et le Développement Economique, *L'approvisionnement responsable en minerais de la Région des Grands Lacs. Comment les donneurs peuvent-ils soutenir les Gouvernements hôtes ?*, Rapport final, 2012, p. 17

[108] Organisation pour la Coopération et le Développement Economique, *op. cit.*, p. 19

de l'or passant par le Burundi, en particulier. Face à cette situation, les autorités y apportent des réponses jugées encore insuffisantes pour en restreindre le phénomène dû en partie aux contraintes en termes de capacités[109].

La diversité et la quantité des matières minières que regorge le sous-sol de la RDC révèle un fort potentiel de développement minier de ce vaste pays doté d'un large spectre de produits minéraux tels que l'améthyste, la bauxite, le bismuth, le cadmium, la cassitérite (minerai d'étain), le charbon, le cobalt, le coltan, le cuivre, les diamants, le germanium, l'or, le fer, le manganèse, le pyrochlore, l'argent, la tourmaline, l'uranium, la wolframite (minerai de tungstène), le zinc, et une multitude de pierres précieuses dont la tête du peloton est occupé par le diamant. Les experts avancent des estimations (à admettre sous réserve) de l'ordre de vingt-quatre mille milliards de dollars comme valeur des richesses contenues dans le sous-sol congolais. Des chiffres indiquent que la RDC a extrait la moitié de la production mondiale annuelle du cobalt en 2019 équivalant à 90 milles tonnes. Quel potentiel!

[109] Organisation pour la Coopération et le Développement Economique, *op. cit.*, p. 2

**Carte 5 : Localisation de ressources naturelles**

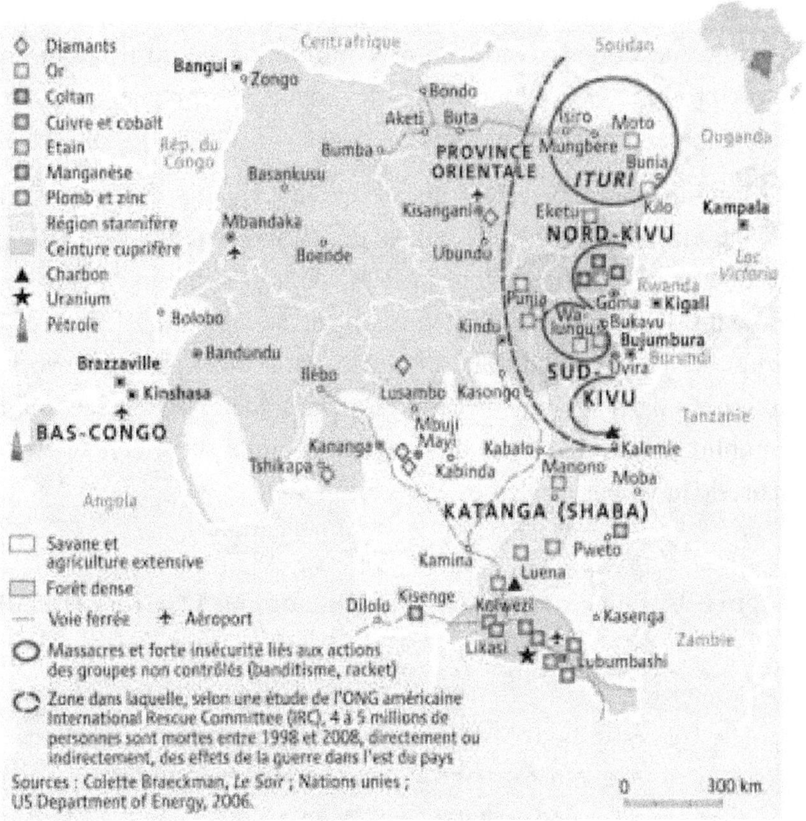


Source : Wikipédia

Un auteur indique le fondement du mercantilisme d'après Paul Krugman selon lequel les exportations sont un bien, que les importations sont un mal et que, toute chose restant égale par ailleurs, une augmentation simultanée des exportations et des importations est un bien[110]. La philosophie de cet éminent économiste, prix Nobel en 2008, présente des avantages comparatifs pour un Etat d'être libre-échangiste en ce qu'il est doté de la capacité de contribuer à la spécialisation internationale en développant des secteurs pour lesquels

[110] Voir P. R. KRUGMAN, (1992), « Does the New Trade Theory Require a New Trade Policy ? », *World Economy*, 15(4), juillet cité par MEHDI ABBAS, *op. cit.*, p.4

il est relativement meilleur[111]. Etant donné que l'utilité du commerce est de permettre d'acquérir des produits qu'un Etat n'est pas capable de produire ou de les avoir à un prix inférieur à ce qu'il aurait coûté pour les produire, les exportations devraient être perçues comme un moyen de paiement des importations[112].

C'est pourquoi, dans cette perspective, les valeurs des exportations devraient être supérieures à celles des importations. Cette théorie cache une grande sagesse dont la RDC devrait s'inspirer avant de se lancer dans le processus d'intégration au sein de la ZLECAF. Les exportations du Burundi au 1er trimestre 2017 sont, à 96,1 % consommées dans seulement 12 pays de la planète Terre avec à la tête la République Démocratique du Congo qui à elle seule achète environ un quart de la valeur totale des exportations[113].

**Figure 9 : Principaux clients du Burundi au 1er trimestre 2017**

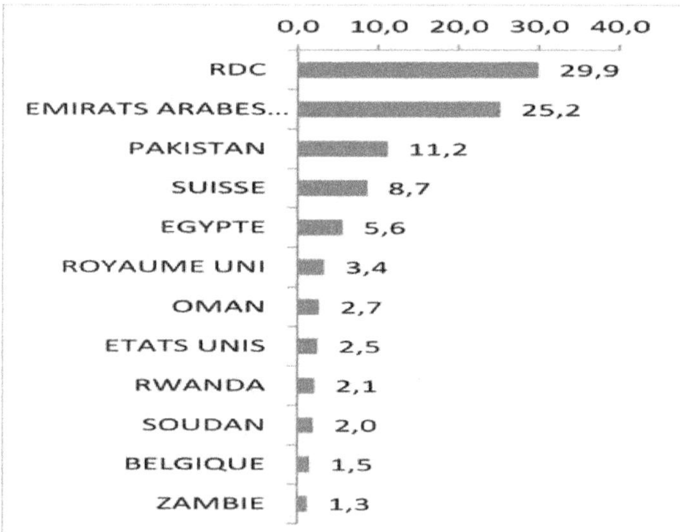


[111] Steven COISSARD, *L'économie internationale selon Paul Krugman*, p. 8, disponible sur www.diplomatie.gouv.fr/IMG/pdf, consulté le 9 juillet 2020

[112] Steven COISSARD, *op. cit.*, p. 9

[113] Office Burundais des Recettes, « Statistiques du commerce extérieur des marchandises du Burundi » *in Bulletin trimestriel*, 1er trimestre-juin 2017, Commissariat des douanes et accises, p.14

**Figure 10 : Principaux clients du Burundi au 1er trimestre 2016**

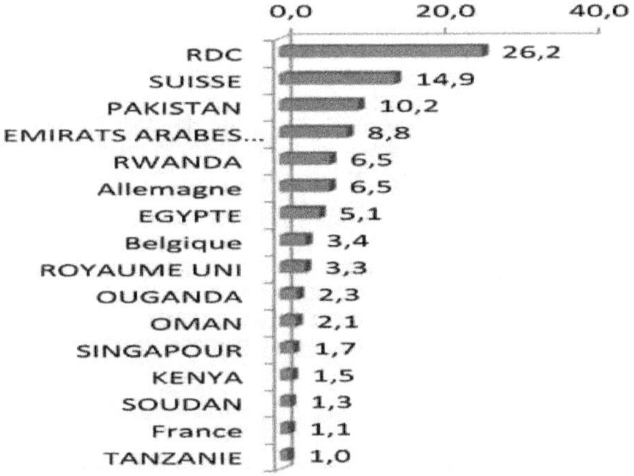


**Figure 11 : Destination des exportations du Burundi**

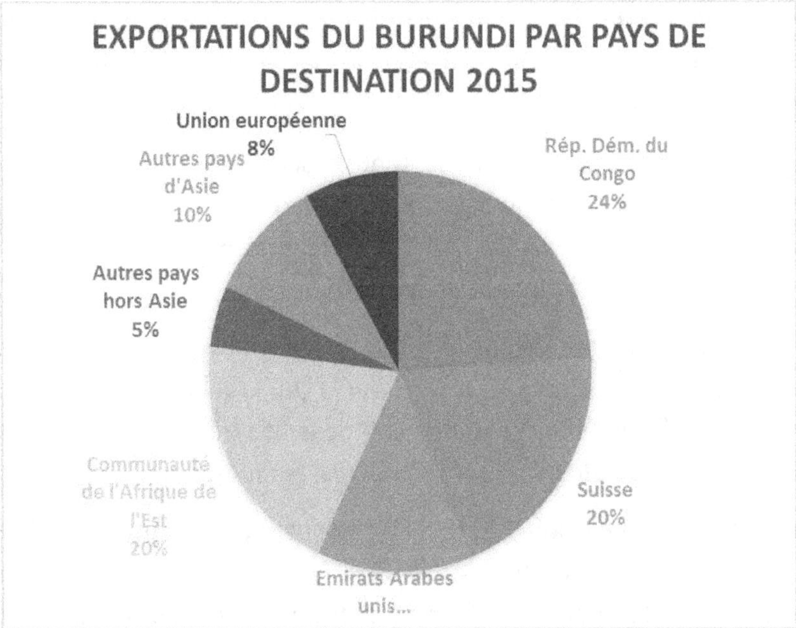


Source : Commission économique pour l'Afrique, *Profil de pays 2016 : le Burundi*, Nations Unies, Addis-Abeba, mars 2017, p. 5 (www.uneca.org/publications)

Par paradoxe, la RDC ne figure pas parmi les principaux pays exportateurs du Burundi.

### 2. *Services : transport, télécommunication, tourisme*

Les services génèrent plus de deux tiers de la production économique et attirent dans la même proportion les investissements directs étrangers. Bien que le marché international des services ne représente qu'un cinquième du commerce transfrontalier, il demeure le secteur qui connaît la croissance la plus rapide selon le rapport de l'OMC de 2017[114].

Il conviendrait de reconnaître que l'atmosphère créée par la spirale des violences au milieu de la population civile handicape le marché des services. A cela s'ajoutent des problèmes liés à la carence et la vétusté en infrastructures énergétiques, de transport et communication. Dans le cadre de la facilitation du commerce transfrontalier entre la RDC et l'Ouganda, les Chefs d'Etat ont pris la résolution sur base d'un communiqué conjoint, d'aménager les routes Mpondwe-Beni et Bunagana-Rutshuru[115].

Les télécommunications demeurent un secteur transnational dans la mesure où ce sont des opérateurs et prestataires multinationaux qui pourvoient les services à travers les différents pays de la Région. Il s'agit, par exemple, d'Orange, d'Airtel, de MTN, …

N'eut-été ce climat d'insécurité, la Région des Grands Lacs serait réellement une destination touristique. Qu'à cela ne tienne, cette activité reste florissante. Plusieurs composantes interviennent dans des activités commerciales, surtout le long des frontières.

Le potentiel touristique de la RDC est incontestablement énorme et varié. Cette diversité comprend une biodiversité, des ressources hydrauliques, des parcs et réserves naturels, des reliefs, des climats

---

[114] OMC, *Rapport sur le commerce mondial 2019 : l'avenir du commerce des services*, p. 16

[115] Communiqué conjoint sanctionnant la visite officielle du Président Felix-Antoine TSHISEKEDI à Kampala, du 9 au 10 novembre 2019

favorables, une diversité à la fois ethnique et culturelle. Cependant, des conflits armés ont paralysé le secteur, plus particulièrement à l'Est considéré comme le fleuron du tourisme. La destruction des infrastructures fait en sorte que le tourisme rencontre des difficultés à se relancer. En outre, la capacité hôtelière ainsi que la présence des armateurs éco-touristes ne sont pas suffisantes. La contribution du tourisme au PIB national reste très faible[116].

Les analyses économiques établissent que certains pays en développement à l'instar de la RDC ont même contourné le processus de l'industrialisation pour passer de l'agriculture aux services. Nous reconnaissons que le marché des services présente ses avantages en termes de faible intensité de capital, de mobilité et de la facilité d'accès. Toutefois, le passage par l'industrie, surtout manufacturière, assure l'autonomie. Le développement de la numérisation du commerce des services permettra aux petites et moyennes entreprises congolaises d'offrir leurs services à distance et vers les pays de la Région.

---

[116] Organe d'examen des politiques commerciales de l'OMC, *Examen de politiques commerciales : la République Démocratique du Congo*, rapport du secrétariat, 16 mai 2016, p. 110

**Figure 12 : Valeur du commerce électronique mondial**

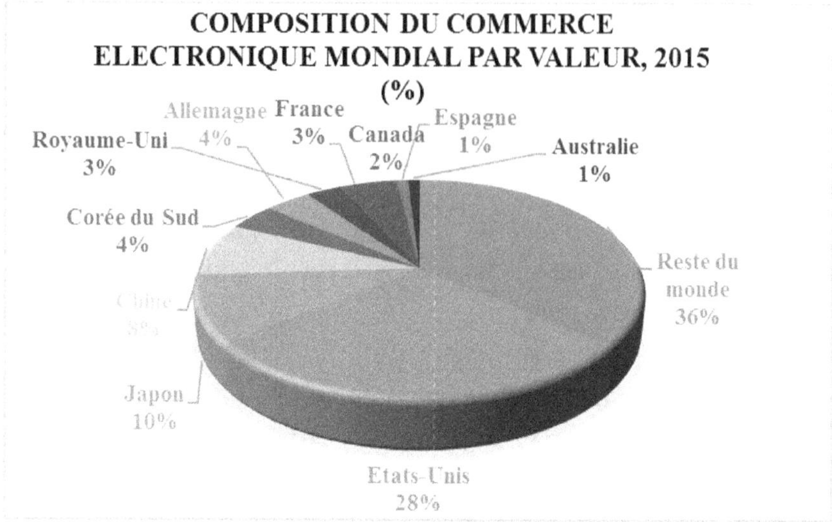


Source : OMC, *Rapport sur le commerce mondial 2018 : L'avenir du commerce mondial: comment les technologies numériques transforment le commerce mondial*, p. 55

Ces données mises en ligne par la CNUCED en 2017 renseignent que quatre puissances (Etats-Unis, Chine, Japon et Corée du Sud) se taillent la moitié du total mondial. Dans le contexte des mesures drastiques prises par la quasi-totalité des Etats pour combattre la propagation du Coronavirus (Covid-19), l'e-commerce a le vent en poupe. Toutes ces personnes mises en quarantaine ou confinées dans leurs maisons pendant plusieurs jours font des achats sur internet. La livraison des produits pourra se faire dans le respect des normes de sécurité sanitaire afin d'éviter la contamination. En effet, une illustration confirme cet argument.

Depuis le début de la propagation de la pandémie du Covid-19, Jeff Bezos, le patron d'Amazon (une société américaine spécialisée dans la vente en ligne) a fait gonfler sa fortune personnelle d'un supplément de 24 milliards de dollars américains en l'espace de quatre mois. Le commerce électronique fait ses premiers pas en RDC avec des initiatives des jeunes tendant à la création des start-up, des plates-formes commerciales en ligne, des incubateurs et autres.

## Paragraphe II. Les activités commerciales à travers les frontières

Plusieurs acteurs concourent au commerce transfrontalier dans la Région et plus particulièrement à travers les postes-frontières de l'Est de la RDC. D'un côté, l'on trouve les personnes publiques et de l'autre les personnes privées commerçantes (A) dont les activités traversent les frontières au niveau des postes douaniers et frontaliers (B).

### A. Les personnes commerçantes

L'obtention de la qualité de commerçant dépend d'une législation nationale à une autre. En République Démocratique du Congo, est commerçante toute personne physique et morale accomplissant des actes de commerce tels que cités dans l'ancien code de commerce et dans l'acte uniforme de l'OHADA sur le commerce général.

#### *1. Les personnes commerçantes à caractère public*

A l'origine de la création de l'Etat, celui-ci possédant des prérogatives de puissance publique de contrainte avait pour rôle d'assurer simplement l'exercice de la souveraineté par des compétences régaliennes : sécurité, justice, affaires étrangères (*Jure imperii*).

Toutes les autres activités étaient organisées par des privés, en premier lieu le commerce et les finances. La pensée libérale ira encore loin en affirmant que l'Etat ne dispose que d'une petite marge de manœuvre dans la réglementation des activités économiques. Les mécanismes autorégulateurs du marché font la loi (la loi de l'offre et de la demande). Avec l'idéologie socialiste, les fonctions de l'Etat se sont diversifiées vu les attentes sans cesse naissantes de ses sujets.

De ce qui précède, il y lieu de distinguer les activités effectuées à titre de souverain et celles considérées comme non souveraines. En conséquence, une conception restrictive de l'immunité de l'État s'est développée en droit international. Suivant la dualité activités souveraines-activités non souveraines, une distinction a été établie entre *acta jure imperii*, les actes effectués à titre de souverain, et *acta jure gestionis*, actes privés ou commerciaux d'un État. Il en découlerait suivant une opinion majoritairement suivie par les Etats que seuls les actes *jure imperii* sont couverts de l'immunité (de juridiction et d'exécution), mais il n'en est pas le cas des actes *jure gestionis*[117].

Alberto Costi confirme l'autorité de cette dérogation en ces termes : « Cette approbation quasi-générale de la doctrine restrictive se reflète dans la *Convention des Nations Unies sur les immunités juridictionnelles des États et de leurs biens* adoptée sans vote par l'Assemblée générale des Nations Unies en 2004, et prévoyant *inter alia* une exception à l'immunité pour les activités commerciales »[118].

Le rôle de l'Etat a évolué au-delà du fait de son interventionnisme au point qu'il est dorénavant compétent à poser des actes de *jure gestionis* (acte de gestion privée). Une entité juridique créée par l'Etat au sens large peut être revêtue de qualité commerçante. Tel est le cas de société d'Etat où il est actionnaire unique ou majoritaire. D'où, la notion de l'Etat commerçant a vu le jour à côté de l'Etat gendarme. La loi portant dispositions générales relatives à la transformation des entreprises publiques dispose que les entreprises publiques du secteur marchand sont transformées en sociétés commerciales soumises au régime de droit commun et aux dispositions dérogatoires de la loi sous

---

[117] Alberto COSTI, « L'arrêt de la Cour internationale de Justice dans l'affaire des immunités juridictionnelles de l'Etat », *Revue québécoise de droit international*, Hors-série, juin 2015, p. 272

[118] Convention des Nations Unies sur les immunités juridictionnelles des États et de leurs biens, 2 décembre 2004 (non encore en vigueur), art. 10, en ligne : Nations Unies : Collection des Traités <https://treaties.un.org/doc/source/RecentTexts/French_3_13.pdf> [Convention des Nations Unies] cité par Alberto Costi, *op. cit.*, p. 273

examen et que par conséquent, elle a la forme d'une société par actions à responsabilité limitée [119].

*2. Les personnes commerçantes à caractère privé*

Véritables acteurs économiques au sens libéral du terme, les privés détiennent les leviers de l'économie nationale et internationale. Dans cette catégorie, figurent aussi bien des personnes physiques que morales. Si la femme commerçante qui fait la navette Goma-Kigali est une personne physique, les sociétés comme Orange sont des personnes morales.

Le dénominateur commun entre elles est que les deux jouissent de la personnalité juridique aux fins de poser des actes de commerce. Toutefois, certaines dispositions instituent un régime d'incapacité d'exercer le commerce à titre de profession. C'est pourquoi l'article 6 de l'Acte uniforme dispose : « Nul ne peut accomplir des actes de commerce à titre de profession habituelle s'il n'est juridiquement capable d'exercer le commerce ». La capacité étant le principe et l'incapacité l'exception.

Qu'en est-il de la femme mariée étant donné que la plupart de petites commerçantes transfrontalières sont aussi mariées? L'autorisation maritale à laquelle était jadis subordonné l'exercice de la capacité de la femme à poser certains actes juridiques tels que le contrat de travail ou l'exercice du commerce, vient d'être élaguée dans le nouveau code de la famille du 12 août 2016. De ce fait, elle peut dorénavant devenir commerçante de sa propre initiative. Elle a acquis son émancipation juridique même pour poser des actes commerciaux dans l'espace OHADA.

En outre, l'Acte uniforme sur le droit commercial général du 15 décembre 2010 en l'article 9 précise le régime d'incompatibilité en ces

---

[119] Articles 4 et 5 de la loi n° 08/007 du 07 juillet 2008 portant dispositions générales relatives à la transformation des entreprises publiques, Journal Officiel de la République Démocratique du Congo, numéro spécial, 12 juillet 2008, 49ème année

termes : « L'exercice d'une activité commerciale est incompatible avec l'exercice des fonctions ou professions suivantes :

- fonctionnaires et personnels des collectivités publiques et des entreprises à participation publique ;
- officiers ministériels et auxiliaires de justice : avocat, huissier, commissaire-priseur, agent de change, notaire, greffier, administrateur et liquidateur judiciaire ;
- expert-comptable agréé et comptable agréé, commissaire aux comptes et aux apports ;
- conseil juridique, courtier maritime ;
- plus généralement, toute profession dont l'exercice fait l'objet d'une réglementation interdisant le cumul de cette activité avec l'exercice d'une profession commerciale ».

Toutes ces fonctions sont soumises à des règlementations interdisant le cumul avec une activité commerciale. « Enfin, des interdictions classiques (qu'il est possible de faire lever) apparaissent aussi dans le système OHADA et privent certaines personnes de l'accès au commerce »[120].

L'article 446 point 1 du Code civil livre III définit la société comme « un contrat par lequel deux ou plusieurs personnes conviennent de mettre quelque chose en commun en vue de partager le bénéfice qui pourra en résulter ». Selon le droit OHADA, « la société commerciale est créée par deux ou plusieurs personnes qui conviennent, par contrat, d'affecter à une activité, des biens en numéraire ou en nature, dans le but de partager le bénéfice ou de profiter de l'économie qui pourra en résulter… ».

La soif des minerais à l'Est de la RDC a attiré l'afflux des sociétés multinationales à la recherche des matières précieuses comme l'or, le coltan, le cobalt, etc. Ce sont de simples acteurs de la vie internationale et ne jouissent pas encore de la personnalité juridique

---

[120] Roger MASAMBA, *Guide pratique du droit des affaires en RDC*, Octobre 2009, pp. 10-11

internationale réservée aux sujets originaires (Etat et Organisations internationales). Toutefois, elles ont la nationalité de l'Etat sur le territoire duquel elles sont créées, immatriculées ou exercent leurs activités. Dans ce cas, il s'agit de la personnalité juridique interne. Certains doctrinaires comme Dominique Carreau plaident pour la reconnaissance en leur faveur d'une personnalité juridique en droit international économique par considération de leur rôle imposant dans les relations internationales.

« Il s'agit généralement d'entreprises ou d'autres entités établies dans plusieurs pays et liées de telle façon qu'elles peuvent coordonner leurs activités de diverses manières. Une ou plusieurs de ces entités peuvent être en mesure d'exercer une grande influence sur les activités des autres, mais leur degré d'autonomie au sein de l'entreprise peut être très variable d'une multinationale à l'autre. Leur capital peut être privé, public ou mixte »[121].

Etant donné que le risque de violations systématiques des droits de l'homme est plus élevé dans les zones de conflits, il incombe à l'Etat territorial de prendre des mesures de sorte que les entreprises opérant dans ces circonstances ne prennent pas part à ces violations. Cependant, il s'avère qu'une entreprise ayant atteint les dimensions d'une firme multinationale échappe au contrôle et au pouvoir d'un Etat pris individuellement du fait de l'extension de ses activités jusqu'aux extrémités de la terre, et dotée d'une puissance financière mastodonte de loin supérieure au budget de certains Etats fragiles. C'est pourquoi « les Etats devraient envisager des approches multilatérales pour prévenir ces actes et y remédier, et pour appuyer des initiatives collectives efficaces »[122].

---

[121] *Principes directeurs,* Chapitre I point 3 cité par William Bourdon (dir.), *Les principes directeurs de l'OCDE à l'intention des entreprises multinationales. Un statut juridique en mutation*, Juin 2007, p. 34

[122] Haut-Commissariat des Nations Unies aux Droits de l'Homme, *Principes directeurs relatifs aux entreprises et aux droits de l'homme. Mise en œuvre du cadre de référence « protéger, respecter et réparer » des Nations Unies*, New York et Genève, 2011, pp. 10-11

Leur implication de plus en plus récurrente dans les conflits armés à travers le monde a incité les Nations Unies a initié un projet sur la responsabilité internationale des sociétés pour violation des droits de l'homme et plus spécifiquement de ceux des populations autochtones. Quant à ce, Marcela Mantilla argumente : « Avec la multiplication exponentielle de ces entreprises et leur évolution en acteurs fondamentaux dans les relations internationales, la réglementation des activités des entreprises transnationales est devenue une nécessité ».

A partir de ce moment, le débat sur le statut des entreprises transnationales et la recherche d'un nouvel ordre économique international plus respectueux des intérêts des pays en voie de développement sont nés[123]. Pour ce faire, les Nations Unies ont mis sur pied un Groupe de travail chargé d'entrevoir un régime juridique sur cette responsabilité.

Après avoir recueilli les avis des uns et des autres parmi les acteurs internationaux n'excluant pas la réticence des sociétés multinationales, il a rendu un rapport estimant qu'un code de conduite pourrait résoudre le problème dès lors qu'il passe pour un mécanisme de persuasion morale, renforcé par l'autorité de l'organisation internationale et de l'opinion publique[124].

A l'initiative de la République sud-africaine et de l'Équateur, fut adoptée au sein du Conseil des droits de l'Homme de l'ONU en juin 2014, la résolution 26/09 portant création d'un groupe intergouvernemental de travail ayant reçu le mandat d'élaborer un instrument juridique international contraignant relatif à la responsabilité des entreprises multinationales pour violations des droits humains aussi bien en temps de paix qu'en temps de guerre. Depuis lors, le groupe multiplie des réunions impliquant différents acteurs, principalement les membres de la société civile internationale

---

[123] Marcela Ivonne MANTILLA MARTINEZ, *La responsabilité des entreprises transnationales en droit international des droits de l'homme et en droit international humanitaire : le cas du secteur énergétique*, Droit. Université Paris Sud-Paris XI, 2014, p. 91, disponible sur https://tel.archives-ouvertes.fr/tel-01146317/dociment, consulté le 18 août 2019

[124] Marcela Ivonne MANTILLA MARTINEZ, *op. cit.*, p. 93

pour aboutir à l'adoption d'un avant-projet de traité. Cet aboutissement heureux mettrait ainsi un terme à l'impunité des sociétés multinationales impliquées spécifiquement dans les violations des droits de l'homme et le pillage des ressources naturelles des peuples meurtris par des actions des groupes armés.

## B. L'atmosphère au niveau de principaux postes-frontières et douaniers

Plusieurs postes-frontières servent de point d'entrée et de sortie des produits d'échanges dans l'axe sous examen à l'Est de la République Démocratique du Congo : Uvira-Bujumbura (entre la RDC et le Burundi), Bukavu-Cyangugu (entre la RDC et le Rwanda), Grande barrière et Petite barrière (entre la RDC et le Rwanda), Kasindi-Mpondwe (entre la RDC et l'Uganda). Il en existe encore tant d'autres.

### *1. Multiplicité de services opérants*

Malgré les efforts que consentent des Etats en ce qui concerne la facilitation du commerce transfrontalier, certains défis d'ordre juridique et opérationnel demeurent encore. Il s'agit notamment de la multiplicité des services et de la pléthore des agents affectés par agence opérant au niveau des postes douaniers[125]. Leur présence indispose les commerçants, encourage la contrebande, la fraude, la concussion et en dernier lieu paralyse les activités commerciales. Usant de la plénitude du pouvoir règlementaire général sous réserve des compétences résiduelles réservées au Président de la République, le Premier-ministre avait pris un décret sur la restriction du nombre et de la nomenclature des services spécialisés des postes douaniers. En vertu de ce décret, les services habilités à opérer aux frontières sont :

---

[125] Ministère du Commerce extérieur, *op. cit.*, p. 54

- La DGDA pour le service de dédouanement des marchandises à l'importation et à l'exportation ;
- L'OCC chargé du contrôle pour le lieu d'embarquement et de débarquement, de la quantité, de la qualité et des prix des marchandises et produits exportés et importés ;
- La DGM pour les mouvements des personnes physiques à l'arrivée et au départ ;
- Le service d'hygiène publique pour les contrôles sanitaires[126].

**Figure 13 : Différents services opérant aux postes-frontières**

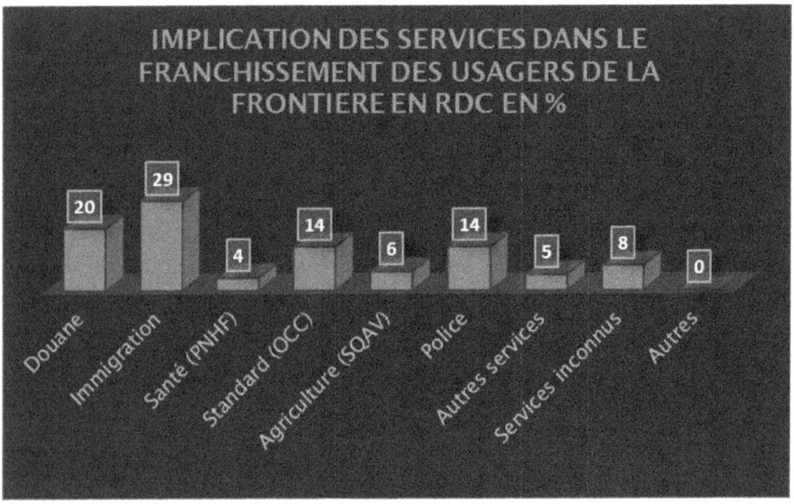


Source : Ministère du commerce extérieur, *op. cit.*, p. 54

« La frontière est comme un champ où tout le monde récolte, y compris les fonctionnaires », explique Jerry Shungu, directeur d'APIBA, une organisation non gouvernementale (ONG) locale de

[126] Décret n° 036/2002 du 28 mars 2002 portant désignation des services et organismes publics habilités à exercer aux frontières de la République Démocratique du Congo

soutien aux commerçantes[127]. Du côté congolais, il faut franchir de nombreux obstacles : police des frontières, bureau de direction générale des douanes et accises (DGDA), Direction générale de migration (DGM), Bureau d'hygiène à la frontière, Office congolais de contrôle (OCC) et autres formalités liées à la sécurité. Selon les estimations, près de 30 services étatiques opèrent aux frontières dans la province d'Ituri, alors que 4 seulement sont habilités à le faire conformément aux prescriptions du décret sus évoqué.

Recherchant les moyens de réalisation de la politique nationale, les pouvoirs publics sont invités à veiller au comportement des agents au centre de la fraude et de l'évasion fiscale. Les tracasseries découragent les commerçants à tenir des déclarations sincères et conformes de la matière imposable au point que certains faits générateurs d'impôts échappent à la douane. De ce fait, ils tomberaient sous le coup des sanctions liées à la fraude douanière, qui sont la confiscation, les condamnations fiscales ou pécuniaires ainsi que des mesures de sureté personnelle[128]. Ils s'en remettent à la fraude et à la contrebande au gré de la corruption et des arrangements illicites. Aux tracasseries s'ajoute le terrorisme fiscal s'exprimant par des taxes élevées. Trop de taxes tuent les taxes. Toutes ces pratiques sont à la base de la construction d'un système de fraude systématique dans laquelle baignent les opérateurs économiques et les agents commis à l'exportation et à l'importation[129].

Les opérateurs économiques et surtout les petits commerçants font face au quotidien à des attitudes de harcèlement nécessitant la création d'une structure de médiation devant intervenir en cas de désaccord entre les agents et les commerçants. A défaut, les agences publiques commises à la douane doivent être amenées à respecter les

[127] International Alert, *Traversées Sur la voie de la paix*, 2015, p.16, disponible sur www.international-alert.org/publications, consulté le 19 mai 2019
[128] Voir Jean AFOTO ELENGA-di-OKANGA, *Moyens et méthodes de vérification et lutte contre la fraude*, cours inédit, Administration publique, GIII Administration douanière, ENAP, Kinshasa, 2004-2005 cité par Jean AFOTO ELENGA-di-OKANGA, *Lutte contre la fraude douanière en RD Congo*, Coll. « Comptes rendus », L'Harmattan, 2010, pp. 339-340
[129] Aloys TEGERA et Dominic JOHNSON, *op. cit.*, p. 21

dispositions légales et règlementaires y relatives. Cette lacune persistante constitue un frein à la facilitation des échanges[130].

## *2. Statistiques sur les flux commerciaux enregistrés*

Des chiffres indiquent à suffisance que les flux commerciaux dans la Région des Grands-Lacs sont importants dans la mesure où le commerce intra-africain dans la Région se déroule sur un grand marché de consommation estimé à plus de 370 millions de personnes et un PIB total de plus de 1 milliard de dollars américains. La situation économique serait d'ailleurs meilleure si prévalait la sécurité maximale des personnes et des biens. Ces statistiques sont établies sur base des enregistrements qui ont été effectués aux différents points frontaliers, lieu de traversée des marchandises. En outre, il conviendrait de ne pas perdre de vue le secteur des services.

Le paradoxe est que les zones de conflits ou militarisées dans la partie orientale de la RDC s'avèrent être des milieux les moins pauvres grâce aux ressources tirées de l'économie de guerre. Plusieurs études ont tenté d'expliquer l'origine de ces revenus que détiennent des groupes armés afin d'alimenter et de soutenir de pied ferme les hostilités qu'ils engagent. La situation profite notamment aux opérateurs économiques bénéficiant d'un cadre institutionnalisé de faible taux de taxation. Un aspect positif en apparence dans l'économie de guerre est de constater que l'exploitation minière légale et illégale ainsi que le commerce des autres marchandises ont contribué à l'éradication de la pauvreté dans ces zones, plus précisément dans les Nord et Sud-Kivu (coltan) et dans l'Est de la Province Orientale (or)[131]. Le défi d'une redistribution équitable et organisée des ressources entre les citoyens reste énorme.

---

[130] Ministère du Commerce et petites et moyennes entreprises, *op. cit.*, p. 91
[131] Banque Mondiale, *op. cit.*, pp. 28-29

**Tableau 28 : Commerce de la République Démocratique du Congo avec ses voisins (en millions de dollars américains)**

| Commerce total (importations et exportations) | | | | |
|---|---|---|---|---|
| Partenaire | 2004 | 2008 | 2010 | 2012 |
| Burundi | 2,3 | 2,1 | 3,6 | 15,5 |
| RCA | 8,1 | 16,1 | 17,9 | 20,9 |
| Congo Brazza | 3,1 | 6,2 | 6,9 | 8 |
| Rwanda | 13,5 | 66,1 | 73,4 | 85,7 |
| Tanzanie | 29,5 | 59,1 | 65,6 | 76,6 |
| Ouganda | 33,9 | 138,9 | 154,3 | 180,2 |
| Échanges total | | 288,4 | 321,7 | 387 |

| Balance commerciale (exportations de la RDC – importations de la RDC) | | | | |
|---|---|---|---|---|
| Partenaire | 2004 | 2008 | 2010 | 2012 |
| Burundi | 1,7 | 1,6 | 2,1 | 6,3 |
| RCA | 2,4 | 4,9 | 5,4 | 6,3 |
| Congo Brazza | 1,3 | 2,6 | 2,9 | 3,4 |
| Rwanda | 9 | 45,6 | 50,6 | 59,1 |
| Tanzanie | 28,4 | 56,8 | 63,1 | 73,7 |
| Ouganda | 29,7 | 136,1 | 151,2 | 176,6 |
| Balance commerciale t. | 48,5 | 242,3 | 269,6 | 318,6 |

[132]

Ce sont-là les données officielles sur le commerce frontalier des marchandises dans la Région des Grands Lacs entre la RDC, le Burundi, la Rwanda et l'Ouganda en 2009. Ces valeurs du commerce frontalier sont faibles par rapport au total des importations de chaque pays[133].

Deux motifs sont susceptibles de le justifier : soit que le commerce intra-africain dans cet axe est faible et peu développé (quantité de produits limitée, produits bruts à faible valeur ajoutée, …), soit que les statistiques ne sont pas établies par défaillance ou sont sous-estimées.

A titre de rappel, ce chapitre étant arrivé à terme s'est attelé à tracer un tableau synoptique du régime juridique du commerce transfrontalier dans la Région des Grands-Lacs et dans l'axe oriental de la RDC comptant le Rwanda, le Burundi, l'Ouganda et la Tanzanie. Ce régime comporte des normes au niveau international, régional et bilatéral.

---

[132] Source: Direction des statistiques du commerce du FMI cité par Commission économique pour l'Afrique, *op. cit.*, p. 64

[133] Stany VWIMA., *op. cit.*, p. 7

Ce chapitre a pu dresser le trame du commerce transfrontalier à l'Est de la RDC partant des accords internationaux et régionaux jusqu'aux relations commerciales bilatérales avec les pays voisins. Paradoxe est le maître-mot qui se dégage de ce cadre bilatéral. Il est démontré par exemple que le Rwanda est exportateur des matières premières qu'il ne produit pas. Il transforme et exporte certains produits qu'il achète dans l'informel par fraude ou contrebande. L'instabilité à l'Est entraîne la contrebande en faveur de l'Ouganda, du Burundi et de la Tanzanie.

Tous les efforts doivent converger non seulement vers la conclusion des accords sérieux devant faire cesser cette hypocrisie, mais aussi vers l'édification d'un Etat fort, doté d'une administration impeccable et d'une armée dissuasive. En ce qui concerne les minerais, il y a urgence d'industrialiser le secteur minier dans la partie orientale de la RDC. La quasi-inexistence des sociétés minières dans un environnement à prédominance artisanale facilite des abus. A présent, il est question de démontrer la fonction pacificatrice de ce commerce dans la Région.

## Chapitre II.
## Effet pacificateur du commerce transfrontalier dans la Région

S'il est réputé que le commerce est porteur d'enrichissement, il n'en demeure pas moins qu'il soit notamment source de paix et de convivialité. Cette considération n'est pas une nouveauté d'autant plus que, depuis la nuit de temps, le commerce international est perçu par certains auteurs et théoriciens comme étant un important facteur de paix entre nations.

Selon l'éminent économiste, Adam Smith, « il irait de l'intérêt national même d'un État de commercer avec son voisin plutôt que de lui faire la guerre »[134]. Au milieu du 19ème siècle, John Stuart Mill écrivit que « le commerce créerait des relations de dépendance mutuelle qui amélioreraient la compréhension entre les peuples et donc, du même coup, contribuerait à la paix et à la stabilité »[135]. D'ailleurs, le célèbre philosophe allemand, « Emmanuel Kant a insisté sur les vertus pacificatrices du commerce entre nations, qui crée des liens transnationaux favorables à la stabilité du système »[136].

La dialectique commerce transfrontalier - paix vaut son pesant d'or en jetant des bases de rationalisation du commerce et de la paix. Le volet « développement économique et intégration régionale » reste une option de taille figurant dans les programmes de la CIRGL au point

---

[134] Scott BURCHILL, 2001. « Liberalism », pp. 29-69, in Scott BURCHILL et al, *Theories of International Relations,* 2nd edition, New York: St. Martin's Press, p. 37 cité par Jean-François LETOURNEAU, *Les conséquences pacificatrices de l'interdépendance économique et la montée des tensions entre la Chine populaire et Taiwan au tournant du 21ème siècle*, mémoire de maîtrise, Université du Québec à Mont Réal, Janvier 2008, p. 29, disponible sur https://123dok-net/document/eqopp85z-consequence-pacificatrices, consulté le 17 mai 2020

[135] Jean-François LETOURNEAU, *op. cit.,* p. 32

[136] François-Xavier MUREHA et Idrissa MOHAMED OUEDRAOGO, *op. cit.*, p. 189

qu'il est à même de contribuer à la promotion des relations de bon voisinage et de pacifier la Région[137].

L'interdépendance entre les populations vivant dans la Région des Grands Lacs fera en sorte que le commerce devienne un catalyseur non négligeable à la consolidation de la paix dans la Région. Pour atteindre cette finalité, l'urgence et la nécessité s'imposent en terme de la dynamisation de ces économies fragmentées et sinistrées.

L'observation des flux commerciaux des produits du secteur primaire, secondaire et tertiaire entre l'Est de la RDC, le Rwanda, le Burundi, l'Ouganda et la Tanzanie permet à l'œil attentionné de comprendre les réalités commerciales transfrontalières à partir des postes-frontières comme il a été précisé dans le chapitre précèdent[138]. D'où, il est important de dresser un état de lieux de principaux facteurs affectant ce commerce transfrontalier (1ère section) avant de formuler des propositions (2ème section) afin que le commerce soit effectivement au service de la paix.

## Section I. Etat des lieux de principaux facteurs affectant le commerce transfrontalier à l'Est de la RDC

Aloys Tegera et Dominic Johnson dans une étude de Pole Institute font ressortir tant soit peu l'état des lieux qui handicape le commerce transfrontalier : « Toutes ces mesures ne seront efficaces que si l'Etat congolais prend à bras le corps les principaux problèmes qui gangrènent ce secteur important de la vie économique. Parmi ces problèmes, qui sont autant de défis à relever, nous pouvons citer les taxes excessives en comparaison avec celles pratiquées par les pays voisins, les taxes illégales et officieuses, la multiplicité des services aux frontières, la disparité des régimes tarifaires à l'intérieur d'une

---

137 François-Xavier MUREHA et Idrissa MOHAMED OUEDRAOGO, *op. cit.*, p. 186

138 Stany VWIMA et al. , *Le rôle du commerce frontalier des produits alimentaires avec le Rwanda dans l'approvisionnement des ménages de la ville de Bukavu (Province du Sud-Kivu)*, p. 1

même province, l'implication des militaires dans le trafic des minerais, le déficit énergétique »[139]. Il conviendrait d'admettre que la présentation de la situation par ces deux auteurs ne prend pas en charge tous les volets du problème.

L'observation des activités commerciales dans la Région des Grands Lacs en général et dans l'axe RDC-Burundi-Rwanda-Ouganda-Tanzanie en particulier, fait ressortir plusieurs caractéristiques affectant lesdites activités dont les principales sont l'enjeu politico-sécuritaire (Paragraphe I) à côté d'une économie d'exploitation illégale et non-conjointe des ressources naturelles (Paragraphe II). Certains aspects de ces caractéristiques ont fait l'objet de développement dans le chapitre précédent.

### Paragraphe I. Enjeu politico-sécuritaire dans les Grands-Lacs

Depuis plus de trois décennies, la sécurité dans la Région des Grands Lacs est devenue un défi majeur au centre des préoccupations non seulement des dirigeants politiques des pays de la Région, mais aussi de la communauté internationale. C'est pour concrétiser ce projet de paix et de stabilité qu'est née l'idée de mise en place de la CIRGL vers la fin des années 90, après le génocide au Rwanda dont l'onde de choc a affecté les autres Etats voisins à cause de l'afflux des réfugiés se comptant en millions.

En date du 30 décembre 1999, l'ancien Secrétaire général de l'ONU, Kofi Annan, nomme M. Berhanu Dinka en qualité de Représentant spécial du Secrétaire général des Nations Unies pour la Région des Grands Lacs. Il reçut comme attribution de consulter les dirigeants de la Région sur la création d'une Conférence internationale pour la paix. A partir de 2003, Plusieurs résolutions du Conseil de Sécurité de l'ONU dont les résolutions 1457 et 1493 établissent

[139] Aloys TEGERA et Dominic JOHNSON, *op. cit.*, p. 5

l'importance d'organiser une conférence sur la Région sous les auspices de l'ONU et de l'Union africaine[140].

De la dialectique entre la sécurité et le commerce, ressortent à la surface deux postulats de toute évidence : l'insécurité est source de compromission de la fluidité commerciale (A) et les activités commerciales renforcent la paix et la stabilité (B).

### A. L'insécurité compromet la fluidité commerciale

Les conflits désorganisent le commerce international. Selon le dictionnaire de droit international public élaboré sous la direction de Jean Salmon, le conflit est « une situation d'affrontement entre sujets antagonistes »[141]. Il devient armé lorsque les parties opposées ont recours à la violence armée. Ainsi, le conflit armé est une situation d'affrontement armé entre sujets antagonistes.

En Afrique, la grande majorité des guerres sont des conflits armés non internationaux. La notion de conflit armé non international désigne le type de conflit armé qui oppose les groupes armés privés aux forces armées régulières et gouvernementales. Il s'agit d'un conflit qui met aux prises les forces régulières aux forces contestataires ou qui opposent des forces non régulières entre elles. Toutefois, la doctrine en droit des conflits armés distingue les conflits armés internationaux internisés et les conflits armés non internationaux internationalisés.

Pourrait compromettre la fluidité du commerce transfrontalier non seulement un conflit armé, mais aussi toute situation de conflictualité d'un seuil déterminé. Les politologues dans leurs études sur les situations de conflit ont classifié et échelonné les seuils de conflits. Par

---

[140] Pamphile SEBAHARA, « La conférence internationale sur l'Afrique des Grands Lacs. Enjeux et impact sur la paix et le développement en RDC », *Les rapports du GRIP*, p. 10, disponible sur http://archive.grip.org/fr/siteweb/dev_87e58c04.asp.html, consulté le 15 août 2019

[141] Jean SALMON (dir.), *Dictionnaire de droit international public*, Bruxelles, Bruylant, 2001, p. 233

exemple, une brouille diplomatique est du seuil 1, l'utilisation de la force par un acte sporadique ou isolé est du seuil 4. C'est pourquoi même « lorsqu'un conflit militaire est relativement de faible intensité, par exemple de niveau 3 (d'un seuil inférieur à celui de la guerre), il désorganisera le commerce en introduisant une forte dose d'incertitude dans les relations commerciales »[142]. Les troubles intérieurs d'un Etat n'ayant pas atteint le niveau de guerre sont certainement capables de faire obstruction à la mise en place des politiques publiques de développement[143]. Les cas d'illustration à puiser dans le commerce international sont légion.

Les rédacteurs du rapport de la Commission économique des Nations Unies pour l'Afrique renseigne que « les pays de la Région des Grands Lacs subissent des conséquences économiques directes des conflits en République Démocratique du Congo, avec notamment la perte de perspectives d'investissement et de commerce transfrontaliers. Le pays représente en effet un important marché pour les importations et exportations des pays voisins »[144].

[142] Philipe MARTIN, *op. cit.* , p. 23
[143] Mamadou MEITE, *op. cit.* , p. 22
[144] Commission économique pour l'Afrique, *op. cit.* , p. 4

**Tableau 29 : exportations des marchandises du Burundi vers la RDC**

| Exportation des marchandises du Burundi vers la RDC, y compris la réexportation, 2012-2017 | | | | | | |
|---|---|---|---|---|---|---|
| Année | 2012 | 2013 | 2014 | 2015 | 2016 | 2017 |
| Exportations totales (Millions de dollars US) | 244.8 | 216.4 | 155.5 | 125.6 | 123.2 | 141.7 |
| % du total | | | | | | |
| République Démocratique du Congo | 5.1 | 6.9 | 20.1 | 24.9 | 22.4 | 17.0 |

Source : Calculs du Secrétariat de l'OMC sur base des données fournies par les autorités burundaises et celles de l'UNSD Comtrade Database.

Au plus fort de l'insécurité à l'Est de la RDC, ce tableau ci-haut indique clairement que le quota des exportations burundaises vers la RDC avait décru. A partir de 2013, l'on constate une augmentation importante. Or, ce coût peut être affecté par le volume de commerce.

On l'a vu, la guerre rend le commerce plus difficile en drainant toute un lot d'obstacles non tarifaires au commerce comme la destruction des infrastructures énergétiques et de transport, l'accroissement du risque lié à l'investissement en raison de l'incertitude et du danger qu'elle induit, des blocus éventuels résultant des opérations militaires et des embargos décrétés sur les produits de l'adversaire. Le fait de guerre influence négativement le commerce selon notre entendement par le développement d'une économie parallèle faisant échapper les recettes du Trésor public.

### *1. Foisonnement d'une économie parallèle (contrebande)*

Comparée au *« Far West américain»* en Afrique, la Région des Grands Lacs s'est transformée en une zone de non-droit, provoquant une ruée vers des ressources minières, spécialement de l'or et du coltan, un lieu par excellence de l'enrichissement rapide des particuliers grâce aux produits de contrebande à destination et au départ de la RDC[145]. Il s'agit d'une entorse à la législation douanière fustigeant la fraude. Un spécialiste de la douane définit la fraude douanière comme « un acte de tromperie destiné à obtenir un avantage en modifiant un ou des éléments de la déclaration devant affecter l'assiette fiscale ou permettant de se voir appliquer une disposition ou une loi différente de celle qui lui serait normalement applicable »[146].

Il est à constater que le paradigme traditionnel à la base de motivations lors de la création des groupes rebelles s'est transformé en un autre : Au départ, les rebellions combattaient un régime illégitime ou dictatorial imposé de l'extérieur ; cependant de nos jours, les motivations implicites se rattachent à l'exploitation des ressources naturelles grâce au contrôle d'une portion de terre échappant à l'autorité de l'Etat[147]. Ils exploitent ces ressources et perçoivent en lieu et place de l'Etat, des droits y relatifs.

On peut parler, de ce fait, d'économie de guerre « lorsque les profits sont obtenus par la violence et qu'ils alimentent à leur tour cette dernière. Ainsi, à côté de l'instrumentalisation politique du désordre, on trouve l'exploitation économique du désordre apparent (mais, en fait, la production rationalisée) causé par la guerre »[148]. Le constat est que l'économie congolaise réputée minière s'est greffée sur une économie parallèle de contrebande et de militarisation de

---

[145] Stephen JACKSON, *op. cit.*, pp. 117-118
[146] Jean AFOTO ELENGA, *op. cit.* , p. 75
[147] Claude SUMATA, « La dynamisation économique de la guerre et de la paix dans la Région des Grands Lacs : le processus de reconstruction post-conflit en RDC », in *Congo-Afrique* n°469, novembre 2012, pp. 666-667
[148] Stephen JACKSON, *op. cit.*, p. 134

l'exploitation des minerais pour enfin produire l'économie de guerre en RDC.

Suivant une enquête, plus d'un tiers d'Etats du sud du continent africain ont connu des conflits armés non internationaux opposant les forces régulières aux civils devenus rebelles. La grande motivation gravite autour de l'exploitation des ressources. Cependant, persiste à un degré élevé le risque de la continuité ou de la reprise de ces guerres pour les ressources malgré tout[149].

La conquête de nouvelles ressources et de nouveaux débouchés est de nature à intégrer le calcul économique d'un Etat ou des sociétés multinationales à entreprendre ou entretenir une guerre rapportant plus que son coût. A ce moment-là, le commerce devient un enjeu de conflit[150].

La contrebande alimente dans une grande proportion cette économie de guerre. Elle est définie de manière restrictive comme « l'introduction et la vente clandestine des marchandises prohibées ou soumises à des taxes dont on prive le Trésor »[151]. Le commerçants profitant du contexte de conflit accompagné de la porosité des frontières et de la défaillance du fonctionnement de l'administration, recherchent la meilleure rentabilité économique en tentant d'importer au coût le plus faible et d'exporter au prix le plus fort, en échappant totalement ou partiellement aux droits et taxes nationaux. Par exemple, une grande partie de biens qui s'échangent au marché d'Ariwara s'introduisent en contrebande vers l'Ouganda. La porosité des frontières ainsi que la faiblesse du système douanier congolais en sont

---

[149] Audrey AKNIN et Claude SERFATI, « Guerres pour les ressources, rente et mondialisation », in *Monde en développement* 2008/3, pp. 27-42

[150] Institut de Recherche Stratégique de l'Ecole Militaire, *La paix par le commerce, de l'époque moderne à nos jours – mythe et réalité*, Laboratoire de l'IRSEM N°14, Ministère de la défense et des anciens combattants, Paris, 2013, p. 16 (http://www.defense.gouv.fr/irsem)

[151] Dabié Désiré Axel NASSA, *Commerce transfrontalier et structuration de l'espace au Nord de la Côte d'Ivoire*. Géographie. Université Michel de Montaigne - Bordeaux III, 2005, p. 202, disponible sur https://halshs.archives-ouvertes.fr/halshs-00009056, consulté le 15 août 2019

la principale cause[152]. Dans la même veine, Estanislas Ngodi soutient : « La porosité des frontières, la libre circulation des capitaux et des personnes, la déréglementation, l'affaiblissement des contrôles publics ont favorisé l'essor d'une économie parallèle où s'échangent illégalement des biens licites et d'un marché illégal pour l'échange des biens illégaux »[153].

La sécurisation des frontières n'est pas incompatible avec la libre circulation des personnes, des capitaux, des biens et services, principe tant promu au sein des Communautés économiques régionales. En tout état de cause, c'est le Trésor public qui en endure les conséquences.

### *2. Les recettes échappent à l'Etat*

La RDC comme n'importe quel Etat dans le monde recherche des ressources financières en vue de mener à bien ses missions régaliennes (sécurité, défense, justice, diplomatie) et providentielles (satisfaction des droits socio-économiques). Toutefois, elle est confrontée à un défi qu'est le coulage des recettes revenant de droit à l'Etat.

Il est certes vrai que dans un contexte de conflit, les recettes régulières de l'Etat, surtout celles provenant des prélèvements sur les marchandises, échappent au Trésor public. La situation de l'anarchie, l'absence de l'autorité de l'Etat sont suppléées par la présence des rebelles ou des révoltés qui font la loi. A ce niveau, les opérateurs économiques tirent des dividendes fabuleux dans ce fonctionnement de l'économie de guerre.

Une équipe de la Commission Lutundula qui mena une mission dans la partie orientale de la RDC constata que les administrations sous tutelle des mouvements rebelles avaient favorablement accordées à des opérateurs économiques des exonérations fiscales et douanières à

[152] Kristof TITECA, *op. cit.*, p. 381

[153] Estanislas NGODI, « L'Afrique centrale face aux enjeux sécuritaires du XXIe siècle » in Joseph GAHAMA (dir), *Les perspectives de l'Afrique au XXIe siècle*, p. 89

grande échelle[154]. De ce fait, les bénéficiaires de ces avantages indus en période de conflit résistaient à renoncer à ce traitement fiscal et douanier pour se soumettre au régime légal de droit commun[155].

Etant à la quête de financement des activités armées pour s'acheter des munitions et payer les combattants, les dirigeants des groupes armés mettent sur pied une administration qui revoit substantiellement le tarif à la baisse. Les statistiques en cette période épineuse de spirale de violence et de morcellement du territoire en établissent la véracité. Félicité Kourra explicite même : « Les bandes armées se greffent sur les structures d'exploitation (légales) en utilisant des ressources (or et diamant, minerais à forte rentabilité) comme monnaies d'échanges contre des armes qui transitent par des circuits parallèles. Des réseaux dirigés par des hommes d'affaires et des militaires participent à l'exploitation–pillage, facilitée par la fragmentation de l'appareil étatique et militaire »[156].

Cette technique de taxation va en l'encontre de l'interventionnisme étatique qui repose donc sur le principe de solidarité et de justice sociale et qui prône la providence étatique pour soutenir les plus démunis et réduire les inégalités sociales. Il est souvent associé aux différentes formes d'intervention de l'État providence, de l'État social et de *Welfare State*[157]. D'où, s'impose le rôle de l'Etat de devoir restaurer cette justice et cette équité sociale en agissant dans l'économie par la fiscalité et les transferts (subventions, prestations sociales). Ceci revient à dire que dès lors que les ressources fiscales et parafiscales lui échappent pour cause de guerre, il aura maille à assurer son intervention sociale.

---

[154] Assemblée Nationale de la RDC, *Rapport des travaux de la Commission spéciale chargée de l'examen de la validité des conventions à caractère économique et financier conclues pendant les guerres de 1996-1997 et de 1998*, 1ère partie, p. 177

[155] Assemblée nationale de la RDC, *op. cit.*, p. 178

[156] Félicité KOURRA OWONA MFEGUE, *Les ressources naturelles dans les conflits armés en République Démocratique du Congo*, L'Harmattan, Paris, 2012, p. 113

[157] MOUNIR SEBBANE, *L'interventionnisme étatique et le clivage politique en termes de dépenses publiques au Québec*, mémoire de maîtrise en science politique, Université du Québec à Montréal, avril 2017, p. 15

Il conviendrait d'admettre que même en temps de paix, des recettes peuvent échapper au contrôle de l'Etat. Chaque partie tire la couverture de son côté : les commerçants véreux spéculent sur les stratégies jugées illicites pour maximiser leur bénéfice face à l'Etat qui est appelé à mettre sur pied des stratégies efficaces de nature à contrer ces actes.

Pour illustration, les agents de douanes assistent impuissamment à un phénomène qui se produit assez fréquemment dans le sillage des postes-frontières : Un camion bondé des marchandises arrive à la frontière entre la RDC et le Rwanda ou entre la RDC et la Zambie. Cependant, au lieu de se présenter au poste en vue de remplir les formalités d'entrée, le conducteur le stationne à côté. De là, il est déchargé et les marchandises sont fragmentées pour être soit vendues au détail, soit confiées à de petits transporteurs devant franchir la frontière à pied ou à vélo. Arrivés de l'autre côté de la frontière, ils procèdent au montage du colis. Toutes ces manœuvres visent à exonérer les marchandises du paiement de droits de douane ou à en minimiser les frais à payer.

## B. Les activités commerciales renforcent la paix et la stabilité

Par le biais de l'intégration régionale et du commerce régional, les Etats membres partagent une perspective commune et prennent des engagements sur un chemin commun au point que leurs intérêts économiques étant interconnectés contribuent au maintien de la paix et de la stabilité dans la Région. Un rapport de la CNUCED établit la dissuasion d'entreprendre une guerre ou d'engager des hostilités par considération d'une situation de dépendance économique mutuelle : « En renforçant la dépendance mutuelle sur le plan commercial et en matière de développement économique, l'intégration augmente le coût des conflits pour les pays concernés. Les forces économiques peuvent compléter les forces politiques plutôt que de les remplacer, bien que cela dépende de mécanismes qui sont souvent subtils »[158].

[158] CNUCED, *op. cit.*, p. 48

Dans cette perspective, lorsque la violence coûte moins chère et qu'un groupe est particulièrement vulnérable, il est possible que l'équilibre de la coexistence pacifique puisse durer dans le temps s'il existerait une complémentarité inter ethnique en ce sens que différents groupes ethniques fournissent les uns aux autres des marchandises et services complémentaires[159]. Par produit complémentaire, nous comprenons qu'il s'agit de toute marchandise ou service vital qu'un partenaire économique ne possède pas de sorte qu'il soit obligé de s'approvisionner ou de compter sur l'apport de l'étranger.

Ce point de vue ne fait pas l'unanimité entre les penseurs au cours de l'histoire. Contrairement à Adam Smith et à John Stuart Mill affiliés à la pensée libérale qui prône le libre-échangisme, Karl Marx affiche une position doctrinale sceptique quant aux effets pacificateurs du commerce pour la simple raison qu'il se rend compte que le commerce profite aux Etats puissants et aux classes dirigeantes dans un arrière-plan teintée de rapport de force. De ce fait, au lieu de calmer les passions, il enlisera le conflit.

Il ne fait l'ombre d'aucun doute que l'usage du realpolitik dans les rapports de force est susceptible d'occasionner le déséquilibre ou la dépendance à sens unique. « Il ne faut pas tomber non plus dans l'excès inverse et voir dans le doux commerce un instrument merveilleux promettant mécaniquement la fin de la guerre »[160] dans la mesure où il est toujours accompagné des perspectives politiques. D'où, le doux commerce ne portera ses fruits que si les Etats engagés misent sur un partenariat gagnant-gagnant.

Deux grandes faiblesses entachent la position argumentative de Karl Marx. La première est que sa critique se situe sous l'angle d'affiliation à une doctrine politico-économique. Ici, il conteste le commerce entrepris avec le mobile exclusivement capitaliste plutôt que communiste, socialiste ou encore mieux sur base de l'économie du marché. La seconde faiblesse est que l'illustre auteur ne croit pas au

[159] SAUMITRA JHA, *op. cit.*, p. 8
[160] Institut de Recherche Stratégique de l'Ecole Militaire, *Op. cit.*, p. 6

doux commerce entre les peuples. A son avis, tout contact entre les nations s'établit inéluctablement dans un contexte de collusion et de choc violent.

Etant donné que la guerre détruit les gains du commerce ainsi que les opportunités d'affaires, un Etat qui envisage un conflit devrait mesurer le coût d'opportunité de la guerre sur le commerce tant bilatéral que multilatéral. La quantité et la fréquence des flux commerciaux exercent de l'impact sur la qualité des échanges d'information entre Etats au point d'assainir la communication pour une belle entente. Etant à la base de la création des interactions et interconnections entre les agents impliqués dans les relations commerciales réciproques, les échanges de biens et services réduisent les problèmes d'ordre informationnel et, par conséquent, facilitent les négociations.

Dans cette complémentarité, l'impact du commerce sur la probabilité des conflits diffère selon le type de biens échangés. Certains chercheurs ont démontré que « le commerce des biens manufacturés génère beaucoup plus d'interactions entre les agents et d'échanges d'information que le commerce de matières premières »[161]. Non seulement les biens manufacturés sont-ils vitaux, mais aussi leur fréquence dans les échanges demeure intense.

Ayant passé au peigne-fin l'influence des données commerciales sur l'avenir des situations de conflit entre la RDC et le Rwanda, Philipe Martin et les autres co-auteurs estiment : « Il en est de même pour le Rwanda et la République Démocratique du Congo, qui ont connu six années continues de guerre, dont quatre faisant plus de 1 000 morts militaires par an entre 1996 et 2001. Un doublement du commerce bilatéral réduirait la probabilité d'escalade de 30 à 28 %, dix années de paix la réduiraient à 25 % »[162].

Il est statistiquement vrai que l'atteinte du seuil de gravité de la guerre n'est pas requise pour paralyser les échanges commerciaux

[161] Philippe MARTIN, *op. cit.*, pp. 32-33
[162] Philippe MARTIN, *op. cit.*, p. 48

entre les nations belligérantes, même une simple menace d'agression ou une utilisation sporadique de la force est de nature à éloigner les investissements en rendant les opérateurs économiques sceptiques. L'insécurité n'est pas à prendre au pied de la lettre dans un contexte exclusivement militaire, mais plutôt dans son acception large. Dans l'actualité, les commentateurs utilisent même l'expression de guerre commerciale pour qualifier la tension commerciale entre la Chine et les Etats-Unis, ayant assurément des incidences négatives sur la posture de ces deux géants économiques.

Un autre exemple impliquant la RDC mérite d'être évoqué. Les accrochages et escarmouches entre les garde-frontières congolais et ougandais influencent négativement les flux commerciaux entre les riverains de ces deux Etats ayant en partage le Lac Albert. Une simple tension entre Etats est susceptible de faire dégringoler les indices boursiers en ce qui concerne spécifiquement le commerce crispant plus ou moins les équilibres macroéconomiques de ces Etats. La sécurité des affaires paraît parmi les indicateurs d'évaluation annuelle du rapport Doing Business de la Banque mondiale.

**Figure 14 : Indices d'influence du commerce sur la réduction du degré de conflictualité entre Etats**

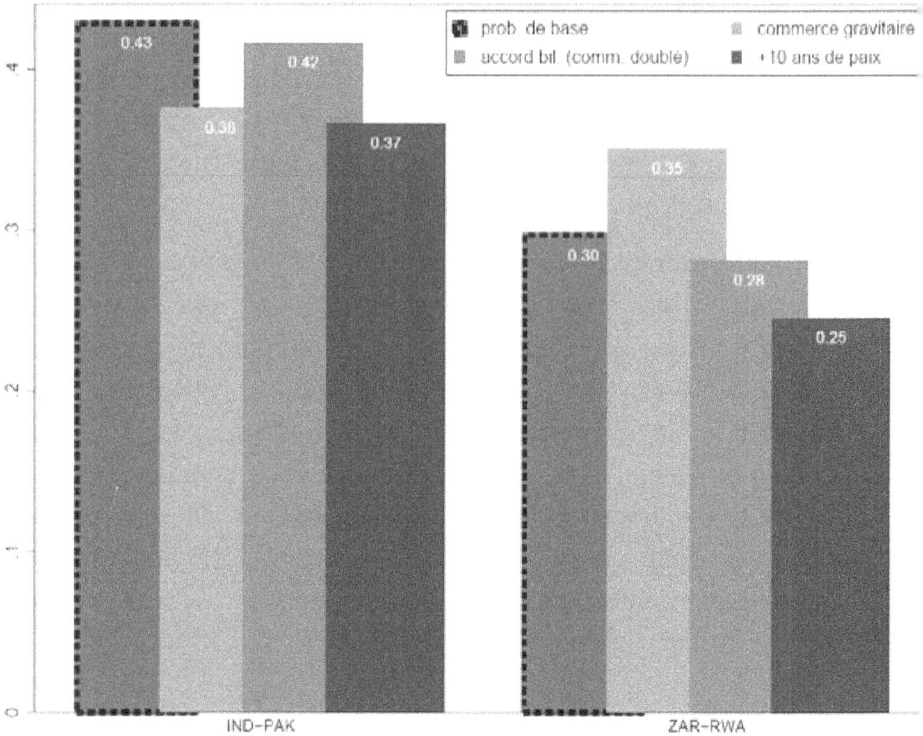


Le graphique ci-haut illustre par des indices l'influence du commerce sur la réduction du degré de conflictualité d'un côté entre l'Inde et le Pakistan et de l'autre, entre le Zaïre, l'actuel République Démocratique du Congo, et le Rwanda. Ces deux pairs d'Etats sont géographiquement caractérisés par la contiguïté (proximité). Cette situation implique logiquement la multiplication des flux commerciaux. Le cas typique qui nous intéresse dans cette étude est la relation RDC-Rwanda : Les probabilités accordent l'indice de 0, 25 pour une paix de plus de 10 ans, 0, 28 représente l'indice du commerce gravitaire (entrepris dans le cadre d'une zone d'intégration ou avec d'autres Etats voisins), l'accord bilatéral censé doubler le commerce se voit accorder 0,35. La probabilité moyenne de base de tous ces indicateurs est de 0, 30. Qu'à cela ne tienne, les commerçants bravent courants et marées au nom de la survie domestique et des interconnections ethniques dans des zones frontalières.

### *1. Braver tout danger au nom de la survie domestique*

Une activité économique de survie est définie comme « une activité économique entreprise par des groupes de population qui utilisent leurs actifs de base afin de maintenir plus ou moins le niveau de vie de base ou de survie en utilisant une diminution des actifs de base afin de maintenir un niveau minimum ou au-dessous du niveau de vie minimum »[163]. Par conséquent, la survie émonde l'activité économique de la prétention de s'agrandir ou de s'élargir d'autant plus qu'elle se borne à satisfaire des besoins de base à l'instar de la pyramide d'Abraham Maslow. A la base de cette pyramide, l'auteur précité situe les besoins primaires de l'homme, le boire et le manger. Le sommet est occupé par le besoin suprême auquel l'homme aspire après avoir satisfaits à tous les autres besoins de son existence. Il s'agit de la justice.

Le long de la frontière entre la RDC et l'Ouganda, la majorité des opérateurs commerciaux ont une perception bien focale du commerce transfrontalier, c'est que c'est une activité permettant aux populations du terroir de se débrouiller. Les habitants dans ces différentes zones frontalières ont mis à profit diverses opportunités qu'offre la frontière pour la survie et/ou la production des richesses[164]. Au moins 45 milles commerçants, sans compter les dépendants (personnes à charge), survivent grâce au petit commerce transfrontalier[165].

A l'avant-garde, les femmes petites commerçantes transfrontalières sont les personnes qui bravent souvent le danger. Elles traversent à

[163] M. PUGH, N. COOPER, *War Economies in a Regional Context: Challenges of Transformation*, Boulder, CO, Lynne Rienner, 2004, p. 9 cité par Kristof TITECA, « Pouvoir et commerce : l'Ouganda et le commerce transfrontalier avec la RDC et le Soudan », in *L'Afrique des Grands Lacs*, annuaire 2009-2010, p. 375

[164] Kristof TITECA, *op. cit.*, p. 375

[165] Blaise MUHIRE, *op. cit.*,p. 27

plusieurs reprises la frontière au cours d'une même journée pour maximiser leur profit à l'aide d'une modique somme comme capital qu'elles font tourner. Vingt ou trente dollars suffisent à acheter des tomates de part et d'autre de la frontière pour les vendre de l'autre côté, elles ne bénéficient d'aucune assurance relative aux aléas liés à leurs activités délicates. Rien ne peut les arrêter dès lors qu'elles pensent à leurs conjoints et enfants. Nombreux de ces commerçants avaient fui la guerre, mais à leur retour, n'ont rien trouvé de ce qui leur appartenait en n'ayant pas d'autre alternative économique (accès à la terre).

C'est notamment l'une des raisons ayant fait que malgré l'existence des conflits, les échanges entre la République Démocratique du Congo et ses voisins n'ont cessé puisqu'ils constituent un moyen fondamental de survie des ménages. Nous ne pouvons pas ignorer que les contacts récurrents et constants entre ces petits commerçants de plusieurs nationalités, plus particulièrement les femmes, créent à leur niveau une dynamique susceptible d'impacter positivement sur des stratégies globales de recherche de la paix et de la réconciliation dans la Région. Elles interviennent dans un contexte où la crise de confiance mutuelle entre les populations transfrontalières s'est installée. Les guerres à répétition ont amené les belligérants à instrumentaliser les identités de ces communautés[166].

### 2. *Interconnections ethniques dans les zones frontalières*

D'après l'auteur d'une étude sur le commerce transfrontalier : « Baties sur fond des valeurs et réalités socio-culturelles, historiques et anthropologiques, les relations intercommunautaires constituent des opportunités pour la promotion des échanges commerciaux au profit des acteurs économiques situés de part et d'autre des frontières »[167].

Les économies des Etats situés dans la partie orientale de la RDC sont inexorablement liées depuis des siècles. Les interconnections

---

[166] Blaise MUHIRE, *op. cit.*, p. 20
[167] Jules MUILU MBO, *op. cit.*, p. 16

ethniques entre les différentes zones frontalières facilitent le commerce transfrontalier. Par exemple, certains membres du groupe ethnique le plus important en Ouganda, les Lugbara, vivent aussi au-delà de la frontière dans le Nord-Est de la RDC[168]. L'application des clauses issues de la Conférence de Berlin de 1885 est à la base de la séparation des membres d'un même groupe ethnique ou linguistique.

Les zones frontalières sont souvent périphériques par rapport aux capitales de leurs États nationaux respectifs dès lors que l'on mesure la distance séparant les deux pôles. Un cas mérite d'être soulevé, c'est celui des régions du Nord-Est du Congo dont les habitants se sentent plus tournés vers l'Ouganda que vers Kinshasa[169].

Dans une thèse dédiée au commerce transfrontalier dans le Nord de la Côte d'Ivoire, l'auteur présente le rôle des marchés frontaliers dans la dynamique commerciale : « Ces périphéries nationales ont comme support de leur dynamisme les marchés frontaliers qui se développent à partir d'une forte demande urbaine, de l'excédent commercialisable à la campagne et à partir des relais dont deux types participent fortement à la structuration spatiale :

- Les marchés de regroupement constitués d'importants centres d'entreposage des productions de l'arrière-pays agricole avec des transactions se faisant en gros ;
- Les marchés de collecte représentés par les centres de production excédentaires mettant en contact les acheteurs urbains de faible envergure économique avec les producteurs »[170].

A travers les zones frontalières, les acteurs économiques et sociaux créent des réseaux sur fond de l'appartenance à une confrérie religieuse, à une communauté marchande et à un même peuple à l'intérieur de ces espaces situés au-delà des Etats[171]. Ces attaches

---

168 Kristof TITECA, *op. cit.*, p. 374
169 *Idem*, p. 375
170 Dabié Désiré Axel NASSA, *op. cit.*, p. 16
171 *Idem*, p. 72

sociologiques depuis des siècles contribuent fortement à la cohésion de ces acteurs qui estiment appartenir à une même nation malgré qu'ils soient de nationalité différente.

Il est certes vrai que les frontières jouent un rôle ambivalent. D'un côté, l'expérience de la colonisation prouve que les frontières-limites sont à la base des divisions de certains groupes ethniques, qui sont donc répartis sur plusieurs pays. De l'autre, elles garantissent, grâce au fonctionnement d'une administration, une sécurité et un contrôle sur les produits importés et exportés tout en permettant la régulation des flux de ressources stratégiques et la facilitation du commerce entre pays de la Région[172].

A titre d'illustration, les différents accords négociés au sein de l'OMC contiennent des clauses de sécurité et de sauvegarde vis-à-vis de certains produits et services pour préserver soit l'ordre public soit la production nationale de l'Etat importateur[173]. Il s'agit de ce fait d'une exception au principe du libre-échangisme. Dans la législation de la RDC, la compétence pour ce faire appartient au ministre du commerce extérieur[174]. Il revient aux différents services postés à la frontière de procéder à ces contrôles idoines dans le but notamment d'éradiquer l'exploitation illégale des ressources naturelles.

### *3. Exception à l'application des principes du commerce mondial en vertu du Chapitre VII de la Charte des Nations Unies*

Autant que dans la mise en œuvre d'une opération de maintien de la paix, la reconstruction économique peut être au rendez-vous dans le contexte des Etats sous tutelle internationale ou sous occupation

[172] Banque mondiale, *op.cit.*, pp. 135-136

[173] Article 20 et 21 du GATT de 1947 ; article 19 du GATT de 1994 ; accord sur les sauvegardes, annexe au traité instituant l'OMC

[174] Art.13 alinéa 2 de la Loi n°73/009 particulière sur le commerce du 5 janvier 1973 : « *...De même, il est habilité à prendre des mesures restrictives, à prohiber l'importation, l'introduction et la circulation en République du Zaïre de certains produits jugés dangereux pour la santé ou portant atteinte aux bonnes mœurs* ».

militaire, autant qu'a contrario la même organisation internationale est compétente de prendre des mesures coercitives à caractère économique ayant pour effet de faire cesser une situation qui viole les règles fondamentales du droit international, à l'instar de l'agression armée ou de la violation systématique des droits fondamentaux dans un Etat. Dans le chapitre précédent, il a été fait mention des principes qui régissent les relations commerciales internationales. Il s'agit notamment du principe du libre-échangisme, du traitement national, de la clause de la nation la plus favorisée, etc. Toutefois, l'application des mesures coercitives par le Conseil de sécurité en vertu du chapitre VII de la Charte onusienne[175] peut restreindre l'application de ces principes du commerce mondial. Existe-t-il un lien juridique entre l'OMC et le système des Nations unies ? De prime abord, l'OMC n'est pas une institution spécialisée du système des Nations à l'instar de l'Organisation mondiale de la santé (OMS), de l'Organisation des Nations unies pour l'éducation, la science et la culture (UNESCO), moins encore un programme (Programme des Nations unies pour le développement, PNUD en sigle) ou fonds (Fond des Nations unies pour l'enfance, UNICEF) des Nations unies. Elle est enfin une Organisation internationale distincte et indépendante. Toutefois, en vertu de l'article V de l'Accord de Marrakech[176], elle entretient des relations de proximité avec les Nations unies sous forme d'arrangements en vue d'une coopération efficace avec d'autres organisations intergouvernementales dont les actions, politiques et fonctions sont en relation avec celles de l'OMC[177].

---

[175] Le Chapitre VII dispose : « Le Conseil de sécurité constate l'existence d'une menace contre la paix, d'une rupture de la paix ou d'un acte d'agression et fait des recommandations ou décide quelles mesures seront prises conformément aux articles 41 et 42 pour maintenir ou rétablir la paix et la sécurité internationales »

[176] L'Accord instituant l'Organisation mondiale du commerce dispose en son article V point 1 : « Le Conseil général conclura des arrangements appropriés pour assurer une coopération efficace avec les autres organisations intergouvernementales qui ont des fonctions en rapport avec celles de l'OMC ».

[177] Peter SUTHERLAND et alii, *L'avenir de l'OMC : Relever les défis institutionnels du nouveau millénaire*, Rapport du conseil consultatif à M. Supachai Panitchpakdi (Directeur général), Genève, 2004, p. 41

Dans un article intitulé « Sécurité collective et droit de l'OMC : une alliance possibles ? », les co-auteurs ont épilogué sur une réflexion selon laquelle la sécurité collective est susceptible de s'ériger en exception à l'application des principes et accords de l'OMC[178]. D'une manière concrète, les résolutions prises par un organe d'une Organisation internationale chargé du maintien de la paix et de la sécurité internationale ou régionale ont la latitude d'autoriser les Etats membres à passer outre l'application de ces règles en vertu du Chapitre VII de la Charte des Nations unies. Le fondement de la supériorité de la Charte découle de l'article 103 lequel dispose : « *En cas de conflit entre les obligations des Membres des Nations Unies en vertu de la présente Charte et leurs obligations en vertu de tout autre accord international, les premières prévaudront* »[179].

C'est par induction telle que constatée par voie d'interprétation de la Cour internationale de Justice que les décisions du Conseil de sécurité jouissent de la même autorité. En l'affaire dite Lockerbie, la Cour statua : «...la Cour [...] estime que *prima facie* cette obligation s'étend à la décision contenue dans la résolution 748 (1992); et que, conformément à l'article 103 de la Charte, les obligations des Parties à cet égard prévalent sur leurs obligations en vertu de tout autre accord international...»[180]

L'article XXI c du GATT précise : « Aucune disposition du présent accord ne sera interprétée [...] comme empêchant une partie contractante de prendre des mesures en application de ses engagements au titre de la Charte des Nations Unies en vue du maintien de la paix et de la sécurité internationale ». La même disposition a été reprise en des termes quasi-similaires dans les autres

---

[178] Laurence Boisson de CHAZOURNE et Théo BOUTRUCHE, « Sécurité collective et droit de l'OMC : une alliance possible ? », *Annuaire français des relations internationales*, vol. VIII, 2007, p. 857 (www.afri-ct.org)

[179] Charte des Nations Unies, adoptée à San Francisco le 26 Juin 1945, entrée en vigueur le 24 Octobre 1945, CNUOI, Vol. 15, p. 365

[180] CIJ, Affaire relative à *des questions d'interprétation et d'application de la convention de Montréal de 1971 résultant de l'incident aérien de Lockerbie* (Jamahiriya arabe libyenne c. Etats-Unis d'Amérique), demande en indication de mesures conservatoires, ordonnance du 14 avril 1992, Recueil CIJ 1992, par. 42

accords de l'OMC (Article XIV bis de l'Accord général sur le commerce des services, article 1er de l'Accord sur les procédures de licence d'importation).

En raison de l'ampleur des conséquences juridiques sous formes de sanctions internationales, notamment sur le plan économique, le Conseil de sécurité s'est toujours réservé de qualifier d'agression armée, la situation sécuritaire à l'Est de la République Démocratique du Congo. En condamnant l'Ouganda à l'issue de l'affaire sur les activités armées sur le territoire du Congo, la Cour internationale de justice, organe judiciaire principal de l'ONU, a fait montre de plus d'audace que l'organe chargé du maintien de la paix et de la sécurité internationale.

En définitive, il importe d'évoquer respectivement les points de vue de l'ancien directeur général du Fonds monétaire international et de l'actuel directeur général adjoint de l'Organisation mondiale du commerce à propos de la dialectique entre le commerce et la paix. Dominique Strauss-Kahn a affirmé lors d'une conférence tenue à Oslo le 23 octobre 2009 : « La paix est indispensable au commerce, à une croissance économique soutenue et à la prospérité. À leur tour, la stabilité économique et une prospérité croissante, largement partagée à la fois au niveau national et au niveau international, peuvent favoriser la paix. Cette interaction est la plus probable dans un climat de coopération économique, d'ouverture et de vision multilatérale des problèmes économiques et politiques »[181]. Lors de la tenue d'une visio-conférence ayant porté sur le thème « le commerce au service de la paix (*Trading for peace* en anglais)» le 7 juillet 2020, le directeur général adjoint de l'OMC, Alan Wolff, reconnut que les signataires de la Charte de la Havane de 1948 instituant l'Organisation internationale du commerce étaient conscients que le commerce ne garantissait pas la paix, mais était susceptible de la maintenir malgré que ladite Charte

[181] https://www.imf.org › News › Articles › 2015/09/28

visait de créer des conditions de stabilité et de bien-être nécessaires à assurer des relations pacifiques et amicales entre les nations[182].

### Paragraphe II. Commerce centré sur l'exploitation illégale et non-commune des ressources naturelles

Formé des éléments de la nature ainsi que de ses modes préindustriels, les ressources naturelles comprennent en particulier :

- Les ressources agricoles, terres cultivables ;
- Les réserves minières (métaux et autres ressources minérales), énergies traditionnelles (combustibles fossiles) ;
- Les ressources vivantes non agricoles (forêts, vie marine, etc)[183].

Si d'un côté, l'insécurité a paralysé la production agricole ; de l'autre, elle trame un environnement propice à l'exploitation illégale et anarchique des réserves minières et forestières. L'illégalité se réfère au non-respect de la législation minière, forestière et autres aussi bien sur le plan interne qu'international.

L'exploitation illégale et non-commune des ressources naturelles constitue une autre caractéristique du commerce transfrontalier entre la RDC et ses voisins orientaux. Pour faire face à la première paire de manche, la RDC est montée au créneau pour accuser et dénoncer le pillage de ses ressources devant les instances internationales (A). Concernant la seconde paire de manche, en l'occurrence l'exploitation non-commune, l'on constate une insuffisance des structures d'exploitation des ressources communément partagées (B).

---

[182] https://www.wto.org/french/news_f/archive_f/tfp_arc_f.htm
[183] Félicité KOURRA OWONA MFEGUE, *op. cit.*, pp. 95-96

### A. Le pillage des ressources naturelles au cœur des accusations et dénonciations

Roland POURTIER explique, dans un article intitulé « *Les enjeux miniers de la guerre au Kivu* »[184] que, « la guerre affecte surtout le Nord et le Sud-Kivu, pour trois raisons principales. Premièrement, il s'agit de région de hautes terres (horsts et volcans de la région dite des Grands-Lacs), très convoitées pour leurs aptitudes agro-pastorales. Deuxièmement, ces régions ont été entraînées dans la guerre des Grands-Lacs par un phénomène mécanique de proximité et parce que le Rwanda y a exporté ses conflits internes. Troisièmement, le Kivu est une Province « minière » dont les ressources, exploitées depuis l'époque coloniale, ont été valorisées par le boom du tantale au tournant du millénaire : la colombo-tantalite (« coltan ») est déclarée minerai stratégique depuis l'explosion du téléphone portable dont le tantale est un des composants irremplaçables. Tous les ingrédients d'un conflit multidimentionnel sont ici réunis »[185]. Quant à ce, furent rendus des arrêts au niveau de la CIJ et établis plusieurs rapports aussi bien des experts des Nations Unies que des Organisations non gouvernementales opérant dans la sphère internationale.

#### *1. Des accusations judiciaires aux rapports des Nations unies (groupe d'experts)*

En 1999, la RDC avait introduit une requête par devers la Cour internationale de Justice contre l'Ouganda et le Rwanda. La compétence de la Cour était fondée à l'égard de l'Ouganda en vertu des déclarations par lesquelles les deux Etats avaient accepté la compétence obligatoire de la CIJ. Cela s'entend que la compétence de la fonction judiciaire de la CIJ ne pourrait être établie que s'il existe

---

[184] R. POURTIER, *Les enjeux de la Guerre du Kivu in* Béatrice BIBLIN (dir.), *Les Conflits dans le Monde – Approche géopolitique*, Ed. Armand Colin, 2ème édition, 2016, p. 249.

[185] Lire à ce propos M. NEST et alii, *La République Démocratique du Congo : les enjeux Economiques de la Guerre et de la Paix*, 2011

une base de sa compétence (clause compromissoire insérée dans un traité, un compromis trouvé après la naissance du différend, une déclaration facultative de reconnaissance de la juridiction obligatoire de la Cour et même le *forum prorogatum* comme acceptation tacite inférée de la conduite de l'Etat défendeur devant la Cour) à l'égard des Etats auprès de qui elle exerce sa juridiction.

En cette affaire, la CIJ fit droit aux prétentions de la RDC accusant notamment l'Ouganda du pillage et de l'exploitation illégale des ressources naturelles : « La Cour conclut qu'elle dispose de suffisamment d'éléments de preuve crédibles pour considérer que l'Ouganda a engagé sa responsabilité internationale à raison des actes de pillage et d'exploitation des ressources naturelles de la RDC commis par des membres des UPDF sur le territoire de la RDC, de la violation de son devoir de vigilance s'agissant de ces actes et du manquement aux obligations lui incombant en tant que puissance occupante en Ituri, en vertu de l'article 43 du règlement de La Haye de 1907, quant à l'ensemble des actes de pillage et d'exploitation des ressources naturelles commis dans le territoire occupé »[186].

Au point 4 du dispositif de l'arrêt, la Cour statua en ces termes: « Par les actes de pillage et d'exploitation des ressources naturelles congolaises commis par des membres des forces armées ougandaises sur le territoire de la République Démocratique du Congo, et par son manquement aux obligations lui incombant, en tant que puissance occupante dans le district de l'Ituri, d'empêcher les actes de pillage et d'exploitation des ressources naturelles congolaises, la République de l'Ouganda a violé les obligations qui sont les siennes, en vertu du droit international, envers la République Démocratique du Congo »[187].

Dans son opinion individuelle dans la présente affaire, le juge Abdul Koroma établit l'incidence des ressources naturelles sur le

---

[186] CIJ, *Activités armées sur le territoire du Congo (République démocratique du Congo c. Ouganda),* arrêt, C.I.J. Recueil 2005, p. 168, § 250
[187] CIJ, *Activités armées sur le territoire du Congo (République démocratique du Congo c. Ouganda),* arrêt, C.I.J. Recueil 2005, p. 280

développement : « Le droit de souveraineté permanent des peuples et des nations sur leurs richesses et leurs ressources naturelles doit s'exercer dans l'intérêt du développement national et du bien-être de la population de l'État concerné »[188]. L'on pourrait induire que toute exploitation des ressources naturelles qui ne bénéficient pas aux populations constitue sûrement une entorse au principe de souveraineté permanente des peuples sur leurs richesses.

Selon la jurisprudence constante de la CIJ, il est bien établi en droit international général que l'Etat responsable d'un fait internationalement illicite a l'obligation de réparer en totalité le préjudice causé par ce fait. Etant donné que les négociations bilatérales sur le montant des indemnités que chacune des parties devrait allouer à l'autre (en vertu d'une demande reconventionnelle formulée par l'Ouganda, la RDC fut condamné d'avoir violé les règles sur les relations diplomatiques relatives à l'inviolabilité de son ambassade et de son personnel à Kinshasa), avaient échoué.

En date du 1er juillet 2015, la Cour avait décidé de reprendre la procédure de l'affaire en se prononçant sur les questions de réparation. Dans son arrêt, elle avait décidé de régler, au cas où les Parties ne pourraient se mettre d'accord à ce sujet, la question de la réparation due à chacune d'elles, et avait réservé à cet effet la suite de la procédure[189].

Le même communiqué régla notamment la question du dépôt des requêtes que les parties ont exécuté. Contre toute attente, à la suite d'un communiqué de la CIJ programmant les séances d'audition des plaidoiries de deux parties, un autre communiqué ajourna les audiences sur demande de deux Etats. L'Ouganda a tant de fois sollicité que soit mise en place une commission mixte d'entente sur la fixation des indemnités en faveur de la RDC pour un règlement diplomatique plutôt que judiciaire. Entretemps, les victimes des

---

[188] Mamadou MEITE, *op. cit.*, p. 210

[189] CIJ, *Activités armées sur le territoire du Congo (République Démocratique du Congo c. Ouganda)*, Communiqué de presse n° 2015/18 du 9 juillet 2015

atrocités de l'armée ougandaise, précisément à Kisangani, attendent que la justice soit parfaitement faite par la réparation.

Par ordonnance prise en date du 8 septembre 2020, la CIJ statuant en chambre du Conseil constata l'échec des négociations aux fins de règlement à l'amiable et décide de mettre sur pied une commission d'experts chargés d'évaluer en somme et en terme de réparation les dommages pour faits de guerre en Ituri et à Kisangani, plus particulièrement :

- Les pertes en vies humaines : l'expertise s'attèle à estimer globalement des pertes civiles suivant le barème d'indemnisation d'une vie humaine en RDC ;
- Les pertes des ressources naturelles : les experts vont déterminer la valeur du préjudice qu'a subi la RDC du fait de l'exploitation illégale de ses ressources naturelles. Cette opération dépend de la fixation de la quantité approximative de ces ressources au nombre desquelles les minerais se comptent ;
- Les dommages aux biens : Après avoir estimé le nombre et les types de biens que l'armée ougandaise a endommagés ou détruits, ils détermineront le coût approximatif de la reconstruction des bâtiments (écoles, hôpitaux, habitations)[190].

Voilà les trois chefs de préjudices sur lesquels portera l'expertise ainsi décidée à la cour mondiale.

Etant ouvertes le 20 avril 2021, les audiences publiques sur la question des réparations s'étaient clôturées le 30 avril 2021. La CIJ a reçu les plaidoiries des parties et les réponses de quatre experts désignés par elle. La RDC a finalement conclu et sollicité de la Cour le versement à son profit au titre d'indemnisation :

---

[190] CIJ, *Activités armées sur le territoire (République Démocratique du Congo c. Ouganda)*, ordonnance du 8 septembre 2020, rôle général n°116, pp. 6-7

- Pas moins de quatre milliards trois cent cinquante millions quatre cent vingt et un mille huit cent dollars des Etats-Unis pour les dommages causés aux personnes ;
- Pas moins de deux cent trente-neuf millions neuf cent soixante et onze mille neuf cent soixante-dix dollars des Etats-Unis pour les dommages causés aux biens ;
- Pas moins d'un milliard quarante-trois millions cinq cent soixante-trois mille huit cent neuf dollars des Etats-Unis pour le pillage des ressources naturelles ;
- Pas moins de cinq milliards sept cent quatorze millions sept cent soixante-quinze dollars des Etats-Unis pour le dommage macroéconomique.

Au titre de mesures de satisfaction, l'Etat demandeur sollicite que le défendeur soit tenu de verser vingt-cinq millions de dollars des Etats-Unis aux fins de la création d'un fond destiné à assurer la réconciliation entre les Hema et les Lendu en Ituri. En outre, qu'il lui soit requis de verser cent millions de dollars des Etats-Unis en guise de réparation du dommage immatériel, sans préjudices des intérêts compensatoires, moratoires, des garanties de non-répétition et d'autres mesures.

Vu que les parties n'étaient pas parvenues à une entente sur le montant de la réparation, la Cour a statué dans son récent arrêt du 9 février 2022 que l'Ouganda verse à la République Démocratique du Congo :

- le montant de 225.000.000 $ (Deux cent vingt-cinq millions de dollars américains) pour les dommages causés aux personnes ;
- le montant de 40.000.000 $ (Quarante millions de dollars américains) pour les dommages causés aux biens ;
- le montant de 60.000.000 $ (Soixante millions de dollars américains) pour les dommages liés aux ressources naturelles[191]. Contrairement aux autres dommages (Douze voix contre deux), ce dernier fut voté à l'unanimité par les juges.

[191] CIJ, *Activités armées sur le territoire du Congo (République Démocratique du Congo c. Ouganda)*, arrêt du 9 février 2022, Réparation, rôle général n°116, par. 409

De son côté, la partie défenderesse sollicite de la Cour par demande reconventionnelle, le paiement d'une somme de neuf cent quatre-vingt-deux mille sept cent quatre-vingt-dix-sept soixante-treize cents de dollars des Etats-Unis au titre de l'indemnisation du préjudice résultant de l'invasion, de la saisie, de l'occupation durable des bâtiments de la chancellerie de l'Ouganda à Kinshasa[192]. Cela étant fait, la Cour a clos les débats et pris l'affaire en délibéré pour un prononcé de l'arrêt à une date certaine.

A la suite de la requête initiée contre lui, le Rwanda a objecté à la compétence de la Cour à tous les stades de la procédure et de manière explicite et répétée[193]. Après plusieurs tergiversations de nature à fonder la base de compétence de la Cour à l'égard de l'Etat défendeur, en puisant ces moyens principalement dans les différentes conventions auxquelles le Rwanda est partie, la RDC n'y parvient pas. Par quinze voix contre deux, elle statua « qu'elle n'a pas compétence pour connaître de la requête déposée par la République Démocratique du Congo le 28 mai 2002 »[194]. Toutefois, l'Etat défendeur n'y échappera pas belle devant ses responsabilités.

Le rapport des experts des Nations Unies furent accablants à charge aussi bien des FARDC et des armées étrangères occupantes que des groupes armés soutenus par ces dernières après leur retrait. Le Rapport final du groupe d'experts, de décembre 2008, identifie plusieurs sites sous contrôle des groupes armés (FDLR et PARECO) et d'autres où les brigades intégrées des FARDC contrôlent les mines et lèvent des taxes illégales[195]. Dans l'exercice de leur pouvoir de contrôle au moyen des lois aux effets extraterritoriaux, les Etats-Unis, par l'entremise du Congrès, ont adopté en juillet 2010 la Dodd-Franck Wall Street Reform and Consumer Protection Act (Loi Dodd-Franck)

---

[192] CIJ, *Activités armées sur le territoire du Congo (République Démocratique du Congo c. Ouganda)*, Communiqué de presse n° 2021/16 du 30 avril 2021

[193] CIJ, *Activités armées sur le territoire du Congo (nouvelle requête : 2002) (République Démocratique du Congo c. Rwanda)*, compétence et recevabilité, arrêt, C.I.J. Recueil 2006, p. 6, § 22

[194] CIJ, *Activités armées sur le territoire du Congo (nouvelle requête : 2002) (République Démocratique du Congo c. Rwanda)*, compétence et recevabilité, arrêt, C.I.J. Recueil 2006, p. 6, § 128

[195] S. GEENEN and G. KAMUNDALA BYEMBA, *op. cit.*, p.234

dont la section 1502 vise à « empêcher l'armée nationale et les groupes rebelles en RDC de se servir en toute illégalité des bénéfices qu'ils dégagent du commerce de minerais pour financer leurs combats ». Pour ce faire, la même disposition prévoit une obligation de divulgation, au moyen d'un rapport à adresser à la Security and Exchange Commission, contre des entreprises qui achètent des minerais de conflit[196].

Dans une litanie de résolutions 1291 (2000) du 24 février 2000, 1304 (2000) du 16 juin 2000, 1323 (2000) du 13 octobre 2000, 1332 (2000) du 14 décembre 2000 et 1341 (2001) du 22 février 2001, le Conseil de Sécurité réaffirme la souveraineté de la République Démocratique du Congo sur les ressources naturelles et prend note (avec préoccupation) des informations faisant état de l'exploitation illégale des ressources du pays et des conséquences que peuvent avoir ces activités sur la sécurité et la poursuite des conflits. Cependant, le Rwanda a rejeté en bloc les conclusions du Panel. Le Gouvernement rwandais a rejeté *in globo* les découvertes du Panel. Ce papier détaille les raisons fondamentales de ce rejet : « Nous voudrions indiquer que les compagnies et citoyens rwandais ont formulé leurs propres plaintes au Panel. Durant leur dernière réunion avec les autorités Gouvernementales en septembre 2003, peu de semaines avant le rapport final sur l'affaire du Panel, le Gouvernement était informé que le Panel était parvenu à une entente avec la plupart de compagnies et citoyens cités dans son précédent rapport. Peu d'affaires remarquables ont été transférées au procureur du Rwanda pour enquête. Ces enquêtes sont encore en cours alors que fut rejetée la requête écrite du

---

[196] Office Français de Protection des Réfugiés et Apatrides, *L'exploitation et l'exportation des minerais dans l'Est de la RDC. Conditions d'extraction, d'exploitation et d'exportation des minerais. Implication des groupes armés et des autorités. Sanctions prévues par la législation et leur application*, 14 août 2014, p. 14

Rwanda au Gouvernement congolais pour autoriser l'arrivée des enquêteurs rwandais sur son territoire »[197].

D'un côté, la maxime judiciaire « nul ne peut être juge dans sa propre cause » constitue un obstacle à ce que les enquêteurs rwandais mènent des investigations sur les activités illicites des entreprises rwandaises d'exploitation et de commercialisation des minerais. De l'autre, la fin de non-recevoir des autorités congolaises de permettre aux enquêteurs rwandais de mener des investigations sur le territoire congolais n'était que l'expression camouflée de manque de confiance et de pessimisme au plus fort de cette époque-là.

Dans le rapport du Groupe d'experts adressé au Président du Conseil de Sécurité par le Secrétaire Général des Nations Unies en date du 15 octobre 2002, il est noté : « Le conflit régional qui a fait converger les armées de sept pays africains vers la République Démocratique du Congo a perdu de son intensité, mais les micro-conflits étroitement imbriqués qui en ont découlé persistent. Ils sont alimentés par la convoitise des minerais, des produits agricoles, de la terre et même des recettes fiscales. Les groupes criminels associés aux armées étrangères ont tiré avantage de ces micro-conflits et ne se démantèleront donc pas spontanément, même si celles-ci continuent de se retirer. Ils ont mis sur pied une « économie de guerre » qui s'autofinance et est axée sur l'exploitation des minéraux ».[198]

C'est ainsi que la résolution 1457 (2003), adoptée par le Conseil de Sécurité à sa 4691ème séance, le 24 janvier :

- prend note du rapport du Groupe d'experts sur l'exploitation illégale des ressources naturelles et d'autres richesses de la République Démocratique du Congo ;

[197] R. SEZIBERA, A Panel on illegal exploitation of natural resources and other forms of wealth of the Democratic Republic of the Congo : Rwanda's response, cité par A. SHYAKA (dir.), *op. cit.*, p. 49

[198] Rapport final du Groupe d'experts sur *« l'exploitation illégale des ressources naturelles et autres formes de la République Démocratique du Congo »*, adressé au Secrétaire Général des Nations Unies le 8 octobre 2002.

- condamne catégoriquement l'exploitation illégale des ressources naturelles de la République Démocratique du Congo ;
- note, avec préoccupation, que le pillage des ressources naturelles et autres richesses de la République Démocratique du Congo se poursuit et constitue l'un des principaux éléments qui entretiennent le conflit dans la Région et exige donc que les Etats concernés prennent immédiatement des mesures pour mettre fin à ces activités illégales qui perpétuent le conflit, entravent le développement économique de la République Démocratique du Congo et exacerbent les souffrances de sa population[199].

En dépit de tous ces rapports constatant clairement le pillage des ressources naturelles de la RDC, aucune mesure de réparation ou de compensation n'a été arrêtée jusqu'à présent.

### *2. Les rapports des ONG*

Comme s'il ne suffisait pas, Global Witness, International Alert, Transparency international, Oxfam International, DFID pour ne citer qu'eux, ont publié des rapports portant sur le pillage et l'exploitation illégale des ressources minières et forestières du pays de Patrice Emery Lumumba. Dans le rapport intitulé « *Exploitation des ressources naturelles et droits de l'homme en République Démocratique du Congo de 1993 à 2003* » publié par Global Witness en décembre 2009, il se lit : « L'exploitation des ressources naturelles a acquis une dimension plus violente et a commencé de servir de moteur à la guerre. L'exploitation des minerais et du bois s'est fortement militarisée. Auparavant, ce sont surtout les civils qui contrôlaient ces secteurs, même si une partie des bénéfices était aiguillée vers les militaires. Désormais, les mines et les forêts, et ceux

[199] Résolution 1457 (2003) adoptée par le Conseil de Sécurité des Nations Unies à sa 4691ème séance du 24 janvier 2003.

qui y travaillaient, étaient placés sous le contrôle de militaires ou de combattants rebelles »[200].

Cette ONG internationale a tiré en son temps la sonnette d'alarme pour dénoncer le phénomène de militarisation des sites miniers et forestiers. Ce concept « militarisation » s'identifie autant à certains officiers de l'armée nationale qu'aux groupes armés contrôlant certaines zones de conflit. Au lieu que les hommes en armes cantonnent autours des carrières pour sécuriser les populations civiles plongées dans l'extraction artisanale des minerais, leur présence est dictée par la recherche du lucre et de l'enrichissement personnel. Pour toutes ces raisons, le Président Joseph Kabila avait en 2010 instruit le ministre des mines de suspendre momentanément par voie d'arrêté l'exploitation des minerais dans les provinces-cibles du Nord-Kivu, du Sud-Kivu et du Maniema.

Aussi longtemps que le conflit armé s'enlise dans la Région, demeure toujours dans l'actif l'exploitation illégale des ressources naturelles. Le rétablissement de l'autorité de l'Etat sur toute l'étendue du territoire national fera en sorte que ce phénomène étant l'œuvre des groupes armés et de leurs commanditaires, puisse prendre fin.

### B. Défaut d'une exploitation commune des ressources en partage

Dans son discours au Forum panafricain de haut niveau sur le thème « Cultures, diplomatie et intégration régionale » tenu à Rabat du 8 au 10 avril 2013, Alphonse Ntumba Luaba monte au créneau : « La multiplication des textes déclaratoires, déclamatoires et programmatiques ne suffit pas. La population a besoin de toucher l'intégration du doigt, d'en tirer des profits, de vivre ses avantages. C'est toute l'importance de l'existence et de la consolidation des biens communs régionaux ou transfrontaliers à impact socio-économique réel et véritable »[201].

---

[200] Global Witness, Décembre 2009 (http:/www.globalwitness.org)

[201] Alphonse NTUMBA LUABA, *L'intégration africaine face à la mondialisation : État des lieux, défis et perspectives*, Contribution au Forum panafricain de haut

Il vaut la peine de préciser que la gestion ou l'exploitation commune ne puisse porter que sur des ressources que les Etats frontaliers ont en partage. Il s'agit des ressources contenues dans les éléments de la nature comme l'air, l'eau, etc. Aucune idée ne saurait insinuer l'exploitation conjointe des ressources exclusives d'un Etat si ce n'est que par générosité. Lors de la présentation des vœux aux corps diplomatiques à Paris, le 16 janvier 2009, le Président français de l'époque, Nicolas SARKOZY s'est donné le luxe de sous-entendre dans son discours que le Rwanda, compte tenu de ses données géo-démographiques, puisse jouir des richesses naturelles de la RDC. La réaction sulfureuse des Congolais vivant au pays et de ceux de la diaspora n'avait pas tardé à se manifester[202].

### *1. Les ressources communément partagées*

Conscients de la répartition inégale des ressources énergétiques sur le continent, les initiateurs du NEPAD ont recommandé que la recherche des sources suffisantes et abordables d'énergie soit axée sur la rationalisation de la distribution territoriale des ressources énergétiques existantes par ailleurs mal reparties[203]. Cette recommandation découlant du Nouveau partenariat pour le développement entre les Etats africains, ressort du constat selon lequel les ressources naturelles en partage ne se répartissent pas de manière proportionnelle de sorte que chacun des Etats concernés en tire un avantage égalitaire. Par exemple, tous les Etats traversés par un cours d'eau n'en jouissent pas égalitairement en raison des variations de débit et de la puissance de ce cours d'eau à divers endroits.

Les eaux constituent la principale richesse que la RDC possède en partage avec ses voisins orientaux. Depuis la nuit des temps, l'eau a toujours été utilisée sous plusieurs angles, partant de la navigation

---

niveau sur « Cultures, diplomatie et intégration régionale » Rabat – Maroc 8-10 Avril 201, CIRGL, p. 7

[202] Charles ONANA, *Ces tueurs tutsi au cœur de la tragédie congolaise*, éd. Duboiris, 2009, Paris, p.159

[203] Oswald NDESHYO RUHIROSE, *op. cit.*, p. 151

jusqu'à l'exploitation de ses ressources en passant notamment par le moyen de démarcation frontalière. Un cours d'eau et ses affluents drainent un espace terrestre appelé bassin hydrographique. YAKEMTCOUK le définit comme des « régions entières drainées « par un fleuve ou par des cours d'eau convergeant de telle façon que toutes les eaux courantes ayant leur source dans la Région se déversent à travers une seule issue »[204].

La problématique de la délimitation et de la démarcation territoriale entre les Etats ne trouvent pas seulement leur origine dans la nécessité de limitation des souverainetés. Les différends qui en découlent tiennent notamment de droits liés à l'utilisation multiple des ressources hydraulique, hydrique ou halieutique tels que la consommation, la navigation, la pêche, l'irrigation, la production énergétique (barrage hydro-électrique), etc. Plus d'une fois, les garde-frontières ougandais ont arrêté des pécheurs congolais accusés d'avoir péché dans les parties des eaux relevant de la souveraineté ougandaise. Ces litiges de plus en plus récurrents démontrent à suffisance que l'utilisation des cours d'eaux tisse des « relations entre pays géographiquement proches qui font valoir des droits concurrents sur des voies de communication ou sur des ressources naturelles partagées »[205].

L'article 7 point 1 de la Convention sur le droit relatif aux utilisations des cours d'eau internationaux à des fins autres que la navigation dispose : « *Lorsqu'ils utilisent un cours d'eau international sur leur territoire, les Etats du cours d'eau prennent toutes les mesures appropriées pour ne pas causer de dommages significatifs aux autres Etats du cours d'eau....* ». Cette disposition rentre dans le cadre de l'obligation de ne pas causer de dommages significatifs.

---

[204] Romain YAKEMTCHOUK, « Le régime international des voies d'eau africaines », *RBDI* 1969. 2, p. 484

[205] F. LATTY, « Des vertus et de l'intérêt des clauses de règlement des différends dans les conventions fluviales », in *Actualité du droit des fleuves internationaux*, Actes des journées d'études des 24 et 25 octobre 2008

Un retour sur les débuts de la doctrine de la souveraineté territoriale absolue nous éclaire en la matière. En 1985, le Mexique s'est opposé à l'initiative des Etats-Unis de faire dériver le fleuve Colorado qu'ils ont en partage. La réplique américaine a fait prévaloir la *Doctrine Harmon* élaborée sur base de la conception du juge Harmon. Selon cette doctrine, « le principe fondateur du droit international est la souveraineté absolue de chaque Etat, par opposition à tous les autres, sur son territoire » et les limites de la juridiction de l'Etat « sont celles qui s'imposent à lui-même ».

Plus tard, les impératifs environnementaux ont inspiré la Convention de New York sus évoquée par l'élaboration des principes dont celui qui interdit l'utilisation souveraine du cours d'eaux au mépris de conséquences dommageables dans d'autres Etats par considération de la dimension transnationale de ce cours d'eaux. Peu après, les Etats-Unis se sont ravisés dans leur position en adoptant « une attitude diamétralement opposée à la doctrine Harmon »[206].

Jean-Marc Thouvenin abonde dans le même sens : « L'accent a alors été progressivement mis sur la nécessité pour les Etats riverains des cours d'eaux de les gérer de manière intégrée autour de leurs intérêts communs, ainsi que sur la protection de l'environnement, car d'une manière générale les Etats ont rejeté la doctrine Hamon selon laquelle chaque Etat peut en tout état de cause faire ce qu'il veut des cours d'eau circulant sur son territoire sans tenir le moindre compte des Etats d'aval, ni d'amont. Cette doctrine n'a jamais pénétré le droit positif, tout au contraire, les travaux de la Commission du droit international montrent bien que c'est le principe de l'utilisation non-dommageable pour autrui qui s'est imposé »[207].

---

[206] Charlotte TAGUS, La *Convention sur le droit relatif à l'utilisation des cours d'eau internationaux à des fins autres que la navigation : Interprétations et Perceptions*, *Rapport de recherche*, Année universitaire 2013-2014, Institut de Hautes Etudes internationales, p. 46

[207] J.-M THOUVENIN, *Droit international général des utilisations des fleuves internationaux* in http://www.academia.edu/4809450/Droit_international_general, p. 4. Voir aussi article 7 de Convention sur le droit relatif aux utilisations des cours

Concernant les eaux communément partagées entre Etats, des incidences transfrontières greffent la gestion des ressources aquatiques comme les stocks de poissons et le contrôle de la pollution marine. Quant à ce, éviter de porter atteinte à l'équilibre environnemental est une obligation fondamentale des Etats qui possèdent des ressources naturelles partagées au-delà de leurs frontières. Au cas où ce risque demeure inévitable quelle que soit la précaution prise, ils sont portés à réduire au moins de tels effets à un niveau minimal. Ce principe est pris en compte pour être appliqué toutes les fois que les activités d'un Etat sont susceptibles de causer une incidence à l'environnement au-delà des frontières de cet Etat.

La gestion commune des ressources naturelles est même à la base de a mise sur pied des accords, des organismes des bassins hydrographiques transfrontaliers à l'instar de l'Autorité du Bassin du Lac Kivu et de la Rivière Ruzizi, voire des sociétés (joint-venture).

---

d'eau internationaux à des fins autres que la navigation Adoptée par l'Assemblée générale des Nations Unies le 21 mai 1997 et entrée en vigueur le 17 août 2014

**Carte 6 : Bassins des cours d'eaux internationaux en Afrique**

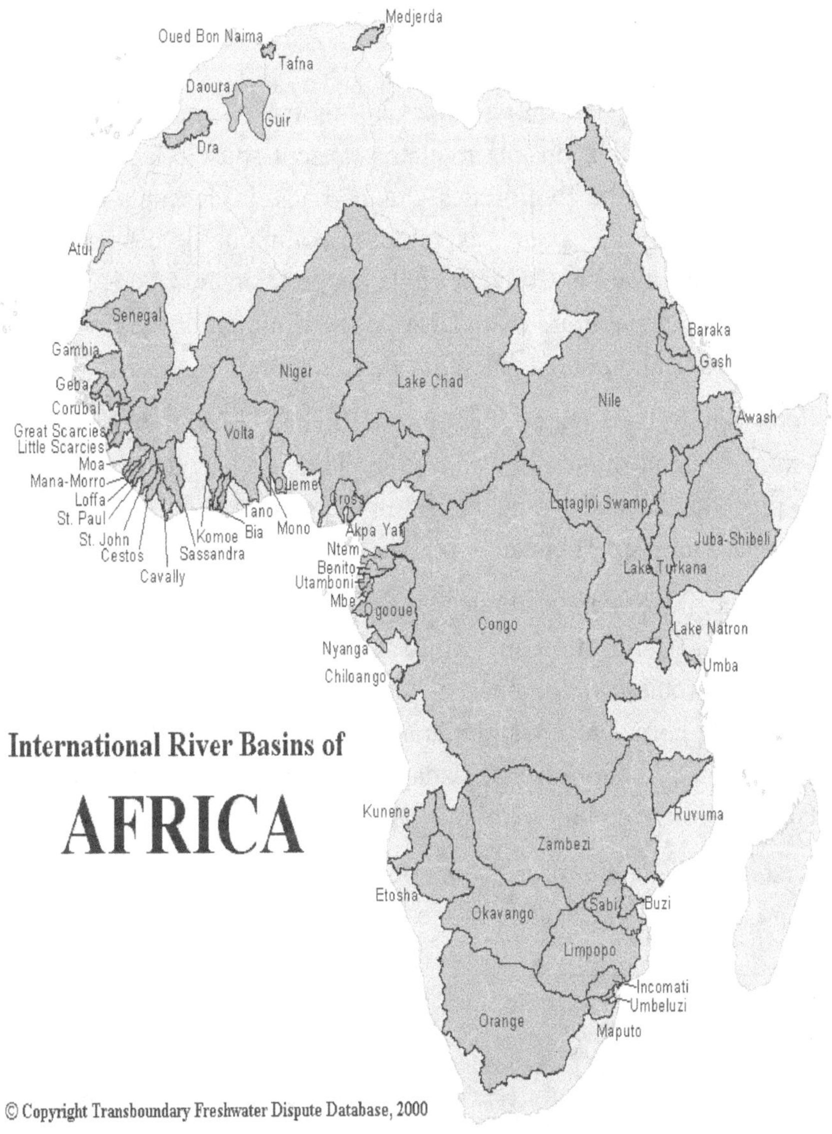

La règle coutumière de l'utilisation équitable et raisonnable en vertu de la souveraineté entre les Etats du cours d'eau relève du principe d'égalité dans l'exploitation des ressources[208]. Ce principe s'applique aussi aux lacs définis comme des surfaces creuses pleines d'eau qui se trouvent sur le sol terrestre[209].

Un des projets-phare impliquant une dimension transfrontalière est celui de l'exploitation du gaz méthane présent sous le lac Kivu, pour son utilisation dans la Région des Grands Lacs. Le Rwanda et la RDC avaient initié ce projet pour l'exploitation commune de cette ressource depuis 1975 à travers la Convention de coopération entre la République du Zaïre et la République rwandaise pour l'exploitation, le transport et la commercialisation du gaz méthane du Lac Kivu[210].

Ce bassin du lac Kivu et de la rivière Ruzizi (117 Km de longueur et 100 $m^3$/s de débit moyen) s'étend de la plaine de la rivière au lac (240 m de profondeur en moyenne et 500 milliards de $m^3$ de volume d'eau) représentant une superficie de 3400 $Km^2$. [211]

Un spécialiste en la matière nous renseigne : « Aucune étude complète sur l'utilisation du gaz à plus grande échelle, à des fins domestiques (cuisson), n'a encore été réalisée. On effectuera une étude de faisabilité complète pour préparer la mise en œuvre du projet alors que l'exploitation était inscrite dans le programme d'action 2012-2016 du Gouvernement de la République Démocratique du Congo »[212].

L'exécution de ce projet commun fut confiée, conformément à l'accord de 1975, à la Société mixte Rwanda-RDC, SOCIGAZ en sigle,

---

[208] Adeel KINDIER, *op. cit.*, p. 154

[209] *Idem*, p. 80

[210] Camille NGOMA, « La coopération économique entre la République Démocratique du Congo, le Rwanda et le Burundi : état des lieux et perspectives », *Librairie Africaine d'Etudes Juridiques* 3 (2016), p. 169

[211] Jean-Paul MWAMBA NYEMBO, *Construire sur les exemples régionaux pour accélérer la coopération transfrontière : établir des accords et créer des organismes des Bassins transfrontaliers. Expérience de création de l'Autorité du Bassin du Lac Kivu et de la Rivière Ruzizi (ABAKIR)*, Douala, novembre 2019, p.2

[212] Léonide MUPEPELE, « Le gaz naturel du Lac Kivu : quelques propositions de développement pour l'Est de la RD Congo », in *Congo-Afrique*, n° 490, décembre 2014, p. 879

chargée de superviser l'exploitation du gaz dans le Lac Kivu. Au sein du Comité de pilotage, seront représentés les pays ayant en partage le lac ainsi que les Communautés économiques régionales concernées[213] comme la CEPGL. Les informations financières fixent le coût initial estimé à 828.550 USD (Août 2006). Une bagatelle non susceptible de coûter de la tête au pied à des Gouvernements.

Dès 2008, le Rwanda avait lancé un projet-pilote de production électrique à partir du gaz méthane extrait du lac Kivu. Pour un début, la production était de 3 Mégawatts. A partir de janvier 2016, la production s'est élevée à 25 Mégawatts grâce à la construction d'une usine[214].

La RDC et le Rwanda partagent le gisement de gaz méthane dissous dans les eaux profondes du Lac Kivu et évalué à 55 milliards de $Nm^3$ (Normo mètre cube)[215]. En dépit de l'exploration, prospection et mise sur pied de la SOCIGAZ, l'exploitation commerciale du gaz tarde encore à se concrétiser. Du moins, l'Etat rwandais était en phase de finaliser le montage d'une centrale thermique d'une capacité de 35 MW (Méga Watt) devant fonctionner à l'aide du gaz méthane extrait de ce lac. A cet effet, le Rwanda en a confié l'exploitation à une société d'économie mixte, Kibuye Power One (KP1), dont le financement provient à 70 % d'une société privée de droit anglais, DANE Associates Ltd et à 30 % du Gouvernement Rwandais. Le gaz méthane utilisé comme une source de production énergétique intéresse de plus en plus les sociétés rwandaises et d'ailleurs[216].

Fort malheureusement, seul le Rwanda a commencé à exploiter le gaz méthane. Pour preuve, une usine pilote construite sur le lac alimente

---

[213] *Roger* NSIBULA, *«* Les infrastructures : diagnostic et projets « Reconstruction et développement en situation post conflit : promotion des infrastructures de développement dans la Région des Grands Lacs » (cas de la CIRGL) », in *Ressources, frontières et gouvernance : Partager les problèmes et les solutions dans la sous-région des Grands Lacs,* Regards croisés n°22 Revue trimestrielle, Août 2008, pp. 43-44

[214] Jean-Paul MWAMBA NYEMBO, *op. cit.*, p. 12

[215] Unité de mesure de quantité de gaz contenu dans le volume d'un mètre cube

[216] SUNZU NTIGAMBIRIZWA, « Situation énergétique dans la CEPGL », in *Ressources, frontières et gouvernance : Partager les problèmes et les solutions dans la sous-région des Grands Lacs,* pp.59-60

déjà la ville frontière de Gisenyi. Lors de l'investiture du Gouvernement Ilunga Ilunkamba, l'honorable Moïse Nyarugabo, élu d'Uvira, avait exprimé cette préoccupation sur ce qui lie l'intelligence et les mains des congolais de pouvoir s'empêcher de prendre cette initiative en emboîtant le pas au Rwanda. A en croire seulement le coût estimé en 2006, il s'agit d'une modique somme d'argent aux retombées économiques considérables. Léonide Mupepele tire la sonnette d'alarme en ce que le potentiel de ce gaz méthane pourrait constituer d'après les experts, un danger d'asphyxie des populations riveraines par éruption gazeuse s'il n'est pas exploité ou dégazé: 250 milliards de $m^3$ de gaz carbonique ($CO_2$), 55 milliards de $m^3$ de méthane ($CH_4$), 5 milliards de $m^3$ d'azote ($N_2$), des traces de beaucoup d'autres gaz[217].

La loi régissant les hydrocarbures en RDC détermine la propriété exclusive de l'Etat congolais sur base de l'espace géographique : « Les Hydrocarbures du sol ou du sous-sol découverts ou non découverts situés dans les limites du territoire national, en ce compris, les espaces fluvial, lacustre, maritime ainsi que sur la mer territoriale congolaise, la zone économique exclusive et le plateau continental sont la propriété de l'Etat »[218].

Plusieurs autres projets d'investissement énergétiques régionaux ont été initiés ou bien sont déjà en cours de réalisation. Il s'agit par exemple de l'expansion des barrages de Ruzizi (sur le fleuve qui sépare l'Est de la RDC du Burundi et du Rwanda, entre les lacs Tanganyika et Kivu), qui alimente la partie Est de la RDC, le Burundi et le Rwanda. D'autres projets hydroélectriques à grande échelle pour une vocation régionale sont également enclenchés en Ouganda et en Tanzanie.

Le Lac Kivu n'est pas le seul à contenir les hydrocarbures. Le Lac Albert, se trouvant géographiquement à la frontière entre l'Ouganda et la RDC, regorge des réserves assez importantes de pétrole. La région

[217] B. LUKIDIA LUKOMBO, *Rapport du consultant en charge de l'élaboration de la stratégie de développement du secteur des hydrocarbures de la République Démocratique du Congo*, Kinshasa, Janvier 2011, p. 16 cité par Léonide MUPEPELE, *op. cit.*, p. 879

[218] Art. 3 alinéa 1er de la Loi n°15/012 du 1er août 2015 portant Régime général des Hydrocarbures

albertine que contient le graben Albertin est une zone à cheval entre la RDC et ses voisins de l'Est, le long du Rift valley. Toutefois, c'est le même refrain. Malgré que l'Ouganda ait entamé des travaux d'exploration, du côté de la RDC, rien n'est encore fait[219].

**Dans le secteur de l'énergie** :

« L'électricité est l'un des facteurs majeurs et irréversibles qui conditionnent le développement économique, social, technologique et culturel de toutes les nations, de tous les peuples, de toutes les communautés ou de tout individu pris isolément »[220].

**Carte 7 : Projet Hydro-électrique Ruzizi III 145 MW (voir http://www.au-pida.org/node/88)**

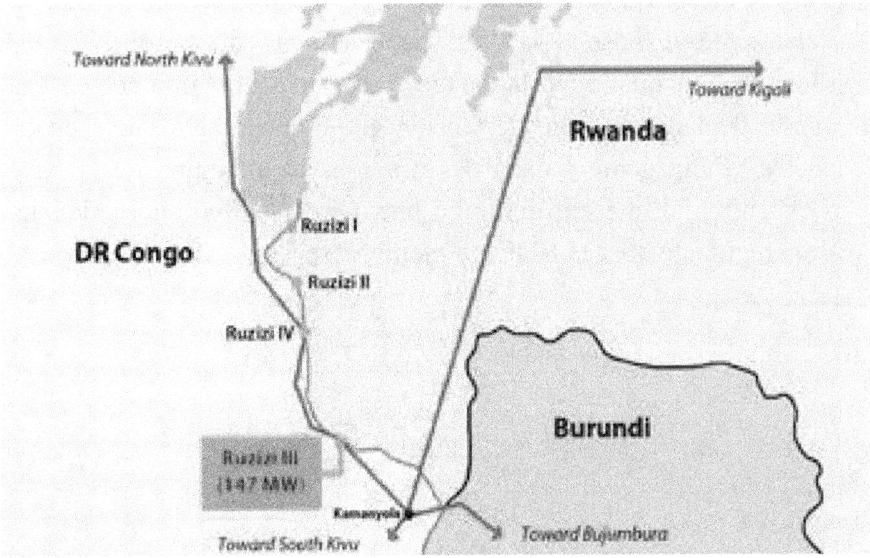


Cette carte ci-dessus représente la desserte en énergie hydroélectrique produite par le barrage de la Ruzizi vers les trois pays

[219] DFID, *op. cit.*, p. 16
[220] Préambule de la Loi n°14/011 du 17 juin 2014 relative au secteur de l'électricité

membres de la CEPGL : la RDC, le Rwanda et le Burundi. Ce barrage est géré par la Société Internationale pour l'Electricité des Grands Lacs, SINELEC en sigle, dont le siège se trouve à Bukavu. Elle n'est pas l'unique institution spécialisée de la CEPGL. L'on compte également :

- l'Organisation de la CEPGL pour l'Energie des Grands Lacs (EGL) à Bujumbura (Burundi) ;
- La Banque de développement des Etats des Grands Lacs (BDEGL) à Goma (RDC) ;
- L'Institut de Recherche Agronomique et Zootechnique (IRAZ) à Bujumbura[221].

L'on est loin d'imaginer que, si par impossible une guerre éclatait impliquant ces Etats, le barrage régional constitue une cible militaire. Les belligérants se rendront compte que tous en sont bénéficiaires dans la même quote-part. L'article 72 de la loi relative au secteur de l'électricité dispose : « L'Etat peut, en cas de besoin, suspendre l'importation ou l'exportation de l'électricité, notamment en cas de guerre déclarée ou non, de tension grave constituant une menace de guerre, d'engagement dans des missions de maintien de la paix ou d'exécution d'une résolution d'une Organisation internationale ou sous-régionale dont la RDC est membre ».

[221] Camille NGOMA, *op. cit.*, p. 172

## Tableau 30 : Projet Hydro-électrique Ruzizi III 145 MW (voir http://www.au-pida.org/node/88)

| Projet | Pays participant au projet | Secteur du projet | Source/sponsor/ Bailleurs des fonds | Brève description du projet |
|---|---|---|---|---|
| Project Hydro-électrique Ruzizi III 145 MW | Rwanda, RDC, Burundi | Energie/ Electricité (hydro-électrique) | CEPGL/ (Sponsor); Banque Mondiale (Garant), PPP - (investisseur privé) | Le projet fournira de l'électricité à proportion égale et à bon marché, au Rwanda, au Burundi et à la région du Kivu de la République démocratique du Congo (RDC). Il est situé à la frontière entre le Rwanda et la RDC et dans le bassin transfrontalier international Kivu-Ruzizi. La centrale d'hydro-électrique Ruzizi III est d'une capacité de 145 MW et sera construite à la frontière entre le Rwanda et le RDC. Elle de type « à dérivation », ce qui permettra de contrôler le niveau de l'eau dans le bassin fluvial. La Communauté Économique des Pays des Grands Lacs (CEPGL) sera impliquée dans la mise en œuvre de ce projet d'énergie renouvelable |

Source : Nations Unies, *Investir dans la Région des Grands Lacs: document sur les opportunités d'investissement ...op. cit.,* p.37

**Dans le secteur des finances** :

## Tableau 31 : Société Financière et d'Investissement des Pays des Grands-Lacs Africains (SOFIGL)

| Projet | Pays participant au projet | Secteur du projet | Source/sponsor/Bailleurs des fonds | Brève description du projet |
|---|---|---|---|---|
| Société Financière et d'Investissement des Pays des Grands Lacs Africains (SOFIGL) | RDC, Burundi | Microfinance | CIRGL (Sponsor)/ SOFIGL (Sponsor) (PPP potentiels) | L'objectif immédiat est de mettre sur pied un mécanisme régional de soutien à la micro-finance en ciblant les institutions de microfinance en milieux urbain et rural pour les rendre plus accessibles, tout particulièrement aux femmes qui sont généralement plus actives dans les activités informelles. La SOFIGL a été créée en 2008 à Bukavu, RDC, avec comme mission régionale de faciliter l'accès au financement pour les mineurs artisanaux, les petits paysans et les petites entreprises de la région. |

La RDC et le Burundi sont invités à accroître leur participation financière aux fins de permettre à la SOFIGL d'octroyer des prêts aux petits commerçants transfrontaliers. Les ressources communément partagées entre Etats exigent pour le bénéfice de ces Etats ayant en partage ces ressources, la création des structures communes d'exploitation.

### *2. Insuffisance des structures communes d'exploitation (joint-venture internationale)*

Pour intégrer un marché à l'étranger, une entreprise peut préférer s'associer avec un partenaire local et même international (entreprise privée, personne publique…) sous forme de Joint-venture plutôt que de créer une seule succursale ou une filiale. Toutefois, le droit congolais ne prévoit pas pertinemment la situation juridique de joint-venture. La pratique du droit des sociétés et des contrats spéciaux révèle qu'une joint-venture peut avoir deux structures : soit contractuelle, soit à la fois contractuelle et sociétaire. Le second cas renvoie à la mise en place d'une société commune, ayant une personnalité juridique distincte de celle des sociétés en participation et des associés.

Citant WÄCHTERSHÄUSER, Thomas Probst en explicite la définition : « Le concept de *joint-venture* ne relève pas en premier lieu du droit mais de l'économie industrielle et se réfère au fait que deux (ou plusieurs) entreprises entendent coopérer pour réaliser un projet commun qui dépasse leurs propres capacités et moyens »[222]. Dans la formation de la joint-venture, l'Etat en tant que co-contractant peut

[222] Friedrich WÄCHTERSHÄUSER, *Das Gesellschaftsrecht des internationalen Joint-Ventures*, thèse Francfort-sur-le-Main 1992, p. 45 cité par Thomas PROBST, *Le contrat de joint-venture,* p. 4, disponible sur https://fdocuments.fr/documents/le_contrat_de_joint_venture, consulté le 18 octobre 2019

participer directement dans le capital de la société de Joint-venture ou indirectement par le biais d'une société paraétatique[223].

Hormis le Burundi, les Etats de la Communauté de l'Afrique de l'Est (EAC) ont enregistré un taux de croissance annuelle supérieur à 5 % en 2019[224]. D'après les analyses économiques, cette croissance s'explique dans une large mesure par la mise en œuvre des politiques d'investissement public. Par effet d'entraînement, tout projet d'investissement commun ou inter étatique est de nature à consolider certainement cet élan de croissance.

Il a été énoncé ci-haut que la supervision du projet d'exploitation commune du gaz méthane entre Kinshasa et Kigali a été confiée à SOCIGAZ. Du coté congolais, l'initiative de l'exploitation ne s'est pas encore matérialisée face à l'urgence de desservir tous les Congolais des services sociaux de base, surtout l'eau, l'électricité, les soins médicaux, etc.

Le gaz méthane ne passe pas pour l'unique ressource partagée entre la RDC et ses voisins orientaux. Dans l'Accord de Ngurdoto conclu entre la RDC et l'Ouganda, il est reconnu que les ressources naturelles aussi bien communes qu'individuelles de deux Etats offrent d'énormes opportunités de nature à consolider la stabilité et la prospérité[225]. Par conséquent, les deux parties prenaient l'engagement de de coopérer dans l'exploration et l'exploitation communes des champs des hydrocarbures transfrontaliers, plus particulièrement sous et autour du Lac Albert[226]. Rien n'exclut le fait que le bassin du Lac offre à chaque Etat le moyen de procéder à l'exploration et à l'exploitation pétrolière dans la partie relevant de sa juridiction

---

[223] Christian-Jr KABANGE NKONGOLO, *Quelques considérations juridiques sur le deal sino-congolais*, disponible sur www.leganet.cd/Decon/Dcontrats, consulté le 15 mai 2019

[224] Yasmin OSMAN, *Les grandes tendances macroéconomiques de l'Afrique et de ses regions*, in Agence Française de Développement, *L'économie africaine 2020*, coll. Repères Economie, éd. La Découverte, Paris, 2020, p. 17

[225] 1^er^ considérant du préambule de l'Accord de Ngurdoto

[226] Art. 4 alinéa 4 de l'accord précité

En outre, l'exploitation de plusieurs autres richesses en partage est susceptible de faire l'objet des contrats d'association entre les pays de la Région. Au lieu que les Etats lacustres soient jaloux vis-à-vis de zones de pêche relevant de leur juridiction nationale, ils peuvent industrialiser cette pêche en mettant sur pied des firmes conjointes qui font usage des chalutiers ou de gros bateaux de pêche. Par-là, non seulement tireront-ils un grand profit financier, mais aussi leurs populations consommeront du poisson à satiété.

La mutualisation des succès et des échecs est l'une des résolutions de l'interpénétration des investissements, auxquelles s'engagent des partenaires commerciaux. Par le fait même, ils créent une situation où ils se dissuadent de la seule volonté de faire la guerre d'autant plus qu'il est à considérer que les marchés et investissements des uns sont garants de la croissance économique des autres[227]. Cette interdépendance économique fera en sorte que l'un des deux camps devienne convaincu que son antagoniste n'osera pas ultimement utiliser la force militaire pour atteindre ses fins, car il craindrait une fuite des capitaux étrangers en cas de grande instabilité géopolitique. L'état des lieux des facteurs affectant le commerce transfrontalier étant dressé, il est important de formuler des propositions susceptibles de soutenir le processus de paix par le commerce.

## Section II. Pistes de proposition

Après avoir établi l'état des lieux des facteurs qui affectent le commerce transfrontalier, quelques pistes de solution méritent d'être proposées. Cette étude épingle deux pistes utiles à la paix dans la Région par le commerce transfrontalier : la sécurité des personnes, de leurs biens et des ressources nationales (Paragraphe I) accompagnée de la dynamisation des exportations nationales (Paragraphe II).

[227]Richard ROSECRANCE (1986), *The Rise of the Trading State,* New York: Basic Books, p. 140 cité par Jean-François LETOURNEAU, *op. cit.*, p. 41

### Paragraphe I. Sécurité des personnes, de leurs biens et des ressources nationales

La première tâche incombant à tout Etat est d'assurer la sécurité des personnes et de leurs biens. En ce sens, plusieurs théories sur la naissance de l'Etat, à l'instar du Léviathan de Thomas Hobbes, sont explicites. L'effritement de l'autorité de l'Etat est à la base de l'exploitation illicite et anarchique des ressources naturelles, en particulier les minerais. C'est pourquoi le contrôle sur les minerais par la certification, la traçabilité et les chaînes de valeurs (B), est post posé au renforcement de l'autorité de l'Etat (A).

#### A. Renforcement de l'autorité de l'Etat

L'onde de choc de la faible capacité des États à maintenir l'ordre public et la sécurité est à la base de l'instabilité dans la Région des Grands Lacs. Cette faiblesse sert de prétexte aux Etats voisins de l'Est d'étendre leur couverture militaire dans cette région pour neutraliser les forces négatives dont ils essuient les attaques matin, midi, soir.

Si certains Etats de la Région à superficie faible éprouvent de sérieuses difficultés à boucher la porosité de leurs frontières pour assurer la sécurité intérieure, a fortiori combien est difficile la tâche de la RDC, en vertu de sa taille, de sécuriser ses frontières qu'elles partagent avec les neufs pays voisins. L'administration publique n'était pas solidement mise en place à l'accession du pays à l'indépendance en raison notamment de l'absence de préparation de la relève nationale. A cela s'ajoutent la mauvaise gouvernance ayant handicapé la bonne administration territoriale pendant plus de trois décennies ainsi que l'insuffisance des ressources financières.

L'afflux des réfugiés rwandais à la suite du génocide induit l'intervention des forces armées étrangères sur le territoire congolais en vue de neutraliser des groupes armés menant des incursions transfrontalières. La faiblesse de la riposte de l'armée congolaise due à la carence en équipements militaires appropriés, la présence de la MONUSCO malgré la transformation de son mandat et la création de la Brigade d'intervention en son sein, n'ont pas pu éradiquer à la moelle l'insécurité sévissant à l'Est de la RDC.

Déjà au lendemain de son indépendance, l'autorité de l'Etat congolais était mise à l'épreuve avec des sécessions et rebellions de toutes parts. En règle générale, seul l'Etat détient le monopole de la force publique, de la contrainte et de la violence légitime. Cependant, le principe ne s'applique plus à l'Est de la RDC où il se dispute de son autorité avec les groupes armés[228].

Plusieurs actions ont été comptabilisées dans le cadre de l'évaluation des engagements découlant de l'Accord-cadre d'Addis-Abeba. Au regard du deuxième engagement national relatif à la consolidation de l'autorité de l'Etat en particulier à l'Est de la RDC, y compris, en empêchant les groupes armés de déstabiliser les pays voisins ; on retient pour l'essentiel :

- Le lancement, en date du 16 mai 2015, du programme National DDRIII : jusqu'en 2017, 4812 ex-combattants ont été réintégrés et démobilisés, 3763 démobilisés ont été retournés dans leurs communautés respectives de réintégration après formation de qualification ; 529 ex-combattants M. 23 ont été démobilisés et retournés dans leurs milieux ; ces chiffres ne sont ni exhaustifs, ni stagnants dans la mesure où le processus a évolué dans le temps.
- La sensibilisation et l'implication des chefs coutumiers, du leadership local et de la société civile pour l'instauration de la paix. Le concours de toutes ces composantes à la base permettra de renouer les liens de paix ;
- La volonté d'intensifier le processus de délimitation et du placement des bornes frontalières, particulièrement à l'Est de la RDC où les violations de l'intégrité territoriale persistent.

[228] Nicaise KIBEL'BEL OKA, *op. cit.*, p.12

Certains membres de la société civile vont même au-delà pour exiger la construction d'un mur à l'Est de la RDC ;

- En date du 28 décembre 2014, le président des FDLR a.i. a décidé : « Toujours fidèles en notre nouvelle initiative de paix, nous les FDLR, avons l'honneur de matérialiser encore une fois notre bonne volonté d'aller jusqu'au bout de notre processus en remettant, en cette date solennelle du 28 décembre 2014 à Bulewusa au Nord-Kivu, l'effectif de 100 combattants et 37 armes… »[229]. Toutefois, certaines factions hostiles des FDLR continuent à semer la terreur et la désolation au milieu des populations civiles.

Le Programme National de Stabilisation et de Reconstruction, issu de la transformation du STAREC, poursuit des objectifs entre autres la restauration de l'autorité de l'Etat dans les zones autrefois contrôlées par les groupes armés et l'amélioration de l'environnement sécuritaire, l'articulation entre le DDR III et le relèvement communautaire, l'amélioration de la gouvernance dans les zones post conflit, notamment dans les secteurs administratif, politique, judiciaire, économique et de l'éthique publique ainsi que la protection civile et la lutte contre les violences sexuelles[230].

Les FARDC ont relancé des campagnes militaires contre les ADF écumant les régions de Beni-Butembo-Lubero et contre des groupes Mai-Mai logés en Ituri. Le point focal de la restauration de l'autorité de l'Etat sur l'ensemble du territoire national tend à veiller au fonctionnement efficace des services publics et à lutter bec et ongles contre la corruption sous toutes ses formes.

---

[229] Discours à l'occasion des cérémonies de remise des combattants désarmés et leurs dépendants de ce 28 décembre 2014 à Birhala, Sud-Kivu et à Bulewusa au Nord-Kivu

[230] Groupe de Travail du Suivi de la mise en œuvre de l'Accord-cadre (RRSSJ, RENADHOC, NSCC, CEGO, LE, ACIDH, ACAJ, VSV, SOFEPADI), *Mise en œuvre de l'accord-cadre et de la résolution 2098 (2013) : encore du chemin à faire !!!, « Observations des Organisations de la Société Civile»*, Rapport d'évaluation à mi-parcours, Réseau pour la Réforme du Secteur de Sécurité et de Justice, Kinshasa, 15 septembre 2014, p.26

### *1. Fonctionnement efficace des services publics : Police, armée, enseignement, immigration et Justice*

L'Administration publique dans son acception d'ensemble des institutions ou organes destinés à réaliser un service d'intérêt général constitue un gage de rapprochement des autorités à la base. Après la libération des zones auparavant contrôlées par le M. 23 au Nord-Kivu, la MONUSCO a aidé le Gouvernement à renforcer l'autorité de l'Etat dans l'Est du pays, notamment en déployant des représentants-clefs de l'Etat afin d'empêcher la reprise du conflit[231]. Il s'entend bien que cette mission de l'ONU ne pût se limiter qu'à apporter son aide aux pouvoirs publics à qui revient la primeur d'exercer cette autorité sur et à proximité de sa population.

Le chercheur MWAYILA TSHIYEMBE commente quant à ce : « Cette puissance du vide a favorisé l'instrumentalisation de gré ou de force des entités ethniques et le pillage des territoires et des ressources naturelles abandonnées à leur sort, par la souveraineté déchue de la capacité de défense et de sécurité (Etat gérant), de savoir penser le futur (Etat savant), par les leaders des sécessions et des rebellions en déficit de mobilisation sociale »[232]. La nature a horreur du vide, dit-on. Profitant de la faillite de l'Etat dans certains coins du territoire national, les personnes nuisibles installent l'anarchie aux apparences de leur propre loi.

Un autre auteur abonde dans le même sens, cette fois-ci avec une proposition : « La reconstruction post-conflit passe par la mise en place d'une force militaire d'envergure servant de parapluie efficace face aux agressions externes. Cette réalité suppose la création d'une armée républicaine dissuasive capable de défendre l'intégrité

---

[231] Point 10 du rapport du Secrétaire Général sur la Mission de l'Organisation des Nations Unies pour la Stabilisation en République Démocratique du Congo, Conseil de Sécurité, Nations Unies, 5 mars 2014, S/2014/157

[232] MWAYILA TSHIYEMBE, *Géopolitique de paix en Afrique médiane: Angola, Burundi, RDC, République du Congo*, L'Harmattan, Paris, p.54

territoriale de la RDC »[233]. Avec le concours bon gré mal gré de la MONUSCO dont l'action demeure mitigée dans l'optique de protéger la population civile, cette exigence est nécessaire. La pensée traditionnelle se résumant au dicton de Jules César « si vis pacem para bellum » (si tu veux la paix, prépare la guerre) devrait servir de contre-pied pour pallier à toute éventualité qui marque l'échec de l'instauration de la paix par le commerce. Telle est la raison pour laquelle nous insistons sur la nécessité de doter le pays d'une armée et d'une police professionnelle, efficace, moderne et bien motivée. Il ne fait l'ombre d'aucun doute que le recours à l'usage de la force par un Etat contre un autre, quelle qu'en soit la motivation de fond, relève d'une option politique et discrétionnaire de cet Etat. Le grand défi demeure encore avec les effectifs de la Police Nationale Congolaise et l'efficacité de la Direction Générale des Migrations.

Au regard du critère de suivi relatif à la justice tel que défini dans la conformité à l'Accord-cadre d'Addis-Abeba, les efforts ont été fournis quant à la construction et à la réhabilitation de l'infrastructure judiciaire, notamment l'amélioration de la capacité opérationnelle de la Cour constitutionnelle. En mars 2016, 78 magistrats étaient nommés au niveau des Cours d'Appel, 206 aux Tribunaux de Grande Instance et 393 aux Tribunaux de Paix. En outre, la Commission nationale des droits de l'homme est à présent opérationnelle[234].

Une adéquate implantation des cours et tribunaux sur l'ensemble du territoire national, et plus particulièrement dans la partie orientale, facilitera la répression des actes délictueux constitutifs notamment de l'exploitation illégale des ressources naturelles. A côté de la justice ordinaire, les autorités peuvent concomitamment recourir à la Justice transitionnelle en instituant des commissions Justice, Paix et Réconciliation en vue de briser la spirale de violence.

---

[233] Claude SUMATA, *op.cit.*, p. 673

[234] Point 9 of the Status report on the implementation of the Peace, Security and Cooperation framework for the Democratic Republic of the Congo and the region, 14 October 2016

La Justice élève une nation, dit-on. Dans le contexte qui est le nôtre, les bonnes affaires conduites dans la transparence ne peuvent se faire que dans un cadre où les droits des uns et des autres sont sécurisés. La peur de prendre de risque dans le chef d'un investisseur atteindra sans doute une grande intensité dès lors que la sécurité juridique et judiciaire est quasi-inexistante. En République Démocratique du Congo, les textes de lois ainsi que des accords relatifs aux investissements et aux activités commerciales garantissent la sécurité juridique. Par ailleurs, la sécurité judiciaire laisse à désirer en raison de l'incompétence, de la corruption et de l'insuffisance du personnel caractérisant, dans certains cas, la justice congolaise.

### *2. Lutte contre la corruption : Du conseiller spécial du Président de la République en matière de bonne gouvernance et de lutte contre la corruption et le blanchiment des capitaux et le financement du terrorisme à l'agence nationale de lutte contre la corruption*

La lutte contre la corruption est le terme central d'autant plus qu'elle est plus récurrente que les autres incriminations. Affectant l'ensemble de la vie nationale, y compris la traversée aux postes-frontières, elle est définie dans plusieurs instruments aussi bien à l'échelle internationale, régionale que nationale dont notamment la Convention des Nations Unies contre la corruption, la Convention de l'Union africaine sur la prévention et la lutte contre la corruption, le Code pénal congolais livre II[235].

La Convention des Nations Unies s'attèle à définir la corruption dans le chef des agents publics en ces termes :

« *a)* fait de promettre, d'offrir ou d'accorder à un agent public, directement ou indirectement, un avantage indu, pour lui-même ou pour une autre personne ou entité, afin qu'il accomplisse ou

[235] Article 147 et suivants du Décret du 30 janvier 1940 portant Code pénal Congolais in Journal Officiel de la République Démocratique du Congo, 45ème année, numéro spécial du 30 novembre 2004

s'abstienne d'accomplir un acte dans l'exercice de ses fonctions officielles;

*b)* fait pour un agent public de solliciter ou d'accepter, directement ou indirectement, un avantage indu, pour lui-même ou pour une autre personne ou entité, afin d'accomplir ou de s'abstenir d'accomplir un acte dans l'exercice de ses fonctions officielles »[236]. Cette définition formelle n'est que la pointe de l'iceberg dans la mesure où la corruption dans ses formes traditionnelles et sophistiquées se rapporte à d'autres actes matériels. Tels que l'abus de fonction, l'enrichissement illicite,…

Sur le plan régional africain, plusieurs accords fustigent ce comportement. Il s'agit entre autres de la Convention de l'Union africaine sur la prévention et la lutte contre la corruption[237] et de la Charte africaine de la démocratie, des élections et de la bonne gouvernance. Dans cette Charte, les Etats africains ont reconnu que pour promouvoir la gouvernance politique, économique et sociale, ils doivent lutter contre la corruption[238].

Plusieurs Etats ont jugé utile dans le cadre de la lutte contre les différentes formes de corruption, d'élaborer, de publier et de mettre en œuvre une stratégie nationale de lutte contre la corruption, laquelle consiste en un schéma beaucoup plus réaliste et pragmatique[239]. Cela implique plusieurs solutions dont celle de confier à un organisme particulier le soin de coordonner la mise en œuvre et de contrôler la

---

[236] Article 3 de la Convention des Nations Unies contre la Corruption, Nations Unies, New York, 2004

[237] Article 2 point 1 de la Convention de l'Union Africaine sur la prévention et la lutte contre la corruption dispose : « Les objectifs de la présente Convention sont les suivants :

1. Promouvoir et renforcer la mise en place en Afrique, par chacun des Etats parties, des mécanismes nécessaires pour prévenir, détecter, réprimer et éradiquer la corruption et les infractions connexes dans les secteurs public et privé… »

[238] Article 27 point 5

[239] Office des Nations Unies contre la drogue et le crime, Convention des Nations Unies contre la corruption. Stratégies nationales de lutte contre la corruption : Guide pratique d'élaboration et de mise en œuvre, Nations Unies, New York, 2016, p. 2

conformité avec les orientations et les objectifs de la stratégie nationale de lutte contre la corruption[240].

Telle est la raison pour laquelle, pour endiguer et cerner ce phénomène vicieux, le Président Joseph Kabila avait pris une noble et salvatrice initiative, de nommer un Conseiller spécial en matière de bonne gouvernance et de lutte contre la corruption et le blanchiment des capitaux et le financement du terrorisme. Toutefois, l'institution n'a pas fonctionné de manière à rencontrer les attentes de sa création.

Le régime juridique de cette institution comprend principalement :

- L'Ordonnance n°15/021 du 31 mars 2015 portant nomination du Conseiller Spécial du Chef de l'Etat en matière de bonne gouvernance et de lutte contre la corruption, le blanchiment des capitaux et financement du terrorisme ;
- L'Ordonnance n°16/065 du 14 juillet 2016 portant organisation et fonctionnement des services du Conseiller spécial du Chef de l'Etat en matière de bonne gouvernance et de lutte contre la corruption et le blanchiment des capitaux et le financement du terrorisme.

La seconde ordonnance est complémentaire à la première en vue de rendre aisé l'exercice par le Conseiller Spécial des attributions au titre de sa charge. L'article 2 du second texte précise ses attributions :

- La conception, l'élaboration et la proposition au Chef de l'Etat sur les stratégies à mettre en œuvre ;
- La conduite des investigations et enquêtes par des organes habilités pour ce faire ;
- La collaboration avec les organes officiels d'audit financier tels que l'Inspection générale des Finances et autres aux fins d'ouvrir des investigations préparatoires et préalables à la saisine des instances judiciaires ;
- Le dressage du monitoring des actes répréhensibles ;

[240] Office des Nations Unies contre la drogue et le crime, *op. cit.*, p. 36

Etant donné que le Chef de l'Etat en sa qualité de garant du bon fonctionnement des institutions n'est pas doté de l'ubiquité pour avoir le contrôle de tous les secteurs, le Conseiller Spécial s'emploie comme ses yeux et oreilles dans le domaine de lutte contre la corruption sous toutes ses formes. L'une des rares initiatives prises par le Conseiller Spécial fut le courrier du 20 février 2019 qu'il adressa au Procureur Général près la Cour de Cassation dans lequel il dénonce la corruption dans les opérations des élections des sénateurs et Gouverneurs de province avec des mesures urgentes à prendre. Jusqu'ici, l'enquête est demeurée sine die.

L'actuel Président de la République, Félix-Antoine Tshisekedi, dans le but de renforcer le dispositif, a mis sur pied toute une agence pour ce faire. Il s'agit effectivement d'une urgence nationale, car la RDC occupe sur un classement de 180 pays et territoires à travers le monde la 170$^{ème}$ place dans le rapport de 2020 de l'Indice de perception de la corruption du secteur public de Transparency International[241].

Kolodko mentionne les conséquences ci-après servent des canaux par lesquels la corruption est nuisible à la croissance présente et future :

- Les distorsions au niveau de l'efficacité des ressources ;
- La fuite des capitaux ;
- La réduction de la motivation au travail et sa productivité ;
- La réduction de la propension à épargner[242].

Selon ses propres aveux au quotidien belge, Le soir, le Chef de l'Etat a déploré le détournement de près de 80 % des recettes revenant de droit au Trésor public. En outre, il a rappelé à l'occasion de son récent discours sur l'Etat de la Nation devant le Congrès que, d'après les chiffres officiels, la fraude fiscale s'élève plus ou moins à 15 milliards de dollars américains chaque année. En outre, il a haussé les

---

[241] www.transparency.org/cpi

[242] Remy K. KATSHINGU, *op. cit.*, p.139

enchères : « Aussi, dans les prochaines semaines, souhaiterais-je voir se matérialiser, l'option de création d'une structure judiciaire, voire même d'une juridiction spécialisée dans la lutte contre la corruption, la fraude fiscale, le blanchiment des capitaux ainsi que le détournement des deniers publics »[243].

L'initiative en question est louable face à ce mal profond et invétéré, source de gangrène de la société congolaise. Il y a péril en la demeure. D'ailleurs, à l'occasion de la journée internationale de lutte contre la corruption, certaines ONG ont demandé au Chef de l'Etat de matérialiser ses promesses sur la lutte contre ce fléau en instituant une agence ad hoc[244].

Nous nous retrouvons à présent à la croisée des chemins de différentes solutions que propose le droit pour éradiquer ce comportement. Peu importe la forme juridique de l'institution de lutte contre la corruption et les infractions connexes, l'essentiel est qu'elle puisse jouir des garanties d'indépendance pour fonctionner efficacement à l'abri de l'obstruction et du trafic d'influence.

Le Président de la République a créé au sein de son cabinet un service spécialisé dénommé Agence de prévention pour la lutte contre la corruption, APLC en sigle. Cette autorité nationale de référence en matière de prévention et de lutte contre la corruption, le blanchiment d'argent est notamment chargée de détecter des mouvements suspects susceptibles de constituer des actes de corruption dans toutes ses formes, de réunir et d'établir des preuves y relatives, d'assurer la protection des témoins, renseignants et experts.

Trois organes sont mis sur pied :

- Le comité de pilotage chapeauté par le Président de la République ;

---

[243] Allocution de Son Excellence Monsieur Félix-Antoine TSHISEKEDI TSHILOMBO, Président de la République Démocratique du Congo, Chef de l'Etat, sur l'état de la Nation devant le Parlement réuni en congrès, 13 Décembre 2019, p. 18 (www.presidence.cd)

[244] Compte Facebook de la Radio Okapi d'après une publication du 9 décembre 2019

- Le comité de coordination composé d'un coordonnateur et d'un coordonnateur adjoint ;
- Le comité technique groupant des experts en la matière[245].

Cette agence fait partie intégrante du trio chargé de lutter contre la corruption : APLC – IGF – Justice. Toutefois, au regard des attentes, elle n'affiche pas son efficacité. Seule, l'Inspection Générale des Finances donne le rythme du Tango.

**Figure 15 : Paiement non-officiel lors du franchissement de la frontière**

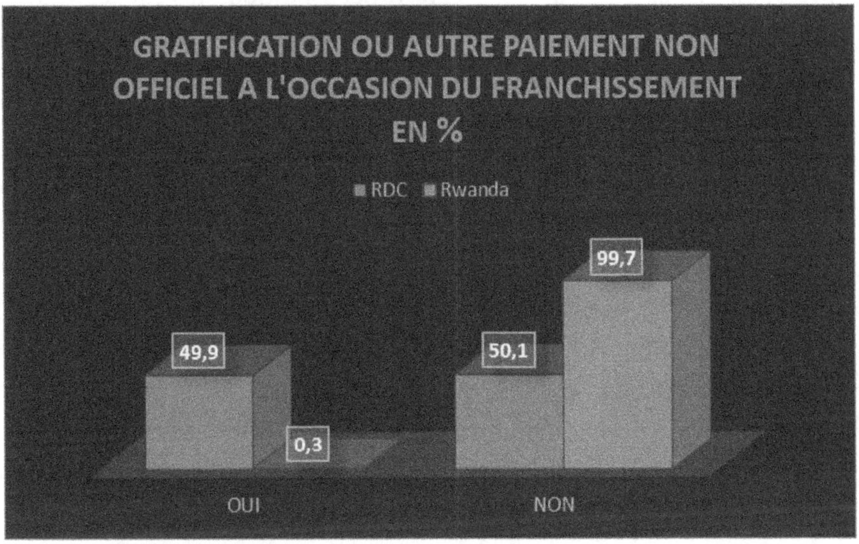


Source : Ministère du commerce, *op.cit.*, p.55

Le graphique ci-haut illustre le résultat d'une enquête établissant noir sur blanc la comparaison entre la RDC et le Rwanda concernant des actes de corruption et de concussion au niveau de la douane. Vu le danger, il importe de renforcer le dispositif de contrôle sur l'exploitation des ressources naturelles.

[245] Ordonnance n°20/013/10 du 16 mars 2020 portant création, organisation et fonctionnement de l'Agence pour la prévention et la lutte contre la corruption

## B. Contrôle sur l'exploitation des ressources naturelles

Jusqu'à la prise de forme de la diversification de l'économie congolaise, les ressources naturelles en général et minières en particulier alimentent une grande part des recettes inscrites dans le budget national depuis des lustres. Par conséquent, il est de bon aloi de veiller sur l'exploitation de ces ressources par des mécanismes de contrôle des minerais que sont la certification, la traçabilité et la chaîne d'approvisionnement. Toutes ces trois composantes se rapportent au devoir de diligence pesant sur les entreprises et les personnes physiques opérant dans le secteur minier et en vertu duquel elles doivent être rassurées que le processus que suivent les minerais contenant de l'étain, du tantale, du tungstène, de l'or, du cobalt sont extraits et négociés dans des conditions propices à la paix et au développement, et non pas à l'appui de conflits[246].

Avant de plancher sur les systèmes de certification et de traçabilité, il conviendrait, de prime abord, de savoir comment nous y sommes arrivés : Un long parcours, un périple dans la recherche des solutions idoines à mettre en œuvre pour couper le lien entre l'exploitation et la commercialisation des minerais et le contexte de violence armée et de violation des droits de l'homme. Tout est parti du rapport du Groupe d'experts des Nations Unies sur la RDC dans lequel il est reconnu ce lien étroit entre l'exploitation minière artisanale et l'enlisement du conflit à l'Est. Au cours de plusieurs tractations en dent de scie, plusieurs initiatives furent proposées :

- L'embargo sur l'achat des produits miniers artisanaux provenant de l'Est de la RDC :

La proposition fut immédiatement critiquée en ce sens que « l'embargo est difficile à mettre en œuvre et à contrôler et qu'il prive

---

[246] Organisation pour la Coopération et le Développement Economique, *Guide OCDE sur le devoir de diligence pour des chaînes d'approvisionnement en minerais exemptes de lien avec un conflit. Comment améliorer vos perspectives commerciales et obtenir la certification de la CIRGL*, p. 2

certaines populations d'une certaine partie de la valeur ajoutée »[247] attendu que l'artisanat minier occupe plusieurs dizaines de milliers des creuseurs : « L'enjeu de la gestion de ce secteur n'est en effet pas que sécuritaire, il est aussi et au premier chef celui du développement local et de la survie économique de millions de personnes à l'Est de la RDC »[248]. Le Groupe d'experts des Nations Unies sur la RDC a reconnu son caractère inadapté.

- Des sanctions ciblées comme alternative:

Le groupe propose des sanctions ciblées contre les individus et les sociétés versés dans les activités illégales relatives à l'exploitation des ressources minières. Cette solution fut jugée inefficace en raison de la diversité d'acteurs et des voies de contrebande. Si les uns sont évincés, les autres assurent la relève[249].

Toute exportation des minerais en violation de l'embargo ou des sanctions internationales constitue un acte illégal portant atteinte à la légalité internationale dans le contexte de la paix et de la sécurité internationales et en même temps, selon notre entendement, pourrait être assimilé à la contrebande minière. C'est alors que naissait l'idée de la certification et de la traçabilité.

### *1. Certification nationale et régionale*

La certification est un mécanisme de rationalisation de l'exploitation des ressources naturelles et plus particulièrement des minerais. La condition sine qua non d'obtention de la certification aussi bien nationale que régionale est le respect par les opérateurs miniers du processus orthodoxe de devoir de diligence.

---

[247] Sara GEENEN et Ruud CUSTERS, « Tiraillements autour du secteur minier de l'Est de la RDC », in VANDEGINSTE, S., REYNTJENS, F. en MARYSSE, S., *L'Afrique des Grands Lacs. Annuaire 2009-2010*, L'Harmattan, Paris, p. 232

[248] Réseau européen pour l'Afrique Centrale, *Mesures d'accompagnement au Règlement de l'UE sur l'approvisionnement responsable en minerais. Pour un renforcement de la gouvernance du secteur minier artisanal en RDC,* mars 2017, p. 7

[249] Sara GEENEN et Ruud CUSTERS, *op. cit.*, p. 233

L'article 1er point 9 quater du nouveau code minier définit la certification comme l': « ensemble de mécanismes, procédures et procédés visant à établir la nature, les caractéristiques physiques et/ou chimiques, l'origine et la provenance légale et licite des substances minérales, et ce, conformément aux normes nationales, régionales et internationales en la matière, prenant en compte à la fois le suivi et la traçabilité des substances minérales tout au long de la chaîne d'approvisionnement »[250]. Il s'infère de cette définition que le but assigné à la certification va au-delà de l'identification de l'origine des matières minières en embrassant notamment le contrôle des caractéristiques chimiques des minerais.

S'agissant de la mise en œuvre de la Déclaration de Lusaka sur la lutte contre l'exploitation illégale des ressources naturelles, « le sommet de Luanda tenu en 2016 dans le cadre de la CIRGL, a décidé :

a) d'encourager l'accélération de la mise en œuvre de six outils pour la lutte contre l'exploitation illégale des ressources naturelles et une opérationnalisation rapide de l'Unité Technique pour les ressources naturelles ;

b) de saluer le lancement du certificat régional en RDC et au Rwanda et de recommander l'extension du processus de certification dans les autres pays membres, y compris les conditions nécessaires qui donneraient la crédibilité à ce processus, et de renforcer la capacité du Comité d'audit de la CIRGL »[251].

Un protocole au Pacte de Nairobi instituant la certification régionale, dispose : « Les Etats membres de la CIRGL s'engagent à mettre en place un mécanisme régional dont le but est de servir d'outil de lutte contre l'exploitation illégale des ressources naturelles. Ce mécanisme institue les normes agréées en matière d'exploitation des ressources naturelles et doit comprendre des dispositions relatives à la

---

[250] Loi n°18/001 du 9 mars 2018 modifiant et complétant la loi n°007/2002 du 11 juillet 2002 portant Code minier de la République Démocratique du Congo

[251] Déclaration du 6ème sommet ordinaire des Chefs d'Etat et de Gouvernement de la CIRGL, Luanda, Angola, 14 juin 2016

certification d'origine, y compris l'étiquetage, le suivi, la surveillance, la vérification et la mise en œuvre... »[252]. Somme toute, éradiquer le phénomène de trafic illicite des ressources naturelles, c'est attaquer, à la racine, le conflit dans la Région des Grands-Lacs.

Sous les auspices de la CIRGL, est déjà mis sur pied ce dispositif de certification des minerais extraits à l'Est de la RDC afin d'isoler du circuit les minerais provenant des zones des conflits. En outre, la visée est notamment de veiller sur le respect de certaines normes sociales, environnementales et juridiques dans le processus d'extraction et de commercialisation des minerais libres de conflit[253].

Il convient de relever que l'initiative de la CIRGL d'instituer une certification régionale n'était pas aisée à mettre en œuvre au motif que les normes sur les industries extractives et sur les mécanismes de sa régulation se différaient d'un Etat à un autre. D'où, il a fallu harmoniser ou uniformiser dans la mesure du possible les règles nationales pour un intérêt régional. Depuis lors, il revient à chaque Etat d'organiser le secteur des industries extractives conformément à son plan de développement économique national et aux règles uniformisées du système de certification de la CIRGL[254].

La mise en œuvre du devoir de diligence dans le cadre de ce système régional pourvoira un avantage aux Etats les plus exposés aux conflits par la réduction substantielle sur le marché des minerais issus des zones problématiques. L'éradication complète des minerais de conflit ne signera pas l'acte de décès du Guide de l'OCDE sur le processus de certification. Ce dernier aidera à augmenter les capacités de l'État, à certifier les produits miniers d'exportation, à assurer de manière responsable l'approvisionnement en minerais, à élaborer des stratégies de lutte contre le commerce illégal et la prédation faisant

[252] Article 11 du Protocole sur la lutte contre l'exploitation illégale des ressources naturelles
[253] Global Witness, *L'avenir du commerce de minerais congolais dans la balance : Opportunités et obstacles associés à la démilitarisation*, mai 2011, p. 7
[254] OCDE, *L'approvisionnement responsable en minerais de la Région des Grands Lacs. Comment les donneurs peuvent-ils soutenir les Gouvernements hôtes ?*, Rapport final, 2012, p. 9

entorse à la bonne gouvernance[255]. Par exemple, la certification permettra, en dehors du contexte de lutte contre les minerais issus de zones de conflits, de contrecarrer les déclarations impertinentes et frauduleuses des acteurs évoluant dans le secteur minier.

Le plus grand bienfait qu'apporte la certification et que les investisseurs internationaux y tiennent pour le plus, c'est la préservation de la bonne réputation dans des relations commerciales régies par le principe de la confiance (crédit). L'exportateur des minerais à partir de la Région des Grands Lacs fera l'objet, au moins une fois l'an, d'un audit indépendant de ses activités dans le cadre du Mécanisme de certification régionale de la CIRGL. Le but assigné à l'auditeur est de se rassurer que le certificat régional de la CIRGL ne couvre que les matières exportées en provenance d'un site minier « propre » (c'est-à-dire « vert ») et que leur transport, traitement et exportation s'opèrent en conformité avec les normes de la CIRGL et de l'OCDE.

L'exportation des diamants bruts fait l'objet d'une certification internationale du nom de Processus de Kimberley, mis en place depuis 2003. Cette initiative s'inspire des précédents liés au trafic des diamants durant la guerre en Angola et en Sierra-Leone.

L'industrie extractive ne demeure pas le seul secteur où il est fait usage de la certification. Dans une certaine mesure, elle s'applique notamment à l'exploitation forestière. Au sens du code forestier, l'exploitation forestière est comprise comme « toute activité consistant notamment dans l'abattage, le façonnage et le transport du bois ou de tout autre produit ligneux ainsi que le prélèvement dans un but économique des autres produits forestiers »[256]. Elle s'étend également sur l'utilisation de la forêt à des fins touristiques ou récréatives[257]. L'exploitation commerciale du bois dans la Région des Grands Lacs fait face au même défi auquel sont confrontées les autres ressources

---

[255] OCDE, *op. cit.*, pp.13-14

[256] Art. 1er point 7 de la Loi n°011/2002 du 29 août 2002 portant Code forestier en République Démocratique du Congo

[257] Art. 96

naturelles à l'Est de la RDC. L'administration chargée de la gestion des forêts a la compétence de mettre en réserve certaines essences par voie d'édiction des normes, même au sein des concessions forestières[258]. L'objectif est de protéger la biodiversité étant donné que le régime forestier a la vocation de concilier les droits des générations actuelles avec ceux des générations futures. En ce sens, il vise la promotion d'une gestion rationnelle des ressources tout en préservant l'écosystème dans la perspective du développement durable[259]. Il conviendrait de ne pas perdre de vue que les réserves forestières figurent au nombre de richesses sur lesquelles l'Etat congolais compte pour le décollage de son développement. 67 % du territoire congolais est recouvert de foret, soit 155,5 millions d'hectares.

D'ailleurs, le rapport d'un observatoire précise : « L'exploitation illégale de bois vers l'Ouganda a été signalée dans différents documents, dont le premier rapport du panel des experts sur l'exploitation illégale des ressources de la RD Congo qui signalait des pratiques d'exportation frauduleuse de DARA-Forest en Ouganda »[260].

En dépit des exportations colossales de ces ressources, les populations locales et indigènes restent paupérisées au grand bénéfice des firmes spécialisées au commerce du bois. La carence de la valeur ajoutée du bois congolais dans la chaîne de valeur régionale des produits issus du bois freine la diversification de l'économie congolaise dans ledit secteur, privant les communautés locales d'importants revenus et avantages résultant de la valeur nette du commerce du bois. En outre, le défaut d'enregistrement des exportations et la sous-déclaration font empirer la situation[261]. A cela s'ajoute l'exploitation des essences de bois placées sous le régime de préservation.

---

[258] Art. 51

[259] Art. 2 alinéa 2

[260] Léopold BOSSEKOTA W'ATSHIA et Jacques SABITI KISETA, *Secteur forestiers en RD Congo: Réalités actuelles, stratégies de relance et perspectives d'avenir dans le nouveau contexte écologique mondial,* Rapport de l'Observatoire de conjoncture économique et de management (OBSAM), Editions Presses Universitaires Bel Campus, 2005, numéro spécial, p. 22

[261] Department For International Development, *op. cit.*, p. 15

L'étude menée conjointement par le DFID et l'USAID propose que « les programmes de certification du bois appliqués aussi bien en RDC que dans les pays limitrophes, afin d'instaurer des marchés du bois conjoints à la frontière, soient régis par une seule série de règles et que, par conséquent, éliminent les formes de préfinancement et d'exploitation sans scrupules »[262]. Les droits de douane de plus en plus élevés et non consolidés engendrent un cadre propice à différentes formes de fraudes : sous-déclaration, contrebande, contournement…C'est pourquoi, suppléant aux efforts des Etats, les CER mettent en place des formalités destinées à lutter contre les fraudes aux règles d'origine. En ce sens, la certification électronique, fruit des avancées des technologies de l'information et de la communication, offre plus de garantie dans la lutte contre ce mal commercial. Toutefois, les Etats africains hésitent à s'en procurer pour plusieurs raisons entre autres : le manque d'adaptation à manipuler des outils technologiques, l'insuffisance des infrastructures technologiques sur le continent, les coûts initiaux à importer cette technologie[263].

### *2. La traçabilité et la chaîne d'approvisionnement*

La traçabilité et la chaîne d'approvisionnement sont des processus qui se greffent sur le mécanisme de certification. Un minerai est certifié après que les deux processus soient établis.

La traçabilité désigne le fait de localiser les minerais tout au long de la filière partant de la mine d'origine au consommateur final en passant par le point d'exportation. L'opération de la traçabilité stimule et motive les opérateurs miniers et utilisateurs à appliquer une diligence responsable lors de la sélection de leurs fournisseurs. Cela aura pour effet d'éliminer sur le marché des minerais non certifiés en faveur de l'accroissement de la part bénéfique des produits certifiés. Ce gain obtenu en toute transparence aidera à améliorer les conditions sociales des populations : la résorption du chômage par la création des

---

[262] Department For International Development, *op. cit.*, p.16
[263] CNUCED, *op.cit.*, p. 205

emplois décents, le développement local, la lutte contre la pauvreté et la paix sociale[264].

La chaîne d'approvisionnement est une filière qui retrace tous les opérateurs par lesquels le minerai est passé et ce, de l'extraction à l'exportation. Toutes ces personnes et entreprises sont identifiées dans des documents formant ce qu'on appelle une chaîne de responsabilité[265]. Le dispositif politico-administratif de la sécurité étant étanché, il est impérieux pour la RDC de dynamiser ses exportations afin de tirer l'épingle du jeu du commerce transfrontalier comme opportunité de paix et de stabilité.

## Paragraphe II. La dynamisation des exportations commerciales

Du fait d'avoir compris qu'il est urgent de rendre les exportations commerciales congolaises dynamiques, le Premier-Ministre congolais, Sylvestre Ilunga Ilunkamba, avait pris un décret portant création, organisation et fonctionnement de l'Agence Nationale de Promotion des Exportations, « ANAPEX » en sigle. Cette structure relevant de la tutelle du Ministère du Commerce Extérieur a pour mission principale de promouvoir les exportations de tous les produits congolais d'origine agricole, agro-industrielle, industrielle, artisanale et d'assurer l'expansion commerciale par l'intensification des échanges entre la RDC et les économies tierces[266]. Dotée de l'autonomie administrative et financière, cette agence est méticuleusement chargée de missions suivantes :

- Améliorer la politique d'exportation ;
- Servir de support concret aux dynamiques d'intégration régionale ;
- Renforcer l'offre et la compétitivité des produits ;

---

[264] Ministère des mines de la République Démocratique du Congo, *Manuel de certification des minerais de la filière aurifère en RD Congo : Principes, Lignes Directrices et Standards*, Kinshasa, Février 2011, p. 9 et 14

[265] OCDE, *op. cit.*, p. 5

[266] Art 3 du Décret n°20/003 du 5 mars 2020 portant création, organisation et fonctionnement de l'Agence Nationale de Promotion des Exportations « ANAPEX »

- Assurer une meilleure maitrise de la demande extérieure ;
- Promouvoir le positionnement du label et du brand nationaux à l'étranger (Made in DRC)[267].

Elle est dotée d'un conseil permanent chargé de prendre des décisions et de fixer des orientations ainsi que d'une direction générale qui assure la gestion quotidienne des activités[268].

Le rôle du commerce transfrontalier comme vecteur de paix et de stabilité dans la Région des Grands-Las et à l'Est de la RDC en particulier passe par des reformes structurelles en matière commerciale. Ces reformes impliquent le renforcement de la qualité des exportations grâce à la diversification de l'économie (A) et au passage de l'économie informelle à l'économie formelle (B) beaucoup plus compétitive.

**A. La diversification de l'économie**

La diversification économique est « une stratégie de développement mise en œuvre par des entreprises qui souhaitent prendre position sur de nouveaux marchés pour, à la fois, développer leur chiffre d'affaires, mais aussi pour diminuer le risque de volatilité de leurs résultats associés à des activités concentrées ». Il existe deux formes de diversification : horizontale et verticale. La diversification horizontale consiste à chercher de nouveaux débouchés pour des variétés de valeur et de qualité supérieure dans les catégories de produits tandis que la diversification verticale consiste à ajouter de nouvelles activités de transformation, par exemple en développant l'industrie des engrais et de la pétrochimie à forte intensité de capital dans les pays producteurs de pétrole[269].

---

[267] CNUCED, *L'étude diagnostique sur l'intégration du commerce : République Démocratique du Congo*, s.d., p. 65

[268] CNUCED, *op. cit.*, p. 66

[269] OMC, *Rapport sur le commerce mondial 2014 : commerce et développement : tendances récentes et rôle de l'OMC*, p. 171

Loin de s'attarder à des notions théoriques, il est mieux de procéder directement à l'analyse des avantages que pourrait apporter cette diversification sous l'angle de la variation des produits d'exportation et de l'augmentation de la chaîne des valeurs. Le but de la diversification de l'économie étant de faire jaillir une diversité des sources de financement devant soutenir la croissance, ce processus partira des pôles locaux. Remy Katshingu s'étale sur les stratégies que préconise la République Démocratique du Congo d'ici l'horizon 2030 pour aboutir à la diversification évoluée de son économie: « L'objectif ultime étant d'entrer dans le cercle restreint des pays émergents en 2030. Dans cette hypothèse, on confie à l'agro-industrie au cours de la phase initiale de lancement, le soin de soutenir la croissance en cours. Cette phase de lancement sera suivie par une phase de décollage (au moins un an) caractérisé par la diversification de la production, avant d'atteindre la phase de la montée en puissance lorsque, suite à la dilatation de la production, les petits et moyens producteurs vont se mettre à bénéficier des effets d'économies d'échelle. Le processus arrive à sa plénitude lorsque le pôle parvient à créer de multiples réseaux à partir de l'amplification des flux issus de ses activités facilitant ainsi l'installation d'unités industrielles dynamiques fabriquant divers biens de consommation courante à partir de structures des coûts optimaux »[270].

D'ici l'horizon 2030 ou plus tard, la diversification commencera par l'implantation des industries manufacturières avant de se solidifier avec l'implantation des industries lourdes. Et ce, dans le souci d'offrir tant aux consommateurs nationaux qu'étrangers une palette de produits de qualité intégrant les différentes chaînes des valeurs régionales et même internationales.

---

[270] Remy K. KATSHINGU, *Du miracle rwandais au paradoxe congolais (RDC). De la pauvreté à l'émergence économique*, coll. Etudes africaines, L'Harmattan, Paris, 2015, pp. 99-100

## *1. La diversification dans la variété des produits d'exportation*

Si la RDC veut améliorer son accès aux marchés internationaux en proposant aux goûts des consommateurs une gamme ou un éventail des produits et services, elle doit diversifier les différents secteurs de son économie à l'instar de l'agriculture, des industries extractives, de la manufacture, du tourisme, des services et de la promotion du secteur privé[271]. Ce processus s'inscrit dans le temps avec le concours de la volonté, des initiatives et des actions. Pour l'instant, nous nous contentons d'une situation où les exportations sont dépourvues de valeur ajoutée, pour ne pas dire stériles.

**Figure 16 : Exportations de la RDC dans la structure du commerce des marchandises**

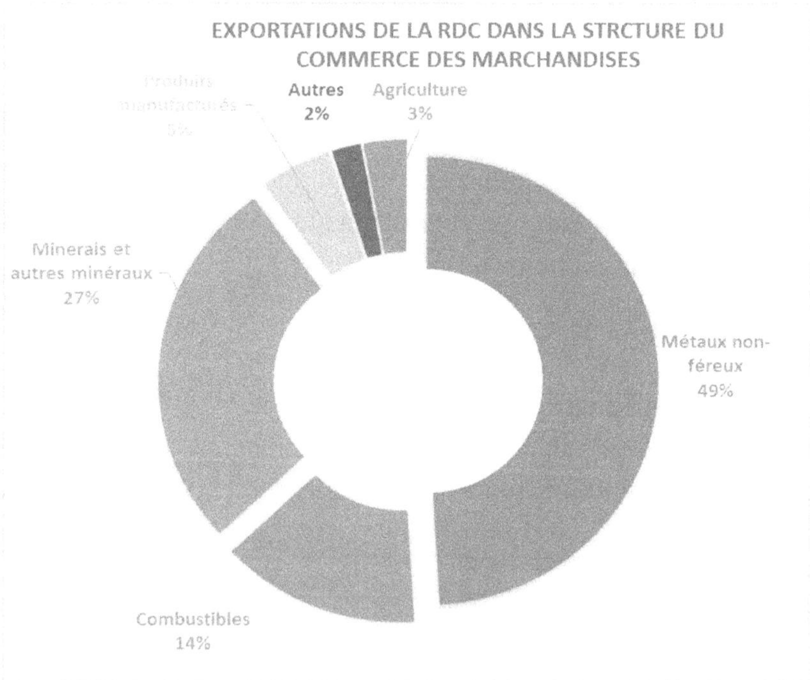


Source : Organe d'examen des politiques commerciales de l'OMC, *op. cit.*, p. 19

[271] Oswald NDESHYO RUHIROSE, *op. cit.*, p. 161

A plus de 90 %, les industries extractives (métaux non-ferreux, combustibles, minerais, minéraux) dominent l'économie congolaise sur un total de 7,5 milliards de dollars américains. L'injonction faite aux opérateurs miniers de procéder aux premiers traitements sur-place apportera une plus-value portant sur les dérivés des matières brutes. Ladite opération élargit l'assiette fiscale sur les minerais exportés à l'état brut.

**Figure 17 : Importations de la RDC dans la structure des marchandises**

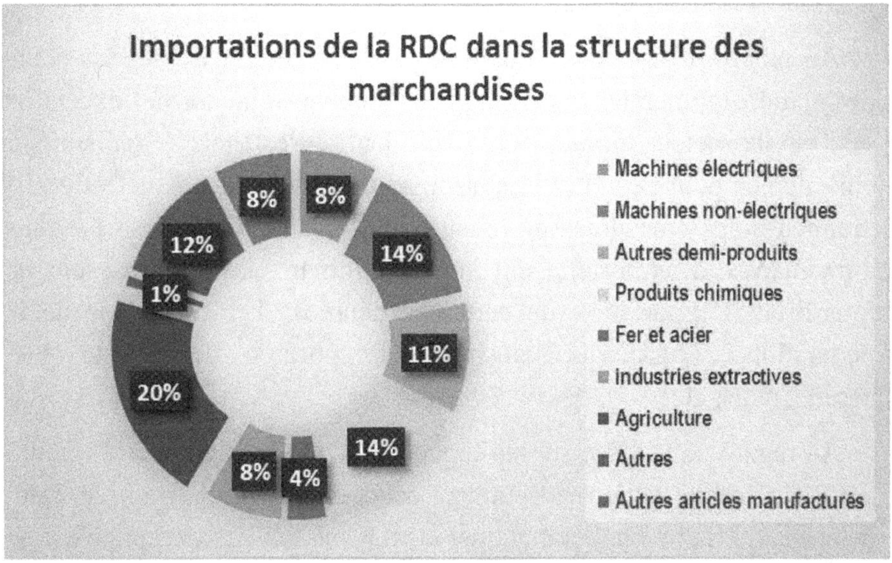


A observer ce graphique, plus de 70 % des marchandises qu'importe la RDC sont des produits manufacturés (à l'exception des produits agricoles et extractifs) par rapport à une enveloppe globale de 6, 7 milliards de dollars américains. En attendant l'installation des industries lourdes, la RDC pourra d'ores et déjà réduire la dépendance vis-à-vis de l'importation des produits manufacturés avec le lancement de la première phase de diversification de l'économie congolaise.

Il est consensuellement établi que le secteur manufacturier soit prioritaire dans les efforts d'industrialisation du continent africain en général et de la RDC en particulier. Il se fait encadrer du secteur agricole et de celui des services[272].

De par la comparaison de ces deux graphiques dont le premier établit la prédominance des exportations issues des industries extractives et l'autre démontre le fort pourcentage des importations centrées sur les produits manufacturés, nous pouvons induire qu'il y a péril en la demeure : nos exportations sont brutes et dépourvues de plus-value tandis que les importations portent sur des produits finis. D'une manière ou d'une autre, la RDC perd plus qu'elle ne gagne dans le commerce international.

Au plus fort de la crise due à la pandémie du Covid-19, les cours des matières minérales ont connu une chute vertigineuse (à l'exception de l'or), le secteur minier tourne au ralenti et les Etats se replient sur eux-mêmes pour protéger la consommation nationale. A cet effet, ils prennent des mesures de restriction quantitative des produits alimentaires à exporter, soit en déterminant la quotité, soit en interdisant l'exportation de certaines denrées. Tel est le cas de la Fédération de Russie qui avait interdit l'exportation des céréales (blé, avoine, maïs, etc).

Au regard de la thèse sur les économies de la périphérie et du centre dont la paternité revient à l'éminent économiste Samir Amin, le statut des pays du Sud en général auquel la RDC ne fait pas exception est de fournir à ceux du Nord des produits de base et des matières premières en l'état brut. Le même auteur écrivait en son temps : « La stagnation de l'agriculture n'est pas la conséquence d'une industrialisation forcée, comme le prétend la Banque mondiale contre toute évidence, mais l'accompagnement d'une stagnation industrielle non moins marquée »[273]. L'avènement des industries manufacturières sur le

[272] Gaëlle BALINEAU et Ysaline PADIEU, *L'industrialisation en Afrique et l'exemple éthiopien*, in Agence Française de Développement, *op. cit.*, p. 66
[273] SAMIR AMIN, *La faillite du développement en Afrique et dans le tiers-monde: une analyse politique*, L'Harmattan, Paris, 1989, p. 50

continent africain et en RDC de manière particulière, va entraîner la ruée des populations vers les activités agro-pastorales provoquant ainsi l'exode urbain et l'augmentation de la production dans le secteur. Ce dernier pourra contribuer à résorber considérablement le chômage des jeunes attirés vers les agglomérations urbaines à la recherche de l'emploi. A contrario, la faible industrialisation ne stimule pas la surproduction agro-pastorale faute des moyens et débouchés pour écouler les marchandises.

En considérant le quota de participation, quoique minime, au secteur minier en terme de valeur de production vis-à-vis du marché mondial et des recettes de l'Etat, l'économie africaine en général et de la République Démocratique du Congo en particulier, est minière. « Dans les stratégies globales, l'Afrique reste avant tout une réserve de ressources naturelles plutôt qu'un lieu de valorisation du capital ou un débouché »[274]. L'urgence s'impose dans le sens de renverser cette tendance datant depuis la période précoloniale et coloniale. L'Afrique doit tirer son épingle de jeu sur le terrain de la mondialisation.

Après les années-troubles, bon nombre de ces Etats, bénéficiant d'une libéralisation à la va-vite, ont fourni des efforts d'industrialisation, de transformation intérieure des matières premières et de diversification en dépit de leur puissance pondérale assez faible. Deux facteurs justifient cette faiblesse : Il s'agit de la mauvaise gouvernance sur le plan interne et de la perte de la souveraineté sur leurs instruments de politiques économique et commerciale[275]. Un exemple typique de contrôle de la politique économique par l'étranger s'illustre en RDC au niveau de la configuration de la FEC (Fédération des Entreprises du Congo) ou siègent majoritairement plus d'étrangers que des nationaux. L'accomplissement de la promesse du Chef de l'Etat, Felix-Antoine Tshisekedi, de faire des millionnaires et milliardaires à la fin de sa gestion de l'Etat, agira efficacement en ce sens.

---

[274] SAMIR AMIN, *op. cit.*, p. 51
[275] Cheikh TIDIANE DIEYE, *op. cit.*, p. 2

L'optimisme d'un auteur est de nature encourageante : « L'expérience récente du développement dans le monde montre que le nombre croissant de nouveaux partenaires économiques du « sud » peut faciliter la transformation en Afrique non seulement par une intensification des courants commerciaux et financiers, mais aussi par le financement de projets régionaux d'infrastructures et par le transfert de connaissances et de technologies »[276].

C'est à partir de la Conférence de Bandung que commençait à prendre corps la solidarité des peuples d'Asie et d'Afrique sous forme non seulement de la mutualisation des efforts de lutte contre le néocolonialisme, mais aussi de la collaboration économique gagnant-gagnant dans le cadre de la coopération Sud-Sud, conçue comme un palliatif à la dépendance et aux échanges inégaux Nord-Sud[277].

Dans le contexte de transfert de technologie pour assurer l'envol de l'industrie sidérurgique, le Gouvernement de l'époque avait entrepris des négociations avec un consortium des firmes italienne et allemande œuvrant dans le secteur. Il était envisagé la signature d'un contrat de marché des fournitures des matériels nécessaires à l'implantation de cette industrie naissante. Toutefois, de l'avis de certains experts, l'aboutissement de ces négociations était tout à fait autre : l'usine sidérurgique de Maluku s'est limitée à utiliser la ferraille comme matière première. La République Démocratique du Congo est invitée à tirer des leçons de cet échec à l'issue de ces négociations ayant affecté le contenu de l'accord sur le transfert de technologie pour ne plus commettre de telles erreurs[278].

Les nouveaux partenaires comme la Chine, la Russie, le Brésil, l'Inde sont capables de jouer ce rôle à condition qu'ils n'adhérent pas au schéma traditionnel auquel est soumis le fonctionnement actuel des échanges internationaux. Un auteur manifeste son déboire : «…tous les pays africains exportent leurs matières premières comme à

[276] *Idem*, p. 6

[277] SAMIR AMIN, *op. cit.*, p. 335

[278] André AHUKA SHAMBA, *L'industrie sidérurgique et le développement durable de la République Démocratique du Congo,* L'Harmattan, Paris, 2015, p. 121

l'époque coloniale, comme si leurs populations n'avaient pas besoin de produits finis, comme s'ils ignoraient l'importance de ces minerais ou comme s'ils n'avaient jamais eu envie de posséder ou d'utiliser eux-mêmes les minerais de leurs pays »[279].

Le nouveau code minier est porteur des retombées positives aussi bien sous l'angle de l'élargissement de l'assiette fiscale que sous celui de l'extirpation des produits dérivés avant l'exportation. Selon un expert, « l'application intégrale du nouveau code pourrait augmenter le taux effectif moyen d'imposition de 48 à 72 pourcents sur une mine de cuivre/cobalt, et de 55 à 95 pourcents sur une mine d'or, en fonction des hypothèses »[280].

**Figure 18 : 17 paiements importants prescrits aux sociétés minières**

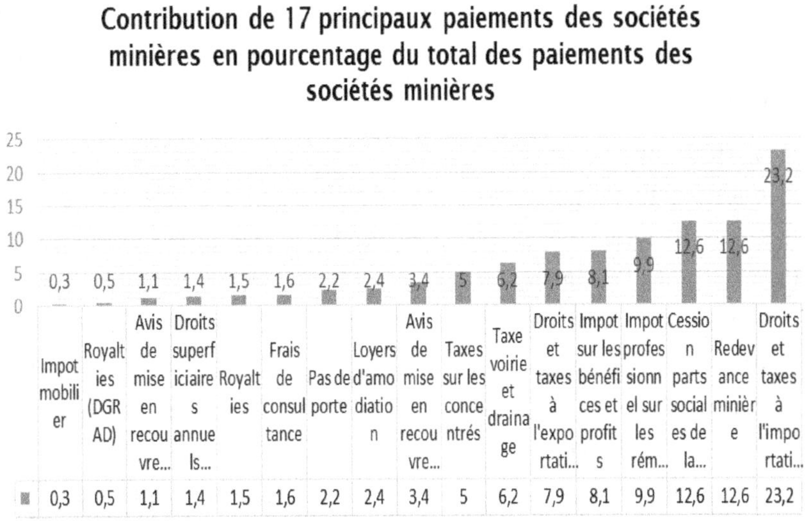


Source : ITIE RDC – rapport de cadrage 2016 cité par Thomas LASSOURD, *op. cit.*, p. 12

---

[279] Fweley DIANGITUKWA, *Géopolitique, intégration régionale et mondialisation*, L'Harmattan, 2006, p. 171

[280] Thomas LASSOURD, La fiscalité du nouveau code minier de la République Démocratique du Congo, Analyse de novembre 2018, Natural ressource Governance Institute, p. 2 ; voir article 220 bis du nouveau Code minier.

Au regard de ce graphique, les droits et taxes à l'importation, les droits sur la cession des parts sociales et la redevance minière sont les trois paiements les plus onéreux dont s'acquittent les sociétés minières. Le titulaire du droit d'exploitation minière est tenu, sauf dérogation exceptionnelle lui accordée explicitement, de traiter ou de faire traiter les substances minérales en produits marchands dans ses propres installations ou auprès des entités de traitement agréées établies sur le territoire national[281].

Cette disposition libellée dans le code minier fait écho aux recommandations qu'a formulées une commission du Senat dépêchée pour s'enquérir du coulage des recettes du secteur minier échappant au Trésor public : Concernant la maximisation du taux de la valeur ajoutée des produits marchands exploités en vue de réduire le volume transporté et par conséquent le coût de ce transport, « le Gouvernement doit par un texte légal ou règlementaire, contraindre toute entreprise qui investit dans le secteur, d'utiliser une technologie qui permet d'élaborer des produits marchands à valeur ajoutée maximale »[282].

La commercialisation des produits issus de l'industrie sidérurgique contribuera substantiellement au développement du pays. Outre l'existence d'un marché intérieur de consommation, le débouché de ce secteur se trouve notamment dans les neufs pays voisins avec lesquels la RDC partage les frontières. Etant engagés tous dans le processus de reconstruction, ces pays constituent un marché propice à l'écoulement de nos produits sidérurgiques. Le rendement de ces échanges va à coup sûr rehausser la balance commerciale et, par ricochet, toute l'économie nationale. La République Démocratique du Congo jouit des faveurs sous l'angle géostratégique de par sa position au cœur de l'Afrique centrale lui accordant le pouvoir d'influence sur les économies environnantes[283].

---

[281] Article 108 *bis* du nouveau Code minier

[282] Rapport de la Commission d'enquête du Sénat sur le secteur minier instituée par sa résolution du 31 décembre 2007, p. 114

[283] André AHUKA SHAMBA, *op. cit.*, p. 169

**Figure 19 : Principales destinations des exportations congolaises**

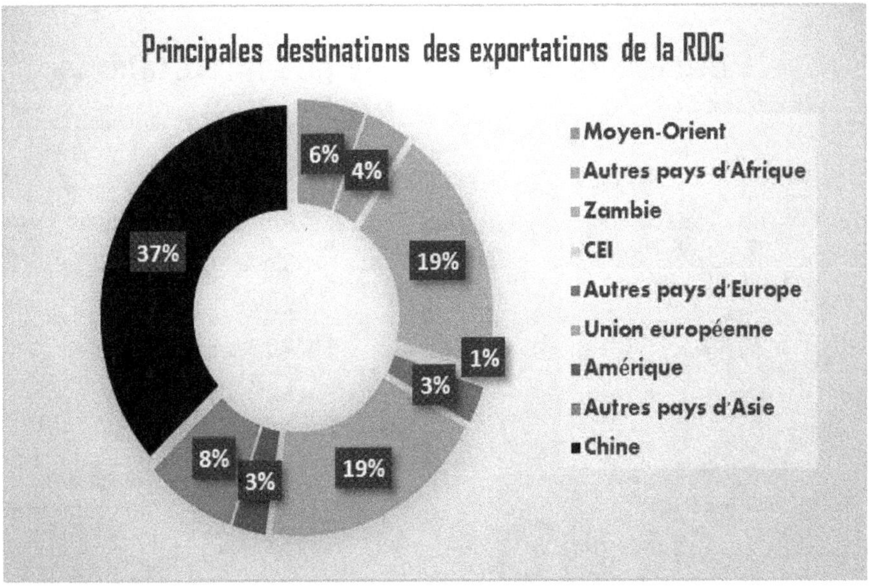


La Chine est la principale destination des exportations congolaises. Elle opère plus dans le secteur minier. Cela s'entend que les revenus qu'engendre ce secteur ne sont pas proportionnels à ce que la RDC dépense pour importer des produits manufacturés de la Chine. C'est pourquoi les congolais sont appelés à être vigilants pour dissuader la Chine à s'inscrire dans le triste schéma traditionnel Nord-Sud. Un partenariat moderne dans le respect mutuel des intérêts nationaux s'impose.

**Figure 20 : Principales provenances des importations congolaises**

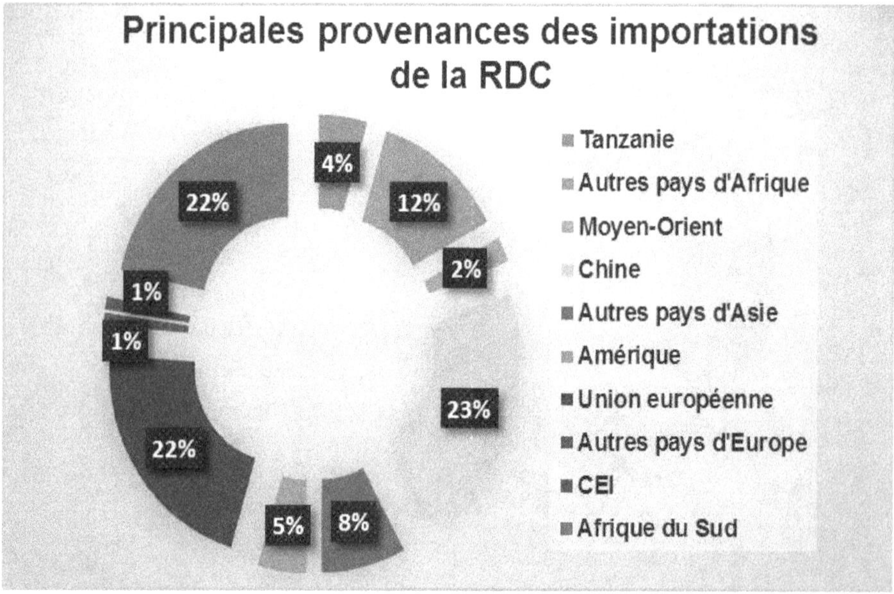


Source : Organe d'examen des politiques commerciales de l'OMC, *op. cit.*, p. 19

Le continent africain dont la grande proportion des exportations porte sur des produits de base, tirera grand profit de la diversification de son économie en devenant moins vulnérable à l'effondrement des cours des matières premières. En ce sens, Tshiunza Mbiye soutient : « Le lancement de nouvelles activités de diversification aura pour objectif de diminuer la dépendance de l'économie dans son ensemble vis-à-vis des activités actuellement dominantes ; et par conséquent, de limiter, au niveau, l'ampleur des difficultés résultant du marasme économique qui affecte les activités dominantes »[284].

Pour le moment, les industries extractives dominent l'économie congolaise alors que le pays ne dispose pas d'industries lourdes de

[284] NGOIE KAPAJI, *Diversification économique et emploi* cité par TSHIUNZA MBIYE, *op. cit.*, p. 327

transformation. C'est ce qui entraîne l'effondrement des ressources financières en cas de chute de cours des matières premières sur des marchés internationaux, à l'aune même de la spéculation commerciale. Les congolais ne consomment pas des matières brutes qu'ils exportent vers les pays industrialisés, mais plutôt consomment des produits finis en provenance de ces mêmes Etats. Il vaut la peine de signaler les exigences de qualité des produits, la fixation des prix et tant d'autres facteurs qui font que l'Afrique soit fortement tributaire aux préférences unilatérales sur les principaux marchés d'exportation[285].

Un autre secteur prometteur qui lorgne le pays, c'est l'agriculture, l'élevage et la pêche. Actuellement, les quantités produites dans ledit secteur couvrent essentiellement l'autosuffisance alimentaire non satisfaite en intégralité. Avec de la volonté politique et un savoir-faire pragmatique, les pouvoirs publics, appuyés par des entrepreneurs du secteur privé relevant aussi bien des investissements nationaux qu'étrangers, sont à même de soutenir la diversification à l'aide de l'implantation des industries manufacturières. Comme le signalait Samir Amin, « (à travers l'Afrique) il n'y a pas suffisamment d'unités de production manufacturières pour constituer un tissu industriel : le tableau des échanges inter-industriels est encore vide »[286].

Dans son ouvrage intitulé « Les étapes de la croissance économique », Rostow évoque les forces influant sur le volume de la production dans la relation offre-demande : «...la position optimum de chaque secteur est déterminée, du côté de la demande, par le niveau des revenus et l'importance de la population et par la nature des goûts ; et, du côté de l'offre, par l'état de la technologie et la qualité de l'esprit d'initiative, puisque c'est l'esprit d'initiative qui détermine la proportion des innovations techniquement accessibles et capables d'engendrer des profits qui seront effectivement incorporés au capital national »[287].

---

[285] CNUCED, *op. cit.*, p. 6
[286] SAMIR AMIN, *op. cit.*, p. 51
[287] W.W. ROSTOW, *op. cit.*, p. 27

Le revenu de ces exportations des produits de qualité conformes aux normes internationales (produits naturels sans OGM) devront certainement renflouer le Trésor public en devises étrangères comme gage de stabilité du franc congolais. Cela s'entend que cette réforme de la politique commerciale en ce sens produira tout un faisceau des conséquences positives sur l'économie nationale partant du commerce vers la stabilité monétaire, en passant par la résorption du chômage, l'accroissement des investissements.

La diversification de l'économie touche aussi les impératifs d'ordre environnemental. Dans le but de préserver les réserves forestières jouant un rôle essentiel à l'absorption du gaz à effet de serre, les Etats s'étaient convenu en marge des sommets sur le climat de faire remplacer l'actuelle principale source d'énergie qu'est le bois de chauffage en particulier et les sources d'énergie fossiles en général, par des sources d'énergie renouvelable ou de substitution. Jusqu' à présent, ces résolutions tardent à se concrétiser avec l'octroi de fonds issus de la taxe carbone en faveur des Etats dont les forêts contribuent de manière décisive à l'équilibre écologique de la planète. En attendant cette transition énergétique, la construction d'Inga III permettra une desserte maximale en énergie pour les industries du continent.

L'exploitation sauvage et sans souci du lendemain des ressources des populations locales a amené les sociétés multinationales du secteur à ne pas prendre des précautions relatives au développement durable dans des Etats à faible capacité de contrôle et de surveillance. Ne perdons pas de vue que des ressources minières, à l'épreuve de l'exploitation continue, s'épuisent. Toujours dans l'optique de cette diversification est-il nécessaire de concevoir des modes nouveaux de mise en valeur et de gestion des ressources naturelles[288].

Cet échange transfrontalier des produits issus du circuit diversifié constitue la principale source de revenus pour l'Etat congolais plutôt que de rester cantonner juste au petit revenu qui alimente la survie des

---

[288] Ministère du commerce extérieur, petites et moyennes entreprises de la République Démocratique du Congo, *op.cit.*, p. 29

familles d'un grand nombre de commerçants non-officiels, en majorité des femmes pauvres qui transportent leurs produits agricoles d'un endroit à l'autre[289].

## *2. La diversification dans la chaîne des valeurs*

Avec un accompagnement politique et institutionnel approprié, des ressources naturelles abondantes procurent le développement et la croissance économique. L'abondance en ressources naturelles fait en sorte que l'Etat soit le principal canal de redistribution de la richesse avec un corollaire de gouvernance. Par contre, les ménages génèrent les richesses des activités agricoles et manufacturières. Compte tenu de cette configuration, la croissance distributive est conditionnée à la diversification des activités économiques[290].

La chaîne des valeurs est l'ensemble des étapes déterminant la capacité d'un domaine d'activité stratégique, d'une entreprise ou d'une organisation à obtenir un avantage concurrentiel. Une chaîne des valeurs mondiale englobe l'ensemble des activités, de la conception à l'utilisation finale, menées par les entreprises, localement et à l'étranger, pour mettre un produit sur le marché[291].

Cette chaîne de traçabilité de l'approvisionnement fait éventuellement intervenir plusieurs opérateurs de tous les horizons. Un pays intègre une chaîne de valeur mondiale dès lors qu'elle s'ouvre aux échanges internationaux des biens et services, c'est-à-dire « qu'il s'insère dans un réseau de production international d'un bien pour lequel les composantes et autres biens intermédiaires proviennent de

---

[289] Paul BRENTON et al., *Les femmes pauvres qui pratiquent le commerce transfrontalier dans la Région des Grands Lacs de l'Afrique : des affaires à risque*, Notes de politique commerciale, Janvier 2011, p. 2

[290] Ministère du commerce extérieur, petites et moyennes entreprises de la République Démocratique du Congo, *op.cit.*, p. 27

[291] OCDE, *Economies interconnectées: comment tirer parti des chaines de valeur mondiale*, rapport de la réunion au niveau des ministres tenue à Paris du 29 au 30 mai 2013, p. 7

plusieurs sites ou pays distincts et qui est finalement assemblé dans un pays tiers »[292].

Par ailleurs, plusieurs pays peuvent intervenir dans ce processus de production à l'échelle mondiale dans une filière (acquisition des intrants ou matières premières, transformation en produit semi-fini et fini, distribution, livraison) dont chacune des activités apportant une valeur ajoutée s'exécute en l'endroit où les compétences et les matériaux sont à un coût concurrentiel. La RDC dispose d'un large éventail d'atouts pour intégrer un maximum de chaînes des valeurs mondiales, plus spécialement dans le secteur agricole et minier. Prenons l'exemple de la chaîne de valeur du coton-vêtement : Ses différents stades sont constitués de fibres de coton, de fils de coton, de tissus de coton, de vêtements, d'intermédiaires, d'entreprises-chef de files.

**Figure 21 : Chaîne des valeurs du coton**

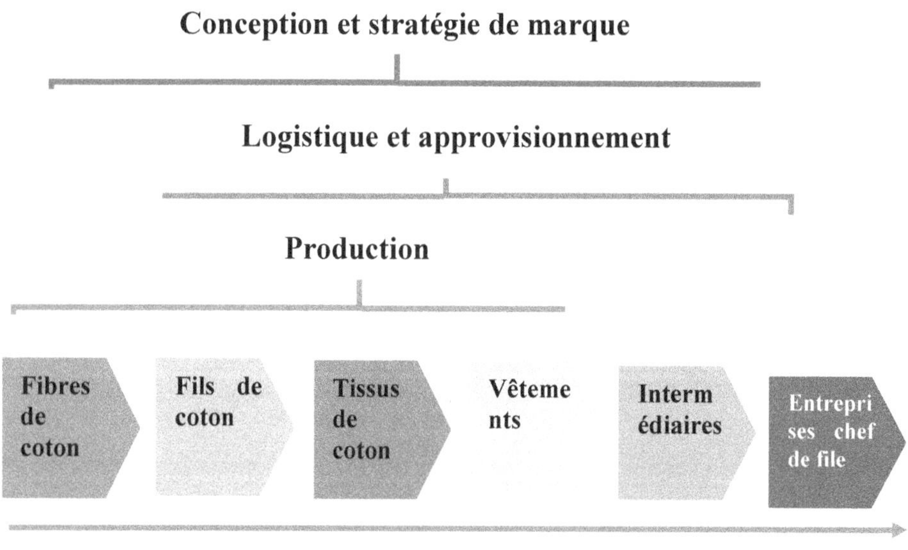


Créer davantage de valeur ajoutée

Source: CNUCED, *op. cit.*, p. 136

[292] Remy K. KATSHINGU, *op. cit.*, p. 148

En RDC, cette chaîne des valeurs concernant la filière du coton est devenue quasiment éteinte. L'on serait même tenté de se demander si le coton intéresse encore les cultivateurs congolais au point qu'ils l'aient substitué par d'autres produits soumis à une forte demande. Une diversification obtenue à l'aide des industries de transformation des fibres en vêtements prêts à porter, cautionne le développement du commerce intra-africain.

Prenons le cas d'une démonstration à titre exemplatif : La RDC et la RCA étaient réputées être de grandes productrices du coton au grand dam d'autres Etats voisins comme le Rwanda, l'Ouganda, le Burundi. Pour maximiser les avantages comparatifs, ces derniers importeraient plus facilement les vêtements produits à coté de leurs murs que ceux qui traversent des océans et des continents. Par-là, la stimulation des échanges intra-africains portant sur des produits finis bloquera l'exportation des richesses à vil prix par la sortie des matières premières, dépourvues de la valeur ajoutée. Dénote de l'importance de la transformation des matières premières, l'écart de prix entre 1 kilogramme de cacao valant 1.4 dollars US et 100 grammes de chocolat coûtant 5.2 dollars US. C'est ce qui induit au regard des chiffres précédemment présentés que les producteurs africains du cacao demeurent pauvres alors qu'ils fournissent 75 % de la production mondiale. En effet, sur les 120 milliards de dollars US que génèrent annuellement le circuit du cacao-chocolat, l'Afrique ne tire que moins de 5 %.

Les spécialistes avouent qu'il est difficile de mesurer le rôle des services dans les chaînes des valeurs mondiales à cause de l'interdépendance entre l'industrie et les services. Qu'à cela ne tienne, hormis les intrants à la production comme la main d'œuvre, les services interviennent dans l'après-vente : maintenance, formation, service-client[293].

La RDC est appelée à jouer sa partition dans le commerce international en se spécialisant dans le secteur où son avantage

[293] OMC, *op. cit.*, p. 50

comparatif est plus élevé : « On dit qu'un pays possède un avantage comparatif dans la production d'un bien si son coût d'opportunité est inférieur à celui des autres pays. On voit apparaître alors un résultat essentiel de l'économie internationale : le commerce entre deux pays peut être mutuellement bénéfique si chacun d'eux exporte les biens pour lesquels il détient un avantage comparatif »[294].

Vivre juste de la rente issue de la vente des minerais bloque les différents secteurs de la machine économique, par exemple l'emploi. C'est pourquoi plus les industries transforment les matières premières (minerais, produits de l'agriculture), plus des emplois se créent du fait que la main d'œuvre est désirée. Exporter des produits à faible valeur ajoutée pour importer ceux à forte valeur ajoutée dilapide les ressources et limite l'encaissement des devises étrangères.

Un grand nombre de pays en développement ont appliqué l'industrialisation par substitution aux importations durant la période entre la seconde guerre mondiale et les années 1970. Ce principe consiste « à favoriser l'essor de l'industrie nationale en limitant les importations de produits manufacturés pour conférer aux entreprises nationales un avantage sur leur propre marché »[295]. Pour atteindre ces résultats, les bonnes intentions ne suffisent pas à elles seules. Elles devraient être combinées avec l'augmentation de la production et le transfert effectif des technologies.

Il est sans doute vrai que la protection de la résilience de l'économie congolaise par la dynamisation des exportations est tributaire à la diversification non seulement des produits de consommation intérieure ou d'exportation, mais aussi des partenaires commerciaux. La chaîne des valeurs obtenue sur base de la variation des produits ouvre l'économie nationale au contact avec d'autres partenaires et marchés internationaux. Les deux actions sont par conséquent rattachées.

---

[294] Paul KRUGMAN et Maurice OBSTFELD, *Economie internationale*, 8ème édition, Pearson Education, France, 2009, p. 29

[295] Paul KRUGMAN et Maurice OBSTFELD, *op. cit.*,p. 256

Etant donné que le transfert des technologies n'est pas du tout aisé à acquérir, la RDC est invitée à améliorer le climat d'investissement. Par exemple, la réalisation de la chaîne de valeur dans le secteur minier permettant la transition de l'exportation de matières premières brutes à celle de l'exportation de produits semi-finis, exige la facilitation en énergie et en transport par l'implantation des infrastructures viables. Selon les statistiques de la Banque mondiale, « les lacunes opérationnelles de la SNEL ont coûté l'équivalent de 100 millions de dollars américains par an en pertes de production »[296].

A l'occasion du 30ème anniversaire depuis sa création, la Société Nationale de l'Electricité établit un rapport d'après lequel « le potentiel exploitable dans ce secteur est évalué à 774.000 Gwh (Giga watt heure). Mais, à ces jours, les aménagements hydroélectriques à travers le pays sont évalués à plus ou moins 50 KW (Kilo watt). Ces estimations montrent que l'exploitation du parc hydroélectrique dans notre pays n'atteint même pas encore les 10 % de nos potentialités »[297]. Ce déficit d'exploitation du potentiel hydroélectrique mérite d'être comblé pour soutenir la diversification et le passage de l'économie informelle à une économie plus formelle.

### B. Le passage de l'économie informelle de survie à l'économie formelle de croissance

En Afrique, un grand lot des transactions économiques sont souvent informelles. Les estimations renseignent que 30 à 40 % du commerce intra-africain porte sur des échanges informels entre acteurs économiques. D'autres estimations indiquent même que le commerce transfrontalier informel contribue à la hauteur de 43 % aux revenus du continent.

Les principaux acteurs de ces échanges sont en grande partie des femmes menant des activités à petite échelle dans l'incertitude la plus totale du lendemain. Un opérateur économique décrit l'informel en ces

---

[296] Banque Mondiale, *op. cit.*, p. 93
[297] André AHUKA SHAMBA, *op. cit.*, p. 89

termes : « Ces unités, soient-elles de production, de distribution, ou de service, ne sont ni déclarées, ni enregistrées dans les statistiques officielles et se situent habituellement en marge des marchés organisés, des institutions financières, des services publics et équipements sociaux. C'est dire qu'elles ne sont ni reconnues, ni soutenues, ni réglementées par l'Etat et sont souvent contraintes à fonctionner en dehors de la loi et de la protection sociale »[298].

Les Etats africains en général et la RDC en particulier doivent mener une croisade afin de réduire les activités informelles, sources de blocage de la bonne mise en œuvre des politiques générales et commerciales. Plusieurs causes concourent au renforcement du secteur informel en Afrique : le chômage, le manque des débouchés commerciaux dans le secteur formel ainsi que les coûts prohibitifs des activités formelles comme les impôts et taxes décourageants[299].

Au cœur de la Région des Grands Lacs, plus précisément dans la partie orientale de la RDC, un rapport de la Banque mondiale révèle que l'indice du commerce informel en RDC est 5 fois supérieur aux indices burundais, ougandais et rwandais[300]. De ce fait, les pouvoirs publics avec l'aide de différents partenaires devraient prendre une série d'initiatives pour y apporter des solutions ad hoc dans le sens d'assurer ce passage de l'économie informelle vers l'économie formelle. Ceci passe par la simplification, harmonisation et uniformisation des procédures douanières, l'enregistrement souple de tous les acteurs économiques, l'accompagnement. Selon notre entendement, ces balises vont assurer la transition vers l'économie formelle.

### *1. Efforts de simplification, d'harmonisation et d'uniformisation des procédures douanières*

De tous les paramètres dont tient compte la Banque mondiale pour établir son rapport « Doing Business » (Facilitation à faire des

[298] David KATUMBI, *op. cit.*, p.30
[299] CNUCED, *op. cit.*, pp. 46 et 48
[300] Caroline SHENAZ HOSSEIN et Paul BRENTON, *op. cit.*, p. 5

affaires), l'indicateur du commerce transfrontalier est celui qui a plus d'incidence avec la douane[301]. L'accent est mis sur la performance de l'économie d'un Etat par rapport à la gestion des distances des frontières. Cet indicateur se calcule sur base de délais, cout et respect des procédures d'import-export[302].

La simplification ou l'uniformisation des procédures est la résultante d'un cadre de dialogue transfrontalier au cours duquel les intéressés se rendent compte de ces nécessités d'ordre commercial. A cet effet, le projet de facilitation du commerce dans la Région des Grands-Lacs s'érige en un cadre de concertation qui s'articule notamment autour de quatre composantes :

- L'amélioration des infrastructures et installations frontalières ;
- La mise en œuvre des réformes des politiques, procédures et renforcement des capacités en vue de faciliter le commerce transfrontalier des biens et services ;
- La gestion basée sur la performance de l'Administration publique ;
- L'appui à la mise en œuvre, à la communication et au suivi-évaluation.

Au cours d'une série de réunions transfrontalières, commerçants, officiels, représentants de la société civile et du secteur privé se sont penchés sur les perspectives d'amélioration des moyens de subsistance de petits commerçants par la mise en place d'un régime commercial simplifié[303]. Le Régime commercial simplifié se résume en ce qu'il se base sur le principe selon lequel « les marchandises d'une valeur inférieure à 500,00 USD par envoi et qui figurent sur une liste

[301] YOTARO OKAZAKI, *Doing Business : l'indicateur du commerce transfrontalier et les questions douanières afférentes*, Document de recherche de l'OMD, n°44, Mai 2014, p.5

[302] YOTARO OKAZAKI, *op. cit.*, p. 8

[303] Department for International Development, *Mettre la réforme à l'ordre du jour. Le commerce au service de la paix : Instauration de la sécurité et réduction de la pauvreté par la commerce des ressources naturelles dans la Région des Grands Lacs*, Mars 2009, p. 3

commune et convenue de produits, sont exemptées de droits de douane et autres redevances à la frontière »[304].

La diminution des droits de douane en RDC a évolué en moyenne de 20 à 25 % dans les années quatre-vingt. La moyenne de 12,9 % en 2008 a marqué une régression dans les efforts de réduction de la parafiscalité à l'exportation[305]. La multitude de micro-taxes travestit la réalité du système douanier congolais aux apparences simples, mais complexes avec le prélèvement opéré par diverses administrations dépourvues de mécanisme de coordination entre elles : La DGDA s'occupe du prélèvement des droits d'accise à neuf taux compris entre 2 % et 40 %. Sur la valeur CIF des importations, l'OCC impose une taxe de 1,5 %, y compris les frais d'inspection avant embarquement lorsque la valeur des marchandises dépasse 25.000 dollars américains ; l'OGEFREM prélève 0,5 %, le FPI 2 % pour renflouer le fond des prêts aux PME. A cela s'ajoute encore une taxe additionnelle BIC (Bénéfice à l'Industrie et au Commerce) ; la DGI prélève l'ICA (Impôt sur le Chiffre d'Affaires) au taux variant de 3 % à 13 % selon la nature des biens. Toutes ces taxes alourdissent le poids fiscal des exportations et importations[306].

D'après une note technique que la RDC a adressé à l'OMC, ce chevauchement des services accompagnés de différents impôts et taxes résulte des difficultés qu'éprouve l'Etat à mettre en application sa législation conformément à l'Accord de l'OMC sur la valeur en douane et que la seule référence actuelle, c'est la BIVAC[307]. Fort malheureusement, selon certaines données issues de l'enquête au niveau du poste douanier de Kasumbalesa, la DGDA aurait développé des stratégies pour un gain frauduleux consistant à négocier avec les

---

[304] DFID, *op. cit.*, p. 19

[305] Ministère du commerce extérieur, petites et moyennes entreprises de la République Démocratique du Congo, *op.cit.*, p. 41

[306] Ministère du commerce extérieur, petites et moyennes entreprises de la République Démocratique du Congo, op.cit., p. 42

[307] République Démocratique du Congo, WT/TPR/S/240, p. 9

importateurs dépourvus de l'attestation BIVAC aux fins de leur faire échapper à des amendes[308].

Un opérateur économique déclare dans une interview d'enquête : « Faire passer 60 % des exportations en fraude c'est normal. Le Rwanda encourage les exportations pour avoir les devises, la RDC décourage les exportations par ses droits de sortie excessifs et comme conséquence, nous importons plus que nous exportons. Par exemple, pour un million de dollars américains d'importation, il est possible qu'on exporte pour 200 mille USD seulement. Nous aurions aussi souhaité importer et exporter via nos banques congolaises si ces dernières avaient assez de devises. Mais comme le rapatriement des devises se fait par la Banque Centrale à Kinshasa et que souvent le Gouvernement emprunte les devises disponibles à la Banque Centrale pour ses propres urgences, le commerçant à Goma se retrouve bloqué dans ses affaires. C'est la raison pour laquelle nous exportons et importons en dehors de nos banques congolaises à Goma. On a l'impression que nos autorités préfèrent garder notre système bancaire moribond, car il favorise le blanchiment d'argent et le circuit de redistribution qui bénéficie de la fraude »[309].

Lorsque les marchés sont sur les différents côtés de part et d'autre de la frontière, alors tous les coûts additionnels liés à la traversée de la frontière empêchent le recours au marchandage par la réduction des différences des prix. Ce sont de telles interventions qui réduisent les coûts de transport des marchandises par bateau entre les marchés. Par exemple, une bonne infrastructure routière est à même d'induire positivement des différences des prix[310]. Pour toutes ces raisons, la RDC et le Rwanda avait conclu un protocole d'accord dans lequel ils s'étaient engagés à réduire non seulement le temps, mais aussi le cout liés à des opérations commerciales douanières et commerciales, tout

[308] Cuvelier JEROEN et Philémon MWAMBA MUMBUNDA, « Reforme douanière néolibérale, fragilité étatique et pluralisme normatif », in *Politique africaine*, n°129, mars 2013, p. 104

[309] Interview avec un opérateur économique, Goma, mars 2007 cité par Aloys TEGERA et Dominic JOHNSON, *op. cit.*, pp. 35-36

[310] Caroline SHENAZ HOSSEIN et Paul BRENTON, *op. cit.*, p. 7

en améliorant la qualité des infrastructures et la sécurité aux postes-frontières[311].

**Figure 22 : défis auxquels font face les commerçants transfrontaliers**

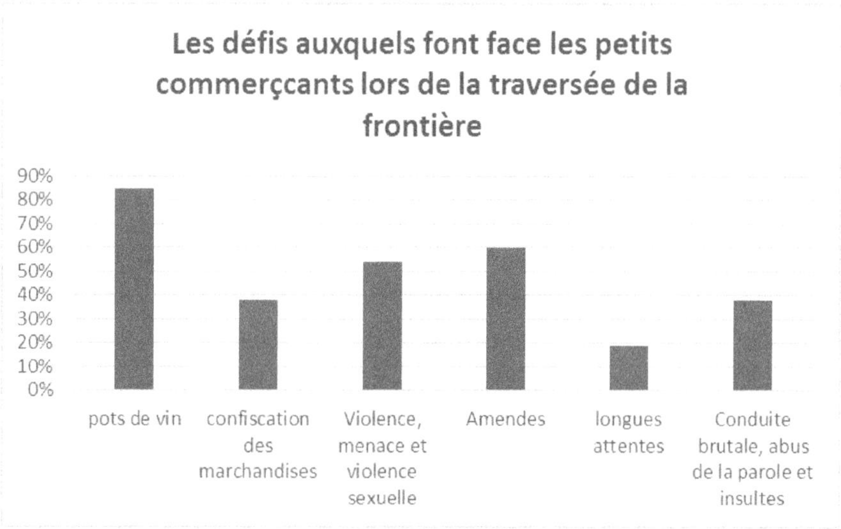


Source : Caroline SHENAZ HOSSEIN et Paul BRENTON, *op. cit.*, p. 7

Ce graphique explique les différents défis auxquels sont confrontés les petits commerçants lors de la traversée. Cette situation implique des responsabilités partagées : D'un côté, les petits commerçants tentent de contourner les règles ainsi que des structures opérant à la frontière. De l'autre, la faiblesse, la complexité des taxes et le manque de transparence créent un environnement propice à des abus de la part des agents postés à la douane[312].

---

[311] Chapitre II (1) du Protocole d'accord entre le ministère du Commerce, de l'Industrie et des Affaires de la Communauté de l'Afrique de l'Est de la République du Rwanda et le ministère du Commerce de la République Démocratique du Congo sur la mise en place d'un cadre bilatéral de coopération en matière de commerce transfrontalier, 20 octobre 2016

[312] Caroline SHENAZ HOSSEIN et Paul BRENTON, *op. cit.*, p. 11

## 2. *Accompagnement au profit de commerçants*

A priori, l'accompagnement des commerçants s'opère par leur identification et enregistrement. On ne peut tenir compagnie à une personne que si on la connaît. Par dérogation aux dispositions du Décret du 6 mars 1951 portant institution du registre du commerce, l'exercice du petit commerce n'est subordonné qu'à la détention d'une patente[313].

« Il importe aussi de prendre explicitement en considération les intérêts des pays les plus faibles sur le plan économique et des groupes les plus vulnérables, à savoir les femmes, les jeunes, les petits exploitants ruraux et les petites et moyennes entreprises (PME), en accordant aux premiers un traitement spécial et différencié et en prenant des mesures ciblées au bénéfice des seconds, notamment en simplifiant la documentation requise »[314]. Toutes ces mesures avantageuses ne peuvent leur être accordées que si une base de données répertorie ces acteurs aux fins d'une gestion adéquate.

Le ministère du commerce extérieur est invité à créer une base de données devant enregistrer les petits commerçants transfrontaliers en vue de réfléchir sur des initiatives à prendre dans le sens de l'amélioration de leurs activités. Ils jouent un rôle catalyseur non seulement dans la dynamique de paix, mais aussi dans la réduction de la misère.

Après l'opération d'identification, l'accompagnement se poursuit en trois volets : l'information, la formation et le financement de petits commerçants par l'accès au crédit. Il a été précédemment établi que les abus auxquels font face les petits commerçants résultent d'un manque d'information sur les procédures douanières lors de la traversée de la frontière. A partir de 2009, le COMESA a créé des bureaux d'information aux fins de la facilitation du commerce.

Selon notre enquête menée à la Petite et à la Grande barrière à Goma, seulement 31 % de commerçants ont affirmé qu'il existe des bureaux

[313] Article 1er de l'Ordonnance-loi n°79-021 du 2 août 1979 relative à la règlementation du petit commerce
[314] CNUCED, *op. cit.*, p. 11

d'information et 7 % reconnaissent avoir bénéficié de la part des ONG et de leurs associations, d'une formation sur les procédures de franchissement de la frontière[315]. Ces pourcentages nous paraissent très insignifiants vu l'importance accordée à leurs activités. A cet effet, un plaidoyer mérite d'être formulé pour l'installation effective et la dynamisation des bureaux d'information devant pourvoir des précisions sur les procédures douanières.

Des experts de la Banque mondiale l'ont fait constater en ces termes: « Il existe clairement un haut niveau d'incertitude et d'ambiguïté au sujet des normes légales qui s'appliquent au commerce transfrontalier et la manière dont elles sont appliquées dans la pratique. Une déficience de transparence et de consistance dans l'application des règles commerciales constitue une entorse au commerce à travers la frontière. L'application de simples et saines procédures ainsi que des frais raisonnables soutiendraient une plus grande activité et une transition vers des modalités d'échanges formels et plus organisés »[316]. C'est ce qui est à la base de la persistance de l'informel.

Le bureau d'information aidera ceux qui exercent le commerce informel, surtout les pauvres femmes n'étant pas représentés, ni organisés, à ne pas se laisser aller face aux décisions des agents opérant aux postes-frontières. Ils seront outillés de par la connaissance des procédures et de leurs obligations pour contester toute action et décision tendant à des abus ou à des actes de concussion réprimés dans la loi[317]. D'ailleurs, les Gouvernements congolais et rwandais avaient pris l'initiative, par voie de protocole d'accord sus évoqué, d'installer des bureaux d'information commerciale aux postes-frontières communs.

Dans le but de connaître les difficultés que rencontrent les petits commerçants transfrontaliers, une réunion d'échange a eu lieu entre le PFCGL et les petits commerçants transfrontaliers. Ladite réunion fut organisée en date du 22 janvier 2018 dans l'enceinte de l'hôtel Mont

---

[315] Ministère du Commerce extérieur, *op. cit.*, p. 57
[316] Caroline SHENAZ HOSSEIN et Paul BRENTON, *op. cit.*, p. 15
[317] *Idem*, p. 11

Kahuzi[318] à Bukavu. De tels échanges sont de nature à permettre aux différents partenaires d'améliorer la situation du commerce transfrontalier.

La simplification des règles d'origine endigue la fraude. En ce sens, les Etats, y compris la RDC, sont appelés à organiser des modules de formation sur les règles d'origine et les procédures douanières à l'intention des exportateurs désireux de devenir des opérateurs économiques agréés dans l'Etat concerné. La lutte contre la fraude nécessite le concours, la coopération et la confiance entre le secteur privé et les organismes publics compétents[319].

L'informalité paraît avantageuse dans le court terme et se révèle désavantageuse dans le long terme. En effet, elle soutient la micro-économie des ménages, réduit la pauvreté, garantit la stabilité financière et facilite le change monétaire transfrontalier. Par ailleurs, ses effets négatifs à long terme s'érigent en obstacle face à la mise en œuvre des politiques globales d'intégration économique[320].

L'excès de l'informel bloque la machine économique. C'est pourquoi les entrepreneurs ne vont tirer un grand profit sur le potentiel du commerce transfrontalier que s'ils bénéficient d'un appui devant leur permettre non seulement d'assurer la croissance de leurs entreprises, mais aussi d'évoluer dans un cadre d'échanges plus ou moins formels[321]. C'est aussi à cette fin que les Etats membres de la CEPGL ont créé des institutions spécialisées sous forme des projets intégrateurs au nombre desquels se compte la Banque de développement des Etats des Grands Lacs. En tant qu'institution intergouvernementale, elle pourvoit au besoin en capitaux des entrepreneurs en général et des commerçants en particulier. Figurent au nombre des projets qu'elle a financés :

[318] La gazette du PFCGL de février 2018
[319] Ministère du Commerce extérieur, *op. cit.*, p. 206
[320] Blaise MUHIRE, *op. cit.*, p. 34
[321] Paul BRENTON et al., *op. cit.*, p.2

- La construction de l'hôtel Diplomate à Kinshasa ;
- La construction et la dotation en équipement d'une usine textile (Utexrwa), initiative cofinancée par la Banque rwandaise de Développement à Kigali ;
- La création d'une société de transport sur le lac Tanganyika à Bujumbura[322].

Le graphique en secteur ci-dessous donne des précisions sur les quotes-parts des différents associés au sujet de la participation financière de cette institution.

L'ONG TradeMark East Africa s'adonne au renforcement des capacités des femmes commerçantes transfrontalières dans la Région des Grands-Lacs. Contrairement aux autres pays de l'Est où ses initiatives ont déjà porté des fruits, elle est encore à ses débuts en RDC, particulièrement dans les zones frontalières[323].

**Figure 23 : Quotes-parts des différents associés à la Banque de développement des Etats des Grands Lacs**

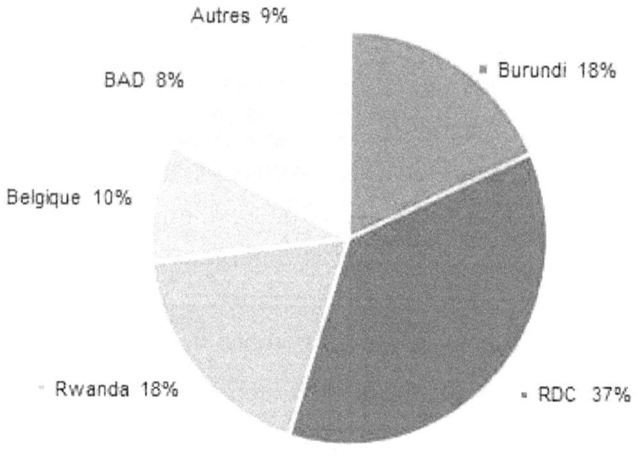


[324]

[322] Camille NGOMA, op. cit., pp. 172-173
[323] Blaise MUHIRE, *op. cit.*, p. 60
[324] Banque de Développement des Etats des Grands Lacs, *Rapport de gestion de l'exercice clos au 31 décembre 2018 adopté par le Conseil d'administration en sa 79ème réunion du 11 juillet 2019*, Goma, le 29 août 2019, p. 2

Au même titre que le déficit en infrastructure et en éducation, la limitation à l'accès au crédit constitue notamment un des obstacles non-tarifaires au commerce transfrontalier. Le besoin de financement est pressant: la plupart de ces petits commerçants ayant l'habitude de traverser la frontière disposent d'un capital de moins de 50 $ US, obtenu grâce à la solidarité familiale ou à la générosité de personnes de bonne foi. Très peu reçoivent des prêts de la part des institutions financières. Selon une enquête, près de 95 % de ces opérateurs économiques ont exprimé les vœux d'investir aux fins d'accroître leurs entreprises. Toutefois, ils se heurtent à un manque de financement[325].

D'ailleurs, le point 48 de la Déclaration de Dar-es-Salaam énonce que « les parties s'engagent à formuler des politiques nationales et régionales pour favoriser l'emploi des jeunes et développer les mécanismes régionaux de financement appropriés, afin de leur permettre d'avoir davantage accès aux institutions de micro-finance, aux possibilités d'investissement dans le domaine commercial et au contrôle des facteurs de production tels que la terre, la propriété et le capital… ». La promesse du Président Felix-Antoine Tshisekedi de créer des milliardaires en RDC à l'instar du Nigeria n'est réalisable que si les entrepreneurs consciencieux et dotés d'un projet (business plan) fiable disposent d'un accès facile au financement aussi bien public que privé.

Une étude révèle qu'en considérant la taille et la démographie du pays, le système bancaire de la RDC a une dimension relativement réduite. De ce fait, la capacité de financement du commerce extérieur se trouve limité. Les activités commerciales vont de plus en plus s'intensifier avec l'implantation des banques commerciales de crédit au niveau de postes-frontières, suivie de l'ouverture des comptes bancaires par des commerçants[326].

[325] Caroline SHENAZ HOSSEIN et Paul BRENTON, *op. cit.*, p. 9

[326] Ministère du commerce extérieur, petites et moyennes entreprises de la République Démocratique du Congo, *op.cit.*, pp. 31-32

Les associations d'encadrement des petits commerçants transfrontaliers dont le rôle consiste entre autre à offrir des modules de formation, font partie intégrante de la société civile. Celle-ci est l'ensemble des associations professionnelles, confessionnelles, idéologiques qui contribuent au développement national au sein de l'organisation de l'Etat. On y trouve des associations des avocats, des magistrats, des maraichères, des architectes, des commerçants,...

L'ONG International Alert avait initié le projet *Tushiriki wote* (Que tous participent en swahili) lequel connut la participation de plusieurs groupes de dialogue communautaire en termes de 37 associations de commerçants, de 5 coopératives frontalières de trois pays, de groupes d'étudiants,...Au-delà du fait d'accroître le pouvoir économique de petits commerçants, il visait le networking, c'est-à-dire la construction des réseaux frontaliers de la société civile[327].

Sur le plan régional, les sociétés civiles nationales ont toutes les possibilités de se coaliser à l'unisson en vue de poursuivre des initiatives au profit des communautés des Grands-Lacs. En tant que groupe de pression à l'échelle régionale, la société civile régionale sert de cadre de dialogue pour la paix et la stabilité. Elle porte par sa voix les desiderata des associations ayant pour objet la défense des intérêts de petits commerçants transfrontaliers, artisans non- négligeables dans les dynamiques de paix au cœur de la Région des Grands-Lacs. L'efficacité de son action dépend essentiellement de la représentativité de toutes les couches, professions (métiers) et nationalités dans ses structures. Les petits commerçants transfrontaliers dans leur ensemble organisé constituent une force vitale nécessaire à la survie au quotidien des populations concernées.

Sur le plan pratique, elle se manifeste à travers des conférences, séminaires, colloques, ateliers auxquels participent les membres des sociétés civiles nationales. Par ces échanges fructueux, des orientations se tracent sous forme de feuille de route servant d'indicateurs des actions à mener pour le bien-être des peuples. Il est à

[327] Blaise MUHIRE, *op. cit.*, p. 67

parier que la fréquence de ces rencontres va éradiquer à long terme des préjugés, des frustrations et querelles à la base de l'insécurité qui affecte la Région. La Coalition de la Société civile dans la Région de Grands-Lacs (COSOC-GL) a courageusement accompagné les initiatives de la CIRGL dans la lutte contre l'exploitation illégale des ressources naturelles.

Dans son étude, Blaise Muhire cite quelques organisations de la société civile d'appui au dialogue pour la paix grace au petit commerce transfrontalier dans la Région des Grands-Lacs :

- Association des Femmes Rapatriées du Burundi (AFRABU) ;
- Solidarité des Femmes de Fizi pour le Bien-etre Familial (SOFIBEL) ;
- Guichet de l'Economie Locale du Sud-Kivu (GEL) ;
- Action pour le Développement des Populations Défavorisées (ADPD) ;
- Réseau des Organisations des Jeunes en Action pour la Paix (REJA) ;
- Collectif pour la Promotion des Associations des Jeunes (CPAJ) ;
- Pole Institute ;
- Interpeace ;
- Vision Jeunesse Nouvelle (VJN)[328].

Au fil du second chapitre, il est établi que certains facteurs affectent aussi bien positivement que négativement le commerce transfrontalier à l'Est de la RDC. L'insécurité est porteuse d'une touche négative sur les flux commerciaux en ce sens qu'elle paralyse les activités commerciales, favorise la contrebande et le coulage des recettes de l'Etat. A l'opposé, la résilience des petits commerçants

[328] Blaise MUHIRE, *op. cit.*, pp. 68 et s.

transfrontaliers, particulièrement les femmes, contribue tant soit peu à la paix et à la stabilité.

Néanmoins, une littérature abondante des rapports des ONG et des décisions judiciaires a condamné, mieux fustigé le pillage et exploitation illégale des ressources naturelles dans la partie orientale du pays de Lumumba. Des tensions s'alimentent autour des ressources en partage entre pays frontaliers.

Pour toutes ces raisons, les pouvoirs publics doivent actionner simultanément les deux leviers : la sécurité des personnes, des biens et des ressources naturelles ainsi que la revitalisation des exportations congolaises vers les Etats de l'Est de la RDC. A cet effet, il est proposé le fonctionnement efficace des services publics chargés de lutter contre les infractions d'atteinte aux droits des personnes, à la propriété des citoyens et de l'ensemble du peuple. Il s'agit des comportements suivants : l'insécurité, l'extorsion, la fraude, la contrebande, la corruption dans toutes ses formes,…

En outre, la diversification des exportations et réexportations de la RDC est une nécessité, c'est-à-dire que les matières premières doivent être transformées en produits finis ou semi-finis sur le territoire congolais pour plus de valeur ajoutée. Pour ce faire, un contexte de formalisation de l'économie est de mise.

# Conclusion

Le commerce transfrontalier dans la Région des Grands Lacs en général et à l'Est de la RDC en particulier est régi par des règles aussi bien internationales, régionales que bilatérales. La majorité des Etats africains, bien avant leur accession à l'indépendance, ont fait l'objet d'une clause coloniale de sorte que les règles du GATT de 1947 leur soient appliquées. Les règles de l'OMC président à la règlementation du commerce mondial auquel les pays de la Région ne dérogent pas.

A l'échelle régionale, les normes commerciales entre les Etats africains figurent dans le processus de l'intégration. La ZLECAF constitue une des étapes de la réalisation de la Communauté économique africaine. Les pères fondateurs de l'Organisation de l'Unité africaine avaient explicitement établi que les CER jouent un rôle déterminant et de premier plan dans le processus de construction de l'intégration économique et politique du continent africain. Dans cette perspective, le COMESA a institué le RECOS en vue de faciliter le commerce transfrontalier, plus spécifiquement le petit commerce. Le RECOS donne la latitude aux Etats de déterminer les conditions de franchise douanière sur base d'une liste commune des produits et des seuils des valeurs.

Il ne fait l'ombre d'aucun doute que les petits commerçants dont les femmes sont en grand nombre, font face à des défis lors de la traversée de la frontière. Cette étude identifie plusieurs traits caractéristiques du commerce transfrontalier à l'Est de la RDC, à l'instar de l'enjeu sécuritaire et de l'exploitation illicite et non commune des ressources naturelles, les minerais y compris. La fréquence des échanges commerciaux auxquels se livrent ces petits commerçants, si minimes soient-ils, créent des dynamiques de paix à long terme.

Plusieurs pistes de proposition sont tracées en vue d'un commerce transfrontalier au service de la paix et de la stabilité. Ces solutions ne rentrent guère dans le processus de la réinvention de la roue. C'est juste une application dans le cas d'espèce des solutions réussies et observées ailleurs. Il s'entend de prime abord que la mission primaire de l'Etat est la sécurité des personnes et des biens. Sans la paix et la tranquillité publique, aucune activité sociale ne peut prospérer dans l'intérêt général. Les commerçants, leurs biens (marchandises) et les ressources naturelles méritent cette sécurisation.

C'est pourquoi il est relevé ces deux dispositifs spécifiques : le fonctionnement régulier des services publics avec une police et une armée forte et républicaine ainsi que les différentes opérations rentrant dans le champ de la certification des matières premières, plus particulièrement les minerais. Cela étant accompli, la recherche de la paix par le commerce est alors envisageable. La thèse libérale de la paix par le commerce préconise que l'interdépendance commerciale et économique entre pays est source de paix et de stabilité à la fois inter et intra-étatique[329].

A mesure qu'elles découvrent les possibilités de commercer les unes avec les autres aisément et de manière mutuellement lucrative, les communautés commencent à apprécier les relations qu'elles ont nouées et œuvrent à les entretenir. En plus, il est peu probable que ces communautés souhaitent voir leurs échanges commerciaux perturbés par des conflits, ou voir détruire les relations et les réseaux commerciaux qu'elles ont formés[330].

L'intuition du « doux commerce » de Montesquieu n'est en effet qu'en partie fondée. Certes, le commerce entre deux pays fait baisser la probabilité d'un conflit violent entre ces deux pays. Mais c'est à considérer avec réserve que la mondialisation amène nécessairement à la paix mondiale[331].

La mondialisation réduit les dépendances bilatérales entre deux Etats d'autant plus que l'Etat prenant l'initiative de faire la guerre est ouvert au commerce multilatéral avec d'autres Etats. Il serait

---

[329]François-Xavier MUREHA et Idrissa MOHAMED OUEDRAOGO, *Op. cit.*, p. 203

[330] Department For International Development, *op. cit.*, p. 3

[331] Philippe MARTIN et al., *La mondialisation est-elle un facteur de paix ?*, Editions Rue D'ULM, 2006, p. 16, in www.presses.ens.fr

bénéfique que les Etats de la Région des Grands Lacs développent substantiellement le commerce bilatéral transfrontalier en vue de se rendre interdépendants. La décision d'entrer en guerre est le résultat du calcul sur les coûts et rendements aussi bien du point de vue politique, économique, territorial, idéologique. Toutefois, il existe des dirigeants insensés à qui une guerre profite seul au grand dam de son peuple.

Les accords régionaux figurent parmi les facteurs qui influencent négativement la conflictualité entre les Etats parties. Même à ce niveau, il serait toujours mieux de renforcer les dépendances économiques par des accords bilatéraux. Telle est la raison pour laquelle, dans le cadre du COMESA, les Etats membres ont initié le RECOS en vue de permettre aux concernés de s'intégrer davantage.

La dépendance économique joue en faveur des économies diversifiées qui présentent au marché international ou au voisin, dans le cas d'espèce, un large éventail des produits finis dont la valeur ajoutée dérive de la transformation industrielle. Par référence à la contribution de Paul Krugman, les exportations devraient constituer un moyen de paiement des importations.

Il est tout à fait logique pour la RDC, dont l'économie demeure extravertie et centrée sur des matières premières, d'exporter des produits avec plus-value pour compenser ses importations en produits manufacturés. De ce fait, opérer une spécialisation dans le secteur pour lequel elle est meilleure est une voie de sortie pour suppléer à ce déséquilibre de la balance commerciale. Ce stade étant réalisé, la paix et la stabilité se réinstallera dans la Région des Grands Lacs, plus précisément dans son épicentre névralgique qu'est l'Est de la RDC. Tout Etat voisin désistera d'entreprendre une guerre ou toute initiative de déstabilisation de peur de subir des conséquences économiques néfastes.

Les acteurs au service de la paix dans la Région sont invités à marteler sur les voies de sortie de crise par la promotion des investissements communs auxquels les Etats de ladite Région participent en termes de capital social. Par expérience, il rare de scier la branche de l'arbre sur laquelle on est assis ou d'incendier la maison dans laquelle on s'abrite. La patience et la constance sont des condiments nécessaires pour une Région des Grands-Lacs complètement pacifiée, car les effets escomptés de telles initiatives ne s'obtiennent pas dans l'immédiat.

Dialectique au cœur d'une sérieuse controverse, le commerce au service de la paix ne semble pas être digéré par des penseurs de tout bord. Si les libéraux en font leur credo au nom du libre-échangisme, les marxistes en contestent la véracité. Il conviendrait d'admettre en amiable compositeur que ses effets ne sont pas spontanés, ni escomptés. Ils misent sur le long terme en vertu d'un travail de fond à entreprendre sous forme d'initiatives suivies des actions concrètes.

Il conviendrait de se garder de l'illusion de croire que le doux commerce soit un instrument qui apporte mécaniquement la paix, car le fait de prendre la décision de déclencher des hostilités pourrait toujours résulter d'un calcul d'intérêt rationnel, par exemple la quête des ressources dont l'obtention par le commerce est onéreuse. Il peut juste en tant qu'opportunité à saisir, faire bon ménage avec la paix et la stabilité. Loin de toute complaisance, ces écrits éveillent la conscience des congolais sur le rôle combien important ils sont appelés à jouer par rapport à la place au bas de l'échelle que le pays occupent dans la Région.

# Postface

Ce livre est une contribution substantielle à la construction de la paix dans la Région des Grands Lacs. Il décrit avec force détails le régime juridique du commerce transfrontalier en place depuis bien avant les indépendances des pays. Il revient sur les dispositifs présents dans les accords de paix plus récents dont entre autres le pacte de stabilité de la CIRGL qui avait réservé un traitement spécial sur cette question, mais aussi depuis 2013 l'accord-cadre d'Addis-Abeba. Le texte met aussi en valeur l'effet pacificateur du commerce transfrontalier. Il montre que ce qui pose problème n'a jamais été le petit commerce qui même au moment fort de la guerre ne s'est jamais définitivement arrêté et qui est un vrai facteur de rapprochement des peuples, des économies et un facteur de paix. Ce qui pose problème révèle bien le texte c'est l'économie de pillage bien documentée par les rapports des Nations unes et des ONG nationales et internationales. Relever ce défi qui a résisté depuis 1996 à des multiples initiatives de paix serait alors la tâche principale pour tous ceux qui souhaitent faire du commerce une opportunité pour la paix et la stabilité dans la Région des Grands-Lacs. Depuis 1996, le pays qui souffre de ce déficit c'est principalement la RDC. Les aspects juridiques développés dans ce texte sont un des aspects de cette question. La paix exigera l'exploration d'autres aspects.

La RDC est donc appelée à relever les défis de la bonne gouvernance des ressources minières pour construire la paix. Dans ce domaine, des propositions pertinentes ont été faites et attendent d'être mises en pratique. Les premières viennent des rapports du panel d'experts des Nations unies[332] qui chaque année depuis 2001 soumet au Conseil de Sécurité un rapport détaillé sur cette question et des

[332]www.un.org/securitycouncil/fr/sanctions/1533/panel-of-experts/expert-reports.

propositions pertinentes sur les actions à mener pour mettre fin au pillage des ressources naturelles et minières de la RDC[333].

Deux axes principaux d'actions s'imposent pour relever le défi de la bonne gouvernance des ressources minières. Le premier serait orienté vers les entreprises minières traditionnelles. Le second vers l'exploitation des minerais au Kivu et dans l'ancienne province orientale.

En 2005 à la veille des premières élections démocratiques en RDC, le Gouvernement de la RDC a mis en place une commission parlementaire chargée d'évaluer la situation du secteur minier en RDC. Son rapport de la situation est sans appel : « Des informations recueillies par la Commission Spéciale pendant les enquêtes, il ressort que le Gouvernement de transition n'a pas fait mieux que ceux qui ont exercé le pouvoir d'Etat pendant la période des guerres de 1996-1997 et de 1998. Bien au contraire, l'hémorragie des ressources naturelles et des autres richesses du pays s'est amplifiée sous le couvert de l'impunité garantie par la Constitution aux gestionnaires gouvernementaux ». [334]

Cette commission, la première à se pencher sur cette question importante, proposera aussi les actions à mener pour commencer à apporter des solutions à cette question. *« Il est indispensable et urgent pour l'Assemblée Nationale de procéder à l'examen systématique des conventions et des actes à caractère économique et financier signés par le Gouvernement de transition »*[335].

Il sera alors question de revoir les contrats signés. Le Gouvernement en fixera les objectifs. *« Examiner les contrats et leur impact sur le redressement des entreprises publiques et le développement national. - Proposer, le cas échéant, les modalités de*

---

[333] Ces rapports restent aujourd'hui une ressource importante de l'état des lieux de cette question. Beaucoup de ses propositions restent à être appropriées et mises en pratique par l'Etat.

[334] Assemblée nationale, *Commission spéciale chargée de l'examen de la validité des conventions à caractère économique et financier conclues pendant les guerres, 1996-1997 et de 1998. Rapport des travaux, première partie*, 2005, p. 270.

[335] *Ibid.*

*leur révision en vue de corriger les déséquilibres constatés et les vices y rattachés* ».[336] Malgré la résistance des entreprises minières, la commission sera mise en place. Le Gouvernement mettra ensuite en place un panel chargé de superviser la renégociation et la résiliation, selon le cas. Il sera doté des termes de références ambitieux.[337]

Par la suite, tout le processus sera biaisé. La renégociation sera confiée à un groupe de ministres[338]. Ceux-ci en fin de compte ne feront pas le travail. *« Au regard des charges dues à leurs fonctions, rendant plusieurs fois les membres du panel indisponibles, le premier Ministre... a confié au Ministère des mines la tâche de procéder à la finalisation du processus de revisitation des contrats miniers, à travers sa phase de la renégociation ».*[339]

Le rapport final ne sera pas rendu public[340]. Ainsi, malgré ce travail, l'équilibre recherché n'a en fait jamais été atteint suite entre autres à la corruption. Beaucoup de membres de l'élite politique et économique avaient des parts dans les entreprises minières. Le fait d'avoir des dignitaires de l'Etat à la fois juges et justiciables rendra la tâche impossible. Le travail dans ce domaine est resté inachevé. Et depuis les derniers scandales à la Gécamines[341] et des accusations à

---

[336] Southern Africa Resource watch (SARWA) et Commission épiscopale Ressources naturelles, (CERN), *Rapport de l'atelier sur l'évaluation du processus de revisitation et de renégociation des contrats miniers*, tenu au Cepas, le 14 décembre 2009, p. 4.

[337] Ministère des Mines, *Termes de référence pour la renégociation et/ou la résiliation des contrats miniers*, 27 Août 2008.

*« La renégociation de ces contrats et conventions avait d'abord été confiée à un panel de Ministres... de l'agriculture, du ministre près le président de la république, du ministre près le premier ministre, du ministre des finances, du ministre du budget, du ministre du portefeuille, du ministre des mines, du vice-ministre des mines et du directeur de cabinet du président de la République* » Ministère des Mines, *Rapport final du processus de revisitation et de renégociation des contrats miniers*, Kinshasa, p. 53.

[339] Ministère des Mines, *Rapport final du processus de revisitation et de renégociation des contrats miniers*, Kinshasa, p. 53.

[340] Toutes les copies publiées seront retirées de la circulation à la demande du ministre des mines de l'époque.

[341] *Rép. Dém. du Congo: Global Witness dénonce la disparition des revenus miniers; indexées, les autorités et la Gécamines répondent*, dans

rebondissement, l'opinion commence à mesurer le gouffre dans lequel le pays se trouve.

L'autre axe visera les minerais exploités dans des zones de conflit, principalement par des opérateurs miniers locaux et souvent artisanaux. Pour y faire face, des programmes visant à établir la traçabilité de ces minerais seront aussi lancés. L'objectif était entre autres de parvenir à couper les groupes armés de ces ressources. « Le Mécanisme de suivi et de certification des minéraux de la CIRGL a pour but de mettre en place des chaînes de minéraux durables et libres de conflit au sein des États membres de la Conférence internationale sur la Région des Grands Lacs, et entre eux, dans le but d'éliminer le soutien aux forces armées qui alimentent ou prolongent les conflits, et qui, par ailleurs, commettent de graves violations des droits de la personne ».[342]

Ce document mettra en place des procédures pour empêcher des groupes armés, mais aussi l'armée et les forces de sécurité, d'intervenir aux différents points le long de la chaîne d'approvisionnement des minerais. Ici aussi le pari reste à gagner. En effet, la complicité et les relations coupables entre les acteurs officiels et non-officiels - qu'ils soient des groupes armés comme ceux de l'armée, la police, ou l'administration, les commerçants locaux et des pays voisins - sont tellement imbriquées les unes dans les autres que les mécanismes mis sur place sont pour plusieurs cas de figure impuissants. Ici aussi le chantier reste entier.

Enfin, les rapports des Nations Unies ont montré avec force détails que le pillage des richesses de la RDC fait partie de la stratégie de

---

https://www.business-humanrights.org/fr/r%C3%A9p-d%C3%A9m-du-congo-global-witness-sort-un-nouveau-rapport-qui-accable-les-autorrit%C3%A9s-et-la-g%C3%A9camines-qui-no (consulté le 29 février 2020).

[342] Secrétariat Exécutif de la Conférence Internationale sur la Région des Grands Lacs, *Mécanisme Régional de Certification de la CIRGL (MCR) Manuel de Certification*, 26 Septembre 2014

pérennité du régime politique à Kigali[343] et à Kampala. Sans un débat de fond sur cette question et sans radicalement résoudre ce problème, tous les efforts louables des uns et des autres seront continuellement sabotés par des stratégies politiques criminelles. Ici aussi le chemin que prend le leadership de la RDC ne rassure pas.

**Rigobert MINANI BIHUZO S.J**

**Docteur en Sciences politiques et Chef du secteur recherche et Analyse socio-politique au Centre d'études pour l'action sociale (CEPAS).**

[343] Security Council, Addendum to the interim report of the Group of Experts on the Democratic Republic of the Congo (S/2012/348) concerning violations of the arms embargo and sanctions regime by the Government of Rwanda, 27 June 2012, n° 3.

# Tables des illustrations

## I. Cartes



## II. Figures

**III.Tableaux**

# Bibliographie


## I. Documents officiels

### A. Traités et accords internationaux

- Charte des Nations Unies, adoptée à San Francisco le 26 Juin 1945, entrée en vigueur le 24 Octobre 1945, CNUOI, Vol. 15, p. 365
- Accord-cadre pour la Paix, la Sécurité et la Coopération pour la République Démocratique du Congo et la Région du 24 février 2013
- Accord Général sur le Commerce et les Tarifs de 1947
- Accord Général sur le Commerce et les Tarifs de 1994
- Accord portant création de la Zone de libre-échange continentale africaine
- Accord sur les sauvegardes, annexe au traité instituant l'OMC
- Accord de l'OMC sur l'agriculture
- l'Accord de l'Organisation mondiale du Commerce
- l'Accord de Ngurdoto (Tanzanie) portant sur la coopération bilatérale entre la RDC et la République de l'Ouganda, 8 septembre 2007
- Acte uniforme de l'OHADA portant sur le droit commercial général adopté le 15 décembre 2010
- Charte africaine des droits de l'homme et des peuples
- Charte africaine de la démocratie, des élections et de la bonne gouvernance adoptée par la 8ème session ordinaire de la Conférence tenue le 30 janvier 2007 à Addis-Abeba
- Charte d'Alger des droits économiques du Tiers-monde, in revue économique de Madagascar, pp.319-347

- Convention de Vienne sur le droit des traités
- Convention sur le droit relatif aux utilisations des cours d'eau internationaux à des fins autres que la navigation adoptée par l'Assemblée générale des Nations Unies le 21 mai 1997 et entrée en vigueur le 17 août 2014
- Convention des Nations Unies contre la Corruption, Nations Unies, New York, 2004
- Convention de l'Union Africaine sur la prévention et la lutte contre la corruption adoptée à la 2ème session ordinaire de la Conférence de l'Union à Maputo, le 11 juillet 2003
- Convention portant création de la Communauté Economique des Etats des Grands Lacs (CEPGL), Journal officiel de la République du Zaïre, n°20 du 15 octobre 1980, pp. 5-9
- Pacte sur la sécurité, la stabilité et le développement dans la Région des Grands Lacs de 2006
- Protocole sur la lutte contre l'exploitation illégale des ressources naturelles de la CIRGL, 30 novembre 2006
- Protocole d'accord entre le ministère du Commerce, de l'Industrie et des Affaires de la Communauté de l'Afrique de l'Est de la République du Rwanda et le ministère du Commerce de la République Démocratique du Congo sur la mise en place d'un cadre bilatéral de coopération en matière de commerce transfrontalier, 20 octobre 2016
- Traité instituant la Communauté Economique Africaine, adopté le 3 juin 1991 à Abuja, au Nigéria

## B. Rapports internationaux et résolutions des Organisations internationales

- Acte final reprenant les résultats des négociations commerciales multilatérales du cycle d'Uruguay, Marrakech, 15 avril 1994

- Banque mondiale, *République démocratique du Congo : Diagnostic systématique pays, Priorités de politiques pour réduire la pauvreté et promouvoir la prospérité partagée dans un pays fragile sortant d'un conflit*, mars 2018
- Commission du droit international, *Projet d'articles sur la succession d'Etats en matière de traités et commentaires*, 26ème session, Annuaire de la Commission du droit international, 1974, vol. II (1), 280 p.
- Commission économique pour l'Afrique, *Conflits en République Démocratique du Congo. Causes, impact et implications pour la Région des Grands Lacs*, Nations Unies, Addis-Abeba, 2015, in www.uneca.org
- Commission économique pour l'Afrique, *Profil de pays 2016 : le Burundi*, Nations Unies, Addis-Abeba, mars 2017, *in* www.uneca.org/publications, 38 p.
- Communiqué de la cinquième réunion de haut niveau du Mécanisme régional de suivi de l'Accord-cadre pour la Paix, la Sécurité et la Coopération pour la République Démocratique du Congo et la Région, Addis-Abeba, 31 janvier 2015
- Conférence des Nations Unies sur le commerce et le développement, *Le développement économique en Afrique. Made in Africa : Les règles d'origine, un tremplin pour le commerce intra-africain*, Rapport 2019, Nations Unies, Genève, 2019, 241 p.
- Déclaration de Dar-es-Salaam sur la Paix, la Sécurité, la Démocratie et le Développement dans la Région des Grands-Lacs
- Déclaration du 6ème sommet ordinaire des Chefs d'Etat et de Gouvernement de la CIRGL, Luanda, Angola, 14 juin 2016
- Organisation pour Coopération et le Développement Economique, *L'approvisionnement responsable en minerais de*

*la région des Grands Lacs. Comment les donneurs peuvent-ils soutenir les Gouvernements hôtes ?*, Rapport final, 2012

- OMC, *Décision sur les mesures concernant les effets négatifs possibles du programme de réforme sur les pays les moins avancés et les pays en développement importateurs nets de produits alimentaires*
- Rapport du Secrétaire Général sur la Mission de l'Organisation des Nations Unies pour la Stabilisation en République Démocratique du Congo, Conseil de Sécurité, Nations Unies, 5 mars 2014, S/2014/157
- Rapport de la douzième réunion du Comité d'appui technique de l'Accord-cadre pour la Paix, la Sécurité et la Coopération pour la République Démocratique du Congo et la Région, Nairobi, le 14 janvier 2016
- Rapport de la Conférence sur les investissements du secteur privé dans la Région des Grands Lacs, les 24 et 25 février 2016 à Kinshasa, RDC
- Résolution 2098 (2013) du Conseil de Sécurité de l'ONU du 28 mars 2013
- Résolution 1457 (2003) adoptée par le Conseil de Sécurité des Nations Unies à sa 4691ème séance du 24 janvier 2003.
- Status report on the implementation of the Peace, Security and Cooperation framework for the Democratic Republic of the Congo and the region, 14 October 2016

## C. Sources tirées des ordres juridiques internes

- Constitution de la République Démocratique du Congo modifiée par la loi n°11/002 du 20 janvier 2011 portant révision de certains articles de la Constitution de la République

Démocratique du Congo du 18 février 2006, numéro spécial, 52ème année, Kinshasa, 5 février 2011

- Décret n°20/003 du 5 mars 2020 portant création, organisation et fonctionnement de l'Agence Nationale de Promotion des Exportations « ANAPEX » (Primature)
- Décret 036/2002 du 28 mars 2002 portant désignation des services et organismes publics habilités à exercer aux frontières de la République Démocratique du Congo
- Décret du 30 janvier 1940 portant Code pénal Congolais *in* Journal Officiel de la République Démocratique du Congo, 45ème année, numéro spécial du 30 novembre 2004
- Loi n°18/001 du 9 mars 2018 modifiant et complétant la loi n°007/2002 du 11 juillet 2002 portant Code minier
- Loi n°15/012 du 1er août 2015 portant régime général des Hydrocarbures
- Loi n°14/011 du 17 juin 2014 relative au secteur de l'électricité
- Loi n°08/007 du 7 Juillet 2008 portant dispositions générales relatives à la transformation des entreprises publiques, *in* Journal Officiel de la République Démocratique du Congo, numéro spécial, 12 juillet 2008, 49ème année
- Loi n°011/2002 du 29 août 2002 portant Code forestier en République Démocratique du Congo
- Loi n°73/009 particulière sur le commerce du 5 janvier 1973 modifiée par la loi n°74-014 du 10 juillet 1974 *in* www.droit-Afrique.com
- Ordonnance n°20/013/10 du 16 mars 2020 portant création, organisation et fonctionnement de l'Agence pour la prévention et la lutte contre la corruption
- Ordonnance-loi n°79-021 du 2 août 1979 relative à la réglementation du petit commerce, *in* www.Droit-Afrique.com

- Résolutions adoptées à la Table Ronde Politique du 20 février 1960 à Bruxelles

## II. Décisions de Justice (Cour internationale de Justice)

- CIJ, *Activités armées sur le territoire du Congo (République Démocratique du Congo c. Ouganda)*, arrêt du 9 février 2022, Réparation, Rôle général n°116
- CIJ, *Activités armées sur le territoire du Congo (République Démocratique du Congo c. Ouganda)*, ordonnance du 8 septembre 2020, rôle général n°116
- CIJ, *Activités armées sur le territoire du Congo (République démocratique du Congo c. Ouganda),* arrêt, C.I.J. Recueil 2005, p. 168
- CIJ, *Activités armées sur le territoire du Congo (nouvelle requête : 2002) (République démocratique du Congo c. Rwanda)*, compétence et recevabilité, arrêt, C.I.J. Recueil 2006, p. 6
- CIJ, *Activités armées sur le territoire du Congo (République démocratique du Congo c. Ouganda)*, Communiqué de presse n° 2015/18 du 9 juillet 2015
- CIJ, *Activités armées sur le territoire du Congo (République démocratique du Congo c. Ouganda)*, Communiqué de presse n° 2021/16 du 30 avril 2021
- CIJ, Affaire relative à *des questions d'interprétation et d'application de la convention de Montréal de 1971 résultant de l'incident aérien de Lockerbie* (Jamahiriya arabe libyenne c. Etats-Unis d'Amérique), demande en indication de mesures conservatoires, ordonnance du 14 avril 1992, Recueil CIJ
- 1992, p.114

## III. Doctrine

### A. Ouvrages


- AFOTO ELENGA-di-OKANGA (Jean), *Lutte contre la fraude douanière en RD Congo*, Coll. « Comptes rendus », L'Harmattan, 2010, 475 p.
- AHUKA SHAMBA (André), *L'industrie sidérurgique et le développement durable de la République Démocratique du Congo*, L'Harmattan, Paris, 2015, 239 p.
- BIBLIN Béatrice (dir.), *Les Conflits dans le Monde – Approche géopolitique*, Ed. Armand Colin, 2ème édition, 2016
- CORTEN (Olivier), *Méthodologie du droit international public*, éditions de l'Université de Belgique, Bruxelles, 2017, 291 p.
- COT (Jean-Pierre), PELLET (Alain) ET FORTEAU (Mathias), *La Charte des Nations Unies : commentaire article par article*, 3ème éd., Tome II, Paris, Economica, 2005, 2363 p.
- DAILLIER (Patrick), FORTEAU (Mathias) et PELLET (Alain), *Droit international public,* 8ème édition, LGDJ, Paris, 1709 p.
- DIANGITUKA FWELEY, *Géopolitique, intégration régionale et mondialisation*, L'Harmattan, 2006, 319 p.
- K. KATSHINGU (Remy), *Du miracle rwandais au paradoxe congolais (RDC). De la pauvreté à l'émergence économique*, coll. Etudes africaines, L'Harmattan, Paris, 2015, 317 p.
- KIBEL'BEL OKA (Nicaise), *RD Congo- Ituri : de la guerre identitaire au pillage des mines d'or de Kilo-Moto par des multinationales anglo-saxonnes*, éd. Scribe, 2016, Bruxelles, 204 p.
- KOURRA OWONA MFEGUE (Félicité), *Les ressources naturelles dans les conflits armés en République Démocratique du Congo*, L'Harmattan, Paris, 2012, 244 p.

- KRUGMAN (Paul) et OBSTFELD (Maurice), *Economie internationale*, 8ème édition, Pearson Education, France, 2009, 713 p.
- LUCIAS (Laurence) et STUDER-LAURENS (Joselyne), *Vendre plus, acheter mieux à l'international*, Vuibert, coll. Guid'Utile, Paris, 2003, 190 p.
- MAMPUYA KANUNK'a-TSHIABO (Auguste), *Traité de Droit international public*, mediasPaul, Kinshasa, 2016, 1118 p.
- MAMPUYA KANUNK'a-TSHIABO (Auguste), *Le droit international à l'épreuve du conflit des Grands-Lacs au Congo-Zaïre : guerre-droit, responsabilité et réparations*, A.MA.ED-Nancy-Kinshasa, 2004
- MINANI BIHUZO (Rigobert), *Du Pacte de stabilité de Nairobi à l'acte d'engagement de Goma : enjeux et défis du processus de paix en RDC*, éd. CEPAS/RODHECIC, Kinshasa, 2008
- MWAYILA TSHIYEMBE, *Géopolitique de paix en Afrique médiane: Angola, Burundi, RDC, République du Congo*, L'Harmattan, 2003, Paris, 220 p.
- Nations Unies, *Investir dans la Région des Grands Lacs: document sur les opportunités d'investissement, Tome 1. Promouvoir l'augmentation des investissements du secteur privé dans la Région des Grands Lacs*, Marche 2015
- NDESHYO RURIHOSE (Oswald) (dir.), *Manuel de Droit communautaire africain, Tome 1 : Introduction générale : objet, sources, caractéristiques et domaines*, éditions Etat et Société, 2011, coll. « Bibliothèque des Facultés de Droit des universités congolaises, 566 p.
- NEST (M.) et *alii*, *La République Démocratique du Congo : les enjeux Economiques de la Guerre et de la Paix*, 2011

- OMC, *Séries des accords de l'OMC. Obstacles techniques au commerce*
- ONANA (Charles), *Ces tueurs tutsi au cœur de la tragédie congolaise*, éd. Duboiris, 2009, Paris, 319 p.
- ROSIAK (Patricia), *Les transformations du droit international économique. Les Etats et la société civile face à la mondialisation économique*, collection Logiques juridiques, L'Harmattan, Paris, 2003, 330 p.
- ROSTOW (W.W.), *Les étapes de la croissance économique*, éditions du Seuil, Paris, 1960, 201 p.
- SAMIR AMIN, *La faillite du développement en Afrique et dans le tiers-monde: une analyse politique*, L'Harmattan, Paris, 1989, 384 p.
- SHYAKA (Anastase) (dir.), *La résolution des conflits en Afrique des Grands Lacs. Revue Critique des Mécanismes internationaux*, éditions de l'Université nationale du Rwanda, Kigali, 2004, 247 p.


**B. Revues, articles et autres publications**


- Agence Française de Développement, *L'économie africaine 2020*, coll. Repères Economie, éd. La Découverte, Paris, 2020, 171 p.
- AKNIN (Audrey) et SERFATI (Claude), « Guerres pour les ressources, rente et mondialisation », *in Monde en développement* 2008/3, pp. 27-42 (www.cairn.info)
- Allocution de Son Excellence Monsieur Félix-Antoine Tshisekedi Tshilombo, Président de la République Démocratique du Congo, Chef de l'Etat, sur l'état de la Nation devant le parlement réuni en congrès, 13 Décembre 2019, 40 p. (www.presidence.cd)

- Assemblée Nationale de la RDC, *Rapport des travaux de la Commission spéciale chargée de l'examen de la validité des conventions à caractère économique et financier conclues pendant les guerres de 1996-1997 et de 1998*, 1ère partie, 26 juin 2005, 271 p.
- Bank of Uganda, Informal Cross Border Trade Report 2016, August, 2017 (www.bou.or.ug)
- Bank of Tanzania, Annual Report 2017/2018, 226 p.

  (http://www.bot.go.tz)
- Banque de Développement des Etats des Grands Lacs, *Rapport de gestion de l'exercice clos au 31 décembre 2018* adopté par le conseil d'administration en sa 79ème réunion du 11 juillet 2019, Goma, le 29 août 2019
- BOSSEKOTA W'ATSHIA (Léopold) et SABITI KISETA (Jacques), *Secteur forestier en RD Congo: Réalités actuelles, stratégies de relance et perspectives d'avenir dans le nouveau contexte écologique mondial,* Rapport de l'Observatoire de conjoncture économique et de management (OBSAM), Editions Presses Universitaires Bel Campus, 2005, numéro spécial, 349 p.
- BOURDON (William) (dir.), *Les principes directeurs de l'OCDE à l'intention des entreprises multinationales. Un statut juridique en mutation*, Juin 2007, 48 p. (http://www.business-humanrights.org)
- BRONDEL (Adrien), *Sécurité alimentaire et agriculture dans les accords de libre-échange de l'Union européenne avec les pays du sud, partie 1 : contexte et panorama des accords de libre-échange*, mai 2010, Paris, 54 p.
- BRENTON (Paul) et al., « Les femmes pauvres qui pratiquent le commerce transfrontalier dans la Région des Grands Lacs de l'Afrique : des affaires à risque », *Notes de politique commerciale*, Janvier 2011, disponible sur

www.academia.edu/les_femmes_pauvres... Consulté le 19 juillet 2020

- De CHAZOURNE (Laurence Boisson) et BOUTRUCHE (Théo), « Sécurité collective et droit de l'OMC : une alliance possible ? », Annuaire français des relations internationales, vol. VIII, 2007, p. 857 (www.afri-ct.org)
- Communiqué conjoint sanctionnant la visite officielle du Président Felix-Antoine Tshisekedi à Kampala, du 9 au 10 novembre 2019
- COISSARD (Steven), *L'économie internationale selon Paul Krugman,* 13 p. disponible sur www.diplomatie.gouv.fr/IMG/pdf, consulté le 9 juillet 2020
- Commission économique pour l'Afrique, *La Zone de libre-échange continentale (Zlec) en Afrique vue sous l'angle des droits de l'homme*, Rapport, octobre 2017, 180 p.
- Conférence des Nations Unies sur le Commerce et le Développement, *L'étude diagnostique sur l'intégration du commerce : République Démocratique du Congo*, s.d., 152 p.
- COSTI (Alberto), « L'arrêt de la Cour internationale de Justice dans l'affaire des immunités juridictionnelles de l'Etat », *Revue québécoise de droit international*, Hors-série (juin 2015)
- CUVELIER (Jeroen) et MWAMBA MUMBUNDA (Philémon), « Reforme douanière néolibérale, fragilité étatique et pluralisme normatif », *in Politique africaine*, n°129, mars 2013, pp. 96-112
- Department of International development, *Mettre la réforme à l'ordre du jour. Le commerce au service de la paix Instauration de la sécurité et réduction de la pauvreté par le commerce des ressources naturelles dans la Région des Grands Lacs,* Mars 2009 (https://reliefweb.int)

- Discours à l'occasion des cérémonies de remise des combattants désarmés et leurs dépendants de ce 28 décembre 2014 à Birhala, Sud-Kivu et à Bulewusa au Nord-Kivu
- GEENEN (Sara) et CUSTERS (Ruud), « Tiraillements autour du secteur minier de l'Est de la RDC », *in* VANDEGINSTE, S., REYNTJENS, F. MARYSSE, S., *L'Afrique des Grands Lacs. Annuaire 2009-2010*, L'Harmattan, Paris, 392 p.
- GEROLD (Gérard), « RD Congo: un an après l'accord-cadre d'Addis-Abeba, où en sont les reformes et la réconciliation ? », *Observatoire des Grands-Lacs en Afrique*, note n°9-2013, Décembre 2013
- GEENEN (S.) and KAMUNDALA BYEMBA (G.) (2009) « Qui cherche, trouve? Opportunités, défis et espoirs dans le secteur de l'or à Kamituga », *in* : MARYSSE (S.), REYNTJENS (F.) and VANDEGINST (S.) (2009) *L'Afrique des Grands Lacs. Annuaire 2008-2009,* L'Harmattan, Paris, 392 p.
- Global Witness, *L'avenir du commerce des minerais congolais dans la balance : Opportunités et obstacles associés à la démilitarisation*, mai 2011, disponible sur https://reliefweb.int/democratic-republic-congo..., consulté le 7 juillet 2020
- Groupe de Travail du Suivi de la mise en œuvre de l'Accord-cadre (RRSSJ, RENADHOC, NSCC, CEGO, LE, ACIDH, ACAJ, VSV, SOFEPADI), *Mise en œuvre de l'accord-cadre et de la résolution 2098 (2013) : encore du chemin à faire !!!, « Observations des Organisations de la Société Civile»*, Rapport d'évaluation à mi-parcours, Réseau pour la Réforme du Secteur de Sécurité et de Justice, Kinshasa, 15 septembre 2014 (www.rrssjrdc.org)
- Haut-Commissariat des Nations Unies aux Droits de l'Homme, *Principes directeurs relatifs aux entreprises et aux droits de*

*l'homme. Mise en œuvre du cadre de référence « protéger, respecter et réparer » des Nations Unies*, New York et Genève, 2011, 41 p.

- International Alert, *Traversées sur la voie de la paix*, 2015, disponible sur www.international-alert.org/publications..., consulté le 19 mai 2019
- Institut de Recherche Stratégique de l'Ecole Militaire, *La paix par le commerce, de l'époque moderne à nos jours – mythe et réalité*, Laboratoire de l'IRSEM n°14, Ministère de la défense et des anciens combattants, Paris, 2013, 32 p. disponible sur http://www.defense.gouv.fr/irsem, consulté le 14 mars 2020
- JACKSON (Stephen), «Nos richesses sont pillées!» Économies de guerre et rumeurs de crime au Kivu », *Politique africaine*, n°84, décembre 2001
- KABANGE NKONGOLO (Christian-Jr), « Quelques considérations juridiques sur le deal sino-congolais » *disponible sur* www.leganet.cd/Decon/Dcontrats, consulté le 15 mai 2020
- KATUMBI (David), « Le rôle de l'informel » *in* Ressources, frontières et gouvernance : Partager les problèmes et les solutions dans la sous-région des Grands Lacs », *Regards croisés* n°22, Revue trimestrielle, Août 2008 (www.pole-institute.org)
- KILOMBA SUMAILI (Adolphe), « La CIRGL et le règlement des différends dans la Région des Grands Lacs : cas de la rébellion du M. 23 », 28.1 (2015) *Revue québécoise de droit international*, pp. 203-218
- La gazette du Programme de Facilitation du Commerce dans la Région des Grands-Lacs de février 2018
- LASSOURD (Thomas), *La fiscalité du nouveau code minier de la République Démocratique du Congo*, Analyse de novembre

2018, Natural ressource Governance Institute, 32 p. (https://resourcegovernance.org)

- LATTY (F.), « Des vertus et de l'intérêt des clauses de règlement des différends dans les conventions fluviales », *in Actualité du droit des fleuves internationaux*, Actes des journées d'études des 24 et 25 octobre 2008 (www.franck-latty.fr/articles)
- MARQUEZ (Alina), *The Other Path by Hernando De Soto*, 10 B.C. Third World L.J. 204 (1990), (http://lawdigitalcommons.bc.edu/twlj/vol10/iss1/9)
- MARTIN (Philippe) et al., *La mondialisation est-elle un facteur de paix ?*, Editions Rue D'ULM, 2006 (www.presses.ens.fr)
- MASAMBA (Roger), *Guide pratique du droit des affaires en RDC*, Octobre 2009 (www.daldewolf.com)
- MEHDI ABBAS, « Du GATT à l'OMC : un bilan de soixante ans de libéralisation des échanges » *in Les Cahiers français : documents d'actualité*, La Documentation Française, 2007, halshs-00197072 (https:/halshs.archives-ouvertes.fr)
- Ministère du Commerce extérieur, *Projet de facilitation du commerce dans la Région des Grands-Lacs*, Rapport annuel, 2017, 68 p. (www.pfcgl.org)
- Ministère du Commerce, petites et moyennes entreprises de la République Démocratique du Congo, *Etude diagnostique sur l'intégration du commerce. Programme cadre intégré et renforcé*, Kinshasa, juillet 2010 (www.siteresources.worldbank.org)
- Ministère des mines de la République Démocratique du Congo, *Manuel de certification des minerais de la filière aurifère en RD Congo : Principes, Lignes Directrices et Standards*, Kinshasa, février 2011 (www.mines-rdc.cd)

- Ministère des mines de la République Démocratique du Congo, *Termes de référence pour la renégociation et/ou la résiliation des contrats miniers*, 27 août 2008
- Ministère des mines, *Rapport final du processus de revisitation et de renégociation des contrats miniers*, Kinshasa

- MUHIRE (Blaise), *Etude sur le commerce et les opportunités pour un dialogue transfrontalier dans la Région des Grands-Lacs: RD Congo, Rwanda, Burundi, Ouganda, Tanzanie et Zambie*, Konrad Adenauer Stiftung, février 2020, 95 p.
- MUILU MBO (Jules), *Orientations stratégiques pour la promotion du commerce transfrontalier dans la Région des Grands Lacs*, Projet de facilitation du commerce dans la Région des Grands Lacs, février 2021, 109 p.
- MUNKENI LAKUP-TIER (F.), « Pour une domination durable de l'entreprenariat congolais dans le secteur du petit commerce en République Démocratique du Congo », *in Congo-Afrique*, n°460, Décembre 2011, pp.743-753
- MUPEPELE (Léonide), « Le gaz naturel du Lac Kivu : quelques propositions de développement pour l'Est de la RD Congo », *in Congo-Afrique*, n° 490, décembre 2014, pp. 879-882
- MUREHA (François-Xavier) et MOHAMED OUEDRAOGO (Idrissa) « Interdépendance économique et paix dans la Région des Grands Lacs africains », *in Paix, sécurité et reconstruction post-conflit dans la Région des grands lacs*, CODESRIA, 2017 (www.codesria.org)
- MUSILA (Cyril), "The DRC and its Neighbourhood: The Political Economy of Peace", *Policy briefing 109*, October 2014 (www.africaportal.org)

- MWAMBA NYEMBO (Jean-Paul), Construire sur les exemples régionaux pour accélérer la coopération transfrontière : établir des accords et créer des organismes des Bassins transfrontaliers. Expérience de création de l'Autorité du Bassin du Lac Kivu et de la Rivière Ruzizi (ABAKIR), Douala, novembre 2019, 23 p.
- Nations Unies, *Investir dans la Région des Grands Lacs: document sur les opportunités d'investissement disponible sur* www.un.org/publications, consulté le 20 avril 2020
- NGODI (Estanislas), *« L'Afrique centrale face aux enjeux sécuritaires du XXIe siècle »* in GAHAMA (Joseph) (dir), *Les perspectives de l'Afrique au XXIème siècle,* CODESRIA, Dakar, 2015, 117 p.
- NGOMA (Camille), « La coopération économique entre la République Démocratique du Congo, le Rwanda et le Burundi : état des lieux et perspectives », *Librairie Africaine d'Etudes Juridiques* 3 (2016), pp. 166-192
- NSIBULA (Roger), « Les infrastructures : diagnostic et projets « Reconstruction et développement en situation post conflit : promotion des infrastructures de développement dans la Région des Grands Lacs » (cas de la CIRGL) », in *Ressources, frontières et gouvernance : Partager les problèmes et les solutions dans la sous-région des Grands Lacs,* Regards croisés n°22, Revue trimestrielle, août 2008 (www.pole-institute.org)
- NTUMBA LUABA (Alphonse), *L'intégration africaine face à la mondialisation : État des lieux, défis et perspectives*, Contribution au Forum panafricain de haut niveau sur « Cultures, diplomatie et intégration régionale » Rabat - Maroc 8-10 Avril 201, CIRGL, 9 p.

- Office des Nations Unies contre la drogue et le crime, *Convention des Nations Unies contre la corruption. Stratégies nationales de lutte contre la corruption : Guide pratique d'élaboration et de mise en œuvre,* Nations Unies, New York, 2016, 60 p. (www.unodc.org)
- Office Burundais des Recettes, *« Statistiques du commerce extérieur des marchandises du Burundi » in Bulletin trimestriel, 1er trimestre, juin 2017* (www.obr.bi)
- Organe d'examen des politiques commerciales de l'OMC, *Examen de politiques commerciales : la République Démocratique du Congo*, Rapport du secrétariat, 16 mai 2016, 132 p. (www.wto.org)
- Organisation pour la Coopération et le Développement Economique, *Guide OCDE sur le devoir de diligence pour des chaînes d'approvisionnement en minerais exempts de lien avec un conflit. Comment améliorer vos perspectives commerciales et obtenir la certification de la CIRGL,* disponible sur www.oecd.org/daf/inv/mne, consulté le 3 mai 2020
- Organisation pour la Coopération et le Développement Economique, *Economies interconnectées: comment tirer parti des chaînes de valeur mondiales,* Rapport de la réunion au niveau des ministres tenue à Paris du 29 au 30 mai 2013, 53 p. (www.oecd.org)
- Office français de Protection des Réfugiés et Apatrides, *L'exploitation et l'exportation des minerais dans l'Est de la RDC. Conditions d'extraction, d'exploitation et d'exportation des minerais. Implication des groupes armés et des autorités. Sanctions prévues par la législation et leur application*, 14 août 2014, 20 p. (https://www.ofpra.gouv.fr)
- OMC, *Rapport sur le commerce mondial 2018 : L'avenir du commerce mondial: comment les technologies numériques transforment le commerce mondial*, 255 p. (www.wto.org)

- OMC, *Rapport sur le commerce mondial 2019 : l'avenir du commerce des services*, 252 p. (www.wto.org)
- OMC, *Rapport sur le commerce mondial 2015 : Accélérer le commerce : avantages et défis de la mise en œuvre de l'Accord de l'OMC sur la facilitation des échanges*, 166 p. (www.wto.org)
- OMC, *Rapport sur le commerce mondial 2014 : commerce et développement : tendances récentes et rôle de l'OMC*, 255 p. (www.wto.org)
- PROBST (Thomas), *Le contrat de joint-venture,* 31 p. (www.unifr.ch)
- Rapport final du Groupe d'experts sur *« l'exploitation illégale des ressources naturelles et autres formes de la République Démocratique du Congo »*, adressé au Secrétaire Général des Nations Unies le 8 octobre 2002.
- Rapport de synthèse du 6ème forum du Groupe d'experts des Nations Unies sur les chaînes d'approvisionnement en minerais responsables tenu à Kigali du 13 au 15 novembre 2013, 10 p., disponible sur www.oecd.org/dav/inv/mne, consulté le 3 mai 2020
- Réseau européen pour l'Afrique Centrale, *Mesures d'accompagnement au Règlement de l'UE sur l'approvisionnement responsable en minerais. Pour un renforcement de la gouvernance du secteur minier artisanal en RDC,* mars 2017, disponible sur www.eurac-network.org/sites/files, consulté le 6 octobre 2020
- RESPAUT (Bernard), « Les ressources d'hydrocarbures : une source potentielle de stabilisation du pays ? », *Conjonctures congolaises*, 2016, pp. 151-189
- SALMON (Jean) (dir.), *Dictionnaire de droit international public*, Bruylant, Bruxelles, 2001, 1200 p.

- SAUMITRA JHA, "Trading for Peace", in *Economic Policy*, European Commission, 66th Panel Meeting, Brussels, 19-20 October 2017, disponible sur www.economic-policy.org/2017/10, consulté le 15 mai 2020
- SEBAHARA (Pamphile), « La conférence internationale sur l'Afrique des Grands Lacs. Enjeux et impact sur la paix et le développement en RDC », *Les rapports du GRIP*, disponible sur http://archive.grip.org/fr/siteweb/dev_8e58c04.asp.html, consulté le 15 août 2019
- Secrétariat Exécutif de la Conférence Internationale sur la Région des Grands Lacs, *Mécanisme Régional de Certification de la CIRGL (MCR) Manuel de Certification*, 26 septembre 2014
- Security Council, *Addendum to the interim report of the Group of Experts on the Democratic Republic of the Congo (S/2012/348) concerning violations of the arms embargo and sanctions regime by the Government of Rwanda*, 27 June 2012, n° 3
- SHENAZ HOSSEIN (Caroline) et BRENTON (Paul), *Facilitating Cross-Border Trade between the DRC and Neighbors in the Great Lakes Region of Africa: Improving Conditions for Poor Traders*, World Bank, Research Gate, June 2011 (www.documents.worldbank.org)
- SMITH (Patrick), « Artisanat, contrebande…La nouvelle ruée vers l'or africain », in *Jeune Afrique*, 24 novembre 2020 à 13 heures 55 (www.jeuneafrique.com)
- Southern Africa Resource watch et Commission épiscopale Ressources naturelles, (CERN), *Rapport de l'atelier sur l'évaluation du processus de revisitation et de renégociation des contrats miniers*, tenu au CEPAS, le 14 décembre 2009

- SUMATA (Claude), « La dynamisation économique de la guerre et de la paix dans la Région des Grands Lacs : le processus de reconstruction post-conflit en RDC », *in Congo-Afrique* n°469, novembre 2012, pp. 664-680
- SUNZU NTIGAMBIRIZWA, « Situation énergétique dans la CEPGL », *in Ressources, frontières et gouvernance : Partager les problèmes et les solutions dans la sous-région des Grands Lacs* (www.pole-institute.org)
- SUTHERLAND (Peter) et alii, *L'avenir de l'OMC : Relever les défis institutionnels du nouveau millénaire*, Rapport du conseil consultatif à M. Supachai Panitchpakdi (Directeur général), Genève, 2004, 101 p.
- TEGERA (Aloys) et JOHNSON (Dominic), « Ressources naturelles et flux du commerce transfrontalier dans la Région des Grands Lacs », *Regards Croisés* n° 19, Juillet 2007 (www.pole-institute.org)
- THOUVENIN (J.-M.), *Droit international général des utilisations des fleuves internationaux*, disponible sur www.academia.edu/droit_international_general_des_utilisations..., consulté le 8 mai 2020
- TIDIANE DIEYE (Cheikh), « L'Afrique et le chevauchement des accords régionaux », *Revue Interventions économiques* [En ligne], 55 | 2016, mis en ligne le 29 juin 2016, consulté le 14 juin 2019. URL : http://journals.openedition.org/interventionseconomiques/2815 ; DOI : 10.4000/interventionseconomiques.2815
- TITECA (Kristof), « Pouvoir et commerce : l'Ouganda et le commerce transfrontalier avec la RDC et le Soudan », *in l'Afrique des Grands-Lacs*, Annuaire 2009-2010 (www.researchgate.net)
- TITECA (Kristof) et KIMANUKA (Célestin), *Marcher dans l'Obscurité : Le commerce informel transfrontalier dans la*

*Région des Grands Lacs*, international Alert, septembre 2012, 50 p. (www.international-alert.org)

- TSHIUNZA MBIYE, « Fonds de stabilisation des changes et d'égalisation des budgets, diversification économique comme gage de stabilité de la monnaie zaïroise », *in Cahiers économiques et sociaux (IRES)*, volume XV, n°3, septembre 1977, pp. 301-332
- Union Africaine, *Statistiques du commerce international africain*, Annuaire 2020, Août 2020, 261 p.
- VIRALLY (Michel), « Le testament politique de Dag Hammarskjöld », *in Annuaire Français du Droit International*, volume 7, 1961, pp. 355-380
- VWIMA (Stany) et al., *Le rôle du commerce frontalier des produits alimentaires avec le Rwanda dans l'approvisionnement des ménages de la ville de Bukavu* (https://orbi.uliege.be)
- YAKEMTCHOUK (Romain) « Le régime international des voies d'eau africaines », *RBDI* 1969. 2
- YOTARO OKAZAKI, *Doing Business : l'indicateur du commerce transfrontalier et les questions douanières afférentes*, Document de recherche de l'OMD, n°44, mai 2014, 34 p.

**C. Thèses de doctorat, mémoires et cours**

- KAZADI MPIANA (Joseph), *La position du droit international dans l'ordre juridique congolais et l'application de ses normes*, Thèse, Université Sapienza Universita di Roma, année académique 2011-2012, 710 p.
- KINDIER (Adeel), *Le droit relatif aux utilisations des cours d'eau internationaux à des fins autres que la navigation : Etude à propos de cours d'eau internationaux dans le monde arabe*, Ecole doctorale de droit, de science politique et d'histoire,

Université de Strasbourg III- Robert Schuman, 2008, disponible sur http://publication-theses-unistra.fr/public, consulté le 7 mai 2019

- KUMBU ki NGIMBI (Michel), *Législation en matière économique*, Manuel d'enseignement, Kinshasa, 2009, 213 p.
- LETOURNEAU (Jean-François), *Les conséquences pacificatrices de l'interdépendance économique et la montée des tensions entre la Chine populaire et Taiwan au tournant du 21ème siècle*, Mémoire de maîtrise, Université du Québec à Montréal, Janvier 2008, disponible sur https://123dok-net/document/eqopp85z-consequence-pacificatrices, consulté le 17 mai 2020
- MANTILLA MARTINEZ (Marcela Ivonne), *La responsabilité des entreprises transnationales en droit international des droits de l'homme et en droit international humanitaire : le cas du secteur énergétique*, Droit. Université Paris Sud - Paris XI, 2014, disponible sur https://tel.archives-ouvertes.fr/tel-01146317/document, consulté le 18 août 2019
- MEITE (Mamadou), *La juridicité des droits de solidarité en droit international : cas du droit à la paix et du droit au développement*, Thèse de doctorat, 1er juin 2017, Université Paris Nanterre, 479 p.
- MOUNIR SEBBANE, *L'interventionnisme étatique et le clivage politique en termes de dépenses publiques au Québec*, Mémoire de maîtrise en science politique, Université du Québec à Montréal, avril 2017, 121 p.
- NASSA DABIE (Désiré Axel), *Commerce transfrontalier et structuration de l'espace au Nord de la Côte d'Ivoire*. Géographie. Université Michel de Montaigne - Bordeaux III, 2005, 336 p., disponible sur https://halshs.archives-ouvertes.fr/halshs-00009056, consulté le 15 août 2019

- TAGUS (Charlotte), La *Convention sur le droit relatif à l'utilisation des cours d'eau internationaux à des fins autres que la navigation : Interprétations et Perceptions*, *Rapport de recherche*, Institut de Hautes Etudes internationales, année universitaire 2013-2014


**IV. Webographie**


- www.academia.edu
- www.icglr.org
- www.facebook.com
- www.oecd.org
- www.presidence.cd
- www.statistics.gov.rw
- www.transparency.org
- www.wikipedia.com
- www.wto.org
- www.imf.org
- www.un.org

# Table des matières

## Structures éditoriales du groupe L'Harmattan


**L'Harmattan Italie**
Via degli Artisti, 15
10124 Torino
harmattan.italia@gmail.com

**L'Harmattan Hongrie**
Kossuth l. u. 14-16.
1053 Budapest
harmattan@harmattan.hu

**L'Harmattan Sénégal**
10 VDN en face Mermoz
BP 45034 Dakar-Fann
senharmattan@gmail.com

**L'Harmattan Congo**
67, boulevard Denis-Sassou-N'Guesso
BP 2874 Brazzaville
harmattan.congo@yahoo.fr

**L'Harmattan Cameroun**
TSINGA/FECAFOOT
BP 11486 Yaoundé
inkoukam@gmail.com

**L'Harmattan Mali**
ACI 2000 - Immeuble Mgr Jean Marie Cisse
Bureau 10
BP 145 Bamako-Mali
mali@harmattan.fr

**L'Harmattan Burkina Faso**
Achille Somé – tengnule@hotmail.fr

**L'Harmattan Togo**
Djidjole – Lomé
Maison Amela
face EPP BATOME
ddamela@aol.com

**L'Harmattan Guinée**
Almamya, rue KA 028 OKB Agency
BP 3470 Conakry
harmattanguinee@yahoo.fr

**L'Harmattan Côte d'Ivoire**
Résidence Karl – Cité des Arts
Abidjan-Cocody
03 BP 1588 Abidjan
espace_harmattan.ci@hotmail.fr

**L'Harmattan RDC**
185, avenue Nyangwe
Commune de Lingwala – Kinshasa
matangilamusadila@yahoo.fr


## Nos librairies en France


**Librairie internationale**
16, rue des Écoles
75005 Paris
librairie.internationale@harmattan.fr
01 40 46 79 11
www.librairieharmattan.com

**Librairie des savoirs**
21, rue des Écoles
75005 Paris
librairie.sh@harmattan.fr
01 46 34 13 71
www.librairieharmattansh.com

**Librairie Le Lucernaire**
53, rue Notre-Dame-des-Champs
75006 Paris
librairie@lucernaire.fr
01 42 22 67 13

www.ingramcontent.com/pod-product-compliance
Lightning Source LLC
LaVergne TN
LVHW010104061026
849532LV00002BA/555
* 9 7 8 2 3 4 3 2 5 3 4 7 3 *